Como ser **famoso**

CB022169

CASS R. SUNSTEIN

Como ser famoso

Por que algumas pessoas se tornam ícones e outras são esquecidas

TRADUÇÃO

Eduardo L. Soares

VESTÍGIO

Copyright © 2024 Cass R. Sunstein
Copyright desta edição © 2025 Editora Vestígio

Título original: *How to Become Famous: Lost Einsteins, Forgotten Superstars, and How the Beatles Came to Be*

Todos os direitos reservados pela Editora Vestígio. Nenhuma parte desta publicação poderá ser reproduzida, seja por meios mecânicos, eletrônicos, seja via cópia xerográfica, sem autorização prévia da Editora. Proibida a venda em Portugal.

DIREÇÃO EDITORIAL
Arnaud Vin

EDIÇÃO E PREPARAÇÃO DE TEXTO
Bia Nunes de Sousa

REVISÃO
Maria Beatriz da Costa

CAPA
Diogo Droschi

DIAGRAMAÇÃO
Guilherme Fagundes

Dados Internacionais de Catalogação na Publicação (CIP)
Câmara Brasileira do Livro, SP, Brasil

Sunstein, Cass R.
Como ser famoso : Por que algumas pessoas se tornam ícones e outras são esquecidas / Cass R. Sunstein ; tradução Eduardo L. Soares. -- 1. ed. -- São Paulo : Vestígio, 2025.

Título original: How to become famous: lost Einsteins, forgotten superstars, and how the Beatles came to be

ISBN 978-65-6002-099-3

1. Cultura pop 2. Estudos culturais 3. Sociologia 4. Sucesso I. Soares, Eduardo L. II. Título.

25-260853 CDD-650.1092

Índice para catálogo sistemático:
1. Pessoas de sucesso : Administração 650.1092

Eliane de Freitas Leite - Bibliotecária - CRB 8/8415

A **VESTÍGIO** É UMA EDITORA DO **GRUPO AUTÊNTICA** 

São Paulo
Av. Paulista, 2.073 . Conjunto Nacional
Horsa I . Salas 404-406 . Bela Vista
01311-940 . São Paulo . SP
Tel.: (55 11) 3034 4468

Belo Horizonte
Rua Carlos Turner, 420
Silveira . 31140-520
Belo Horizonte . MG
Tel.: (55 31) 3465 4500

www.editoravestigio.com.br
SAC: atendimentoleitor@grupoautentica.com.br

Para Samantha Power

Então você quer ser uma estrela do rock?
Pois escute o que vou falar:
Pegue uma guitarra elétrica
Dedique um tempo e aprenda a tocar.

The Byrds

Percebi ainda outra coisa debaixo do sol:
Os velozes nem sempre vencem a corrida;
Os fortes nem sempre triunfam na guerra;
Os sábios nem sempre têm comida;
Os prudentes nem sempre são ricos;
Os instruídos nem sempre têm prestígio;
Pois o tempo e o acaso afetam a todos.

Eclesiastes

Entrevistador: Percebo que você realmente não tem ideia de por que é popular, sequer uma reflexão sobre a razão de sua popularidade.

Bob Dylan: Na verdade, não me esforcei para isso. Aconteceu, entende? Aconteceu como qualquer outra coisa acontece. Apenas um acontecimento. A gente não tenta entender os acontecimentos. A gente curte os acontecimentos. Então, nem vou falar sobre isso.

Prólogo

A encruzilhada

Nove de fevereiro de 1964.

Cerca de 73 milhões de americanos estão espremidos diante dos aparelhos de TV. Estão tensos, cheios de expectativa. Assistem à primeira apresentação ao vivo em solo americano de uma nova banda. O grupo tem um nome incomum: The Beatles.

Com 23 anos, John Lennon e Ringo Starr são os mais velhos. Paul McCartney tem 21, e George Harrison apenas 20. Os jovens músicos estão participando do *Ed Sullivan Show*, um programa de entretenimento bastante popular, ainda que um pouco careta. No estúdio, 728 pessoas conseguiram comprar ingressos; houve 50 mil pedidos.[1]

Ed Sullivan apresenta os músicos:

> Bem, ontem e hoje nosso teatro esteve lotado de jornalistas e centenas de fotógrafos de todo o país, e esses profissionais veteranos concordaram comigo que esta cidade nunca testemunhou a empolgação despertada por esses jovens de Liverpool, que atendem pelo nome The Beatles. Esta noite, vocês terão o prazer de vê-los em duas apresentações. Agora e novamente na segunda parte do nosso show. Senhoras e senhores, The Beatles! Vamos recebê-los.[2]

O quarteto começa com "All My Loving", na voz de McCartney: "Close your eyes and I'll kiss you/Tomorrow I'll miss you". As adolescentes na plateia urram. Elas gritam tão alto que quase abafam o canto de Paul. Os membros do grupo sorriem e olham para a multidão frenética com espanto, até mesmo sem acreditar.

A incredulidade é compreensível. Pouco mais de dois anos antes, os Beatles haviam sido rejeitados inúmeras vezes por gravadoras na Inglaterra. Ninguém queria contratá-los. Eles não estiveram muito longe de desistir.

Algumas pessoas são atingidas por um raio. Foi o caso dos Beatles, assim como de Taylor Swift, Bob Dylan, Leonardo da Vinci, Jane Austen, William Blake, Steve Jobs, Johann Sebastian Bach e Barack Obama. Já outras não têm a mesma sorte, e é por isso que você nunca ouviu falar delas. Como disse Benjamin Franklin: "Houve almas tão grandiosas e desconhecidas quanto qualquer uma das mais famosas".[3]

Há Beatles perdidos, Swifts perdidas, Dylans, da Vincis, Austens, Blakes, Jobses, Bachs e Obamas perdidos – pessoas de talento extraordinário que nunca tiveram uma chance e, portanto, nunca foram atingidas por um raio, ou pessoas que *já* foram atingidas por um raio e, portanto, tiveram uma chance, mas que foram esquecidas e se perderam no tempo. Algumas pessoas só são atingidas por um raio após a morte. (Como Bach e Margaret Cavendish, de quem falaremos.)

É claro que a ideia de ser atingido por um raio é apenas uma metáfora que abrange uma série de reviravoltas e circunstâncias: o lugar onde você nasceu e quando, quem cruzou seu caminho por acaso, quem te incentivou, quem te tirou do sério, quem ajudou, quem serviu de inspiração, quem sorriu, por quem se apaixonou, por quem *não* se apaixonou, quem te apresentou uma conexão, quem te entregou um megafone (ou um contrato), se você se beneficiou de alguma onda e quem te promoveu.

Uma reviravolta não é igual à outra. Um desvio não é como outro desvio. E para cada encontro, inspiração e sorriso, há um desencontro, um suspiro ausente, uma encarada vazia, um olhar distraído, uma conexão que não se formou ou uma cara feia.

Um dos meus objetivos aqui é enfatizar o papel crucial da serendipidade* e da sorte, o que significa que é um erro atribuir o sucesso

---

* Do vocábulo inglês *serendipity*, "serendipidade" designa o acaso feliz de fazer descobertas valiosas sem tê-las buscado diretamente. O termo foi cunhado em 1754 por Horace Walpole, a partir do conto oriental *Os três príncipes de Serendip*, em que os protagonistas faziam sucessivas descobertas, por acaso e sagacidade, de

espetacular exclusivamente às qualidades intrínsecas daqueles que o alcançaram. É claro que quem chega lá pode, sim, ser extraordinário, como os Beatles e Taylor Swift. E é evidente que, sem suas qualidades notáveis, talvez não chegassem muito longe.

Mas como se tornaram extraordinários? Em *quê*? Em todo caso, seus atributos não eram o suficiente para levá-los ao ponto em que chegaram. Inúmeras pessoas excepcionais nos negócios, na política, na ciência e nas artes não obtêm sucesso. Meu objetivo também é abrir a caixa-preta da serendipidade e demonstrar que, até certo ponto, pelo menos, ela pode ser arquitetada.

Esta é uma maneira de pensar sobre o assunto: a vida é uma série de loterias. Todos concorremos em várias sem saber. Você está participando delas agora mesmo. Qual será o resultado do sorteio? No que diz respeito à fama, algumas pessoas tiram bilhetes premiados. Grande parte disso é pura sorte. Ainda assim, é possível aumentar suas chances.

O tema da fama é intrigante por si só, sobretudo por sua interseção com o tópico ainda mais amplo do "sucesso". Terei algo a dizer sobre ambos. É tentador focarmos no que está em evidência, uma rede social recém-lançada, uma inovação tecnológica, um escândalo recente, a ascensão súbita de um rosto desconhecido, talentos excepcionais, fenômenos chamativos ou celebridades sem talento. Mas a humanidade não mudou – não de verdade –, e os princípios e mecanismos gerais que discutirei aqui são tão antigos quanto a nossa espécie e tão novos quanto o dia depois de amanhã.

Como veremos, o tema da fama também é uma janela para uma série de questões fundamentais envolvendo memória, negócios, cultura, esportes, política, ciência e (sem dúvida) religião. A ascensão do cristianismo aparecerá aqui, assim como o agnosticismo, Genghis Khan, o Holocausto, Virginia Woolf, Albert Einstein, Barbie, Martin Luther King Jr., Muhammad Ali, Stephen King, Oprah Winfrey e o Homem-Aranha.

---

coisas que não estavam procurando. A serendipidade combina sorte e percepção: trata-se de encontrar o que não se procurava, e saber reconhecer seu valor. Um exemplo clássico é a descoberta da penicilina, por Alexander Fleming. [N.T.]

Bob Dylan se recusou a dizer por que havia se tornado popular: "A gente não tenta entender os acontecimentos. A gente curte os acontecimentos. Então, nem vou falar sobre isso". Com todo o respeito, Sr. Dylan: a gente tenta, sim, entender os acontecimentos. Então, preciso falar sobre isso.

Paixão passageira

Em meados do século XVIII, Samuel Johnson, autor do primeiro dicionário de língua inglesa e de *The Lives of the Poets* [A vida dos poetas], teve muito a dizer sobre raios, fama e paixão passageira. Ele enfatizou que as pessoas são ocupadas e que é difícil despertar sua atenção. Por essa razão, "nenhum homem pode ser formidável, a não ser para uma pequena parte de seus semelhantes".[4]

Para piorar, quase todo mundo é esquecido rapidamente, mesmo que se torne famoso ainda em vida. Falando de escritores em particular, Johnson afirmou: "Se olhamos para tempos idos, encontramos inúmeros nomes de autores outrora altamente reputados, lidos talvez pelos belos, citados pelos espirituosos e comentados pelos sábios, mas dos quais agora sabemos apenas que um dia existiram".[5] Johnson estava certo, mas subestimou a questão. Talvez nem saibamos que existiram.

Johnson fez uma distinção nítida entre a fama em vida e a fama duradoura. Quanto ao renome de curto prazo, aconselhou ceticismo. Ele apontou para as "bolhas de fama artificial, que são sustentadas durante um tempo por um sopro da moda e depois estouram e se extinguem".[6] Johnson acreditava que não ficaríamos impressionados se pudéssemos recuperar as obras de escritores antigos, famosos em sua época e agora perdidos. Perguntaríamos: por que alguém achou que eles eram especiais? Como ficaram famosos? Na opinião de Johnson, "nos perguntaríamos por qual paixão passageira ou capricho eles poderiam ser notados".[7]

A paixão passageira e o capricho definem a fama durante a vida. O veredicto a longo prazo é, na opinião de Johnson, muito mais confiável.

O exemplo favorito do escritor? William Shakespeare, por ter sido um gênio incomparável e por sua obra abordar questões atemporais, relevantes não apenas para seu tempo e lugar, mas para nossa espécie. Em paralelo, Johnson reconheceu que mesmo a fama duradoura é algo complexo. Falando de Shakespeare, Johnson escreveu: "Ainda assim, deve-se confessar, por fim, que, assim como devemos tudo a ele, ele deve algo a nós; se grande parte de sua apreciação se dá por meio de percepção e julgamento, grande parte também se dá por costume e veneração".[8] Johnson continuou: "Fixamos nossos olhos em suas graças e os desviamos de suas deformidades, tolerando nele o que deveríamos odiar e desprezar em outro".[9] Isso é um pouco como estar apaixonado, não é?

Johnson utilizou o termo "bolhas", da mesma forma que o empregamos. Nós o usamos para nos referir a preços ou popularidade artificialmente inflados, geralmente produzidos pela percepção de que *outras* pessoas gostam do produto ou do indivíduo em questão. É fácil encontrar bolhas: imobiliárias, de cantores pop, de podcasts, de laptops, de programas de televisão, de ações (até mesmo no mercado de ações), de estrelas do cinema, de escritores e de revistas on-line.

As bolhas estouram. O ícone de ontem é o fracasso de amanhã. (Esse é o tema de "Like a Rolling Stone", de Bob Dylan: "Ah, você nunca se virou para ver as caras fechadas/Dos malabaristas e dos palhaços quando todos faziam truques para você".*) Na opinião de Johnson, a fama costuma ser uma espécie de bolha, um produto de paixão ou capricho.

Johnson achava que deveríamos confiar no longo prazo. Será?

Costuma-se dizer que *Cidadão Kane* é o melhor filme já feito. Em 1942, perdeu o Oscar para *Como era verde o meu vale*.[10] Alguém se lembra de *Como era verde o meu vale*?

O Dave Clark Five foi um grupo imensamente popular no início dos anos 1960, muitas vezes comparado ao seu grande rival, os Beatles. As revistas de música dedicavam muitas páginas à disputa acirrada para definir qual grupo era o melhor. Em 1964, uma revista inteira foi publicada com o nome *Dave Clark 5 vs. The Beatles*. A capa citava Ringo dizendo: "Eles são meras imitações!" – e Dave Clark dizendo:

---

* "Ah you never turned around to see the frowns/On the jugglers and the clowns when they all did tricks for you."

"Eu desafio Ringo para um duelo!". O Dave Clark Five vendeu mais de 100 milhões de discos.

Lembro-me bem do Dave Clark Five. Eles são escandalosamente subestimados. "Glad All Over" é fantástica, "Bits and Pieces" e "I Like It Like That" são irresistíveis, mas a melhor música deles é "Catch Us If You Can". Ela é exuberante e contagiante de um jeito improvável. Este é seu tema central: "Lá vêm eles de novo/Peguem-nos se puderem/Hora de se mexer/Vamos gritar com toda a nossa força".* Como você deve ter imaginado, o Dave Clark Five não chegou nem perto dos Beatles.

Se Johnson estava certo, então: *Cidadão Kane*, sim; *Como era verde o meu vale*, não; The Beatles, sim; Dave Clark Five, não; Mozart, sim; Salieri, não; Jane Austen, sim; Mary Brunton, não. Johnson não acreditava que a fama de longo prazo pudesse ser produto de paixão ou capricho.

É importante lembrar sua observação. Aqueles que alcançam a fama duradoura *devem algo a nós*. Quando alguém ou algo se torna icônico, fixamos os olhos em suas graças e toleramos o que desprezaríamos nos outros.

A ideia de bolhas será fundamental para meu argumento aqui. No entanto, Johnson cometeu um erro. Ele não abordou uma questão central: quem recebe uma chance e quem não recebe? Quem tem uma oportunidade e quem não tem? Quem tem padrinhos eficazes e quem não tem? De qualquer forma, *a fama de curto prazo e a de longo prazo não são tão diferentes*. O caso intrageracional é também intergeracional, só que muito mais acelerado; o caso intergeracional é o intrageracional, só que muito mais lento. Não podemos confiar no veredicto de longo prazo. O costume e a veneração, a paixão e o capricho fazem toda a diferença, mesmo ao longo dos séculos.

Johnson estava comprovadamente enganado ao dizer que, se descobríssemos a obra há muito perdida daqueles que foram celebrados em sua época, ficaríamos desapontados com sua qualidade e nos perguntaríamos por que haviam sido celebrados. Muito do que

* "Here they come again, mhm/Catch us if you can, mhm/Time to get a move on, mhm/We will yell with all of our might."

foi perdido é realmente muito bom. Diversas vezes, redescobrimos o que foi perdido e ficamos maravilhados. Um raio nos atinge. Pode acontecer em um momento surpreendente: quando alguém que foi ignorado durante a maior parte da vida faz sucesso na velhice, ou um poema ou um produto é celebrado anos depois de ter sido escrito ou criado.

Podemos tirar grandes lições disso. O que integra o "cânone"? Agora? Daqui a vinte anos? Daqui a cinquenta anos? Muitas vezes há surpresas impressionantes.

A música do diabo

Para exemplificar, quero contar a história de outro Johnson – Robert, não Samuel. Já ouviu falar dele?

Guitarrista e compositor fascinante do blues, Johnson morreu em 1938.[11] Tinha apenas 27 anos. Durante a curta vida, esteve longe de ser famoso e ganhou pouco dinheiro. Tocou em esquinas, algumas vezes.[12] Em suas duas sessões de gravação – e foram apenas duas –, gravou um total de vinte e nove músicas.[13] Sabemos muito pouco sobre sua biografia.

Em 1961, por uma série de circunstâncias, a Columbia Records lançou um álbum com suas canções: *King of the Delta Blues Singers* conquistou o público.[14] Por meio do boca a boca, surgiu uma espécie de culto, que inclui muitos dos maiores músicos populares dos anos 1960 até hoje.

Johnson lançou as bases do rock 'n' roll em sua forma atual? Talvez.

Eric Clapton descreveu Johnson como "o mais importante cantor de blues que já existiu".[15] "As palavras de Robert Johnson faziam meus nervos estremecerem como as cordas de um piano", disse Bob Dylan,[16] que acrescentou: "Os estalos do violão podiam quase quebrar uma janela. Quando Johnson começava a cantar, ele soava como um cara que poderia ter saído da cabeça de Zeus vestido com armadura completa".[17] Dylan disse ainda: "Se não tivesse ouvido o disco de Robert Johnson quando o ouvi, provavelmente centenas de versos meus teriam sido perdidos".[18] Vamos pausar aqui. Isso nos diz algo importante sobre como funciona a cultura (arte, música, literatura, negócios, religião e política).

Robert Johnson, tão obscuro em vida, agora é um ícone. Livros e documentários a seu respeito são produzidos. As pessoas especulam sem parar acerca de sua vida misteriosa e como ele alcançou tal genialidade. Conta uma lenda que um dia, no Mississippi, Johnson foi até uma encruzilhada e fez um acordo com o diabo. Uma das biografias de Johnson se chama *A música do diabo*; outra, *Crossroads* [Encruzilhada]; há ainda *A Meeting at the Crossroads* [Um encontro na encruzilhada].[19] Moby, músico e compositor americano, disse: "No que diz respeito a ele, lamento que Robert Johnson tenha vendido a alma ao diabo. Mas no que se refere a nós e à música como um todo, fico feliz que o tenha feito".[20]

Johnson não vendeu a alma, é claro. Porém é uma metáfora impressionante para aqueles que fazem coisas extraordinárias. Décadas depois de sua morte, Johnson foi atingido por um raio.

Um dos meus pontos principais é que não existe uma fórmula da fama e, nesse sentido, o título deste livro é um pouco enganador. Este não é um manual de instruções. As loterias são sorteios aleatórios. Considere o livro bíblico de Eclesiastes: "Os velozes nem sempre vencem a corrida; os fortes nem sempre triunfam na guerra; os sábios nem sempre têm comida; os prudentes nem sempre são ricos; os instruídos nem sempre têm prestígio; pois o tempo e o acaso afetam a todos".

Não vamos discutir com Eclesiastes. No entanto, os fatores identificáveis são importantes e podem ser listados. A qualidade é fundamental, é claro. (O que é qualidade? Boa pergunta.[21]) Padrinhos incansáveis são muito importantes e podem ser determinantes: apoiadores individuais, empresários, fãs, sociedades, descendentes, filhos dedicados e "guardiões da chama". Samuel Johnson teve Boswell; os Beatles tiveram Brian Epstein.

O Zeitgeist – ou o espírito do tempo – pode ajudar ou prejudicar. Às vezes, faz toda a diferença. Algumas pessoas pegam uma onda enorme e, para outras, não há onda para pegar. Connie Converse, sobre quem falaremos mais tarde, não conseguiu encontrar uma onda.

(Seria ela nosso Robert Johnson? É cedo para dizer. Mas espero que sim.) Uma biografia irresistível, cheia de drama e pontos de interrogação pode ser uma faísca. Mistérios são bons.

Ainda assim, o que acontece durante a vida de uma pessoa é algo imprevisível, e o veredicto da história é inconstante. Muitas pessoas produzem algo extraordinário, mas nunca têm uma chance, nem mesmo a oportunidade limitada que Robert Johnson teve. A história que contarei envolve encruzilhadas, gostos que mudam, renovação, economia, oportunidade e política. E de caminhos que, de repente, surgem no horizonte como se fossem fruto de magia.

PARTE 1

Icônicos

Capítulo 1

Portas deslizantes

O brilhante filme *Yesterday*, de 2019, propõe uma pergunta instigante: o que aconteceria em uma realidade em que os Beatles nunca tivessem existido, mas no qual uma única pessoa, por algum tipo de magia, conhecesse todas as músicas deles e as apresentasse novamente ao mundo?

O protagonista do filme é um cantor e compositor medíocre chamado Jack Malik, que não foi capaz de conquistar um público e está prestes a desistir da carreira musical. Uma noite, acontece um blecaute global. Quando as luzes se apagam, Malik acaba sofrendo um acidente. Felizmente, não se machuca com gravidade. Depois de receber alta do hospital, almoça com um pequeno grupo de amigos e é presenteado com um violão. Então toca "Yesterday", dos Beatles. Seus amigos adoram a música, o que não é nenhuma surpresa. O estranho é que afirmam não conhecê-la. Aliás, nunca ouviram falar dos Beatles.

Certo de que seus amigos estão fazendo algum tipo de brincadeira, Malik consulta o Google, que retorna apenas resultados sobre besouros (*beetle*), e fica chocado ao descobrir que, no mundo em que vive agora, os Beatles são totalmente desconhecidos. Nem mesmo o Google sabe qualquer coisa sobre a banda.

Que diabos?

Será que a glamourosa e adorada Julia nunca deu um violão a John, seu filho? Ou Lennon e McCartney nunca se encontraram? Quem sabe a timidez de Paul o impediu de se apresentar a John naquele 6 de julho de 1957, em Liverpool? E se, mal humorado, John não tivesse convidado Paul a se juntar ao Quarrymen, sua banda na época? Se Julia não fosse atropelada e morta por um policial embriagado, a vida de John tomaria um rumo mais convencional, que não despertaria nele o desejo de ser um músico de rock?

O pai de Paul não deixou o filho viajar para Hamburgo, onde os Beatles aprenderam a ser os Beatles? Ou Brian Epstein, figura essencial para o sucesso da banda, não se tornou empresário deles? Quem sabe Epstein desanimou e desistiu no meio do caminho? Pode ser que a banda até tenha se formado – John, Paul, George e Ringo –, mas não conseguiu uma gravadora. (Algo que, de fato, quase aconteceu.)

Seja qual for a resposta, Malik enxerga imediatamente uma oportunidade incrível: *ninguém mais* conhece as músicas dos Beatles. Ele tem uma mina de ouro, um tesouro. Então, grava as músicas e se torna uma sensação mundial.

Em uma das cenas mais dramáticas do filme, o cantor e compositor Ed Sheeran (interpretando a si mesmo) desafia Malik para um duelo: *quem consegue cantar a melhor música.* Diante de uma plateia entusiasmada, Sheeran apresenta uma música fantástica. Mas Malik responde com "The Long and Winding Road", uma das mais especiais parcerias Lennon-McCartney. Sheeran imediatamente admite a derrota.

Grande parte da força do filme está em sua proposta bem-sucedida de incentivar o público a ouvir as músicas dos Beatles como se fossem novas, como se as escutássemos pela primeira vez. E se tivéssemos acabado de ouvir, ontem à noite ou hoje de manhã, "I Saw Her Standing There", "Let It Be", "Yesterday", "Carry That Weight" ou "Here Comes the Sun"? *Yesterday* convida os espectadores a fazer essa pergunta e, de certa forma, a vivenciar a resposta: a descobrir os Beatles novamente. Como Malik se torna um fenômeno mundial, o filme retrata uma versão da Beatlemania sem os Beatles. De forma mais sutil e igualmente interessante, a obra oferece uma hipótese empírica clara e a torna plausível e intuitiva – ou talvez irresistível: *os Beatles (creio eu) foram extraordinariamente grandiosos, o que foi e continuaria sendo uma garantia de popularidade espetacular, não importa como ou onde sua música viesse a surgir.*

Não seria ótimo pensar assim? É difícil *não* pensar assim. Em 1966, John Lennon provocou um escândalo quando disse: "Hoje somos mais populares do que Jesus". (Com relação à fama e à obscuridade, a citação completa é ainda mais inflamatória, e curiosamente equivocada: "O cristianismo vai acabar. Vai desaparecer e encolher. Não preciso argumentar sobre isso; estou certo, e será provado que estou certo. Somos mais populares do que Jesus agora; não sei o que vai acabar primeiro, o rock 'n' roll ou o cristianismo. Jesus era legal, mas seus discípulos eram ignorantes e ordinários. Para mim, o que estraga tudo são eles distorcendo a história".[1]) Ao sugerir que a Beatlemania havia se tornado algo parecido com uma religião, John captou algo real sobre a adoração mundial – e talvez até veneração – que os Beatles despertavam naquela época. Veja a Figura 1.1. (Sua observação também levantou uma questão: como Jesus se tornou tão popular, afinal? Será que faz sentido falar em *Jesusmania*? Vamos chegar lá.)

Com toda aquela euforia, eles certamente estavam destinados ao sucesso, não? Talvez sim. Mas em um aspecto importante, o filme *Yesterday* é uma trapaça. Muitos espectadores já conhecem as músicas! Não dá para "desouvi-las". À medida que a narrativa se desenrola, entramos em um estado de incredulidade: os personagens agem como se nunca tivessem ouvido falar dos Beatles. Como assim? Quem nunca ouviu "Yesterday"?

Figura 1.1: Os Beatles

Fonte: The Beatles no Aeroporto de Wellington, 20 jun. 2013 via Creative Commons Attribution 2.0. Cortesia dos Arquivos da Nova Zelândia Te Rua Mahara o te Kāwanatanga.

Sem dúvida, podemos tentar reviver a excitação de ouvir aquelas músicas como se fossem novas. A obra nos incentiva a isso. E, em um grau surpreendente, consegue. Mas, ao contrário do público retratado na história, para nós essas canções não são novidade. Já as amamos. Não precisamos ser apresentados a elas. Por isso, a produção não sustenta totalmente sua tese central: a de que, graças à genialidade de suas músicas, o sucesso dos Beatles – e a ascensão da Beatlemania – era essencialmente inevitável.

Concordar com essa ideia é tentador, porque traz conforto e uma sensação de ordem. Ela conversa diretamente com nossas intuições, oferecendo uma narrativa simples de causa e efeito: um trabalho extraordinário leva a recompensas proporcionalmente fantásticas. De um jeito ou de outro, o talento acaba sendo reconhecido. É difícil imaginar um mundo em que alguém substituísse e superasse os Beatles – ou Jane Austen, ou William Wordsworth, ou *Star Wars*, ou *Harry Potter*, ou Taylor Swift. Será que realmente existem pessoas e obras, apagadas pela história, que estavam à altura deles, que eram tão boas quanto?

Mas nossa intuição nos engana. No domínio do sucesso e do fracasso, a causalidade é tudo, menos simples. Clio, a deusa da história, é cheia de travessuras. Ela pode ser bondosa ou cruel. Gosta de pregar peças e tem um senso de humor apurado.

Uma nota pessoal

Em 1965, eu tinha 11 anos e estava caminhando para a Angier School, uma escola pública em Waban, Massachusetts. (Que ainda existe.) Encontrei por acaso meu melhor amigo, Roger. Ele mencionou que estava se matriculando em um "colégio particular" chamado Rivers. (Que ainda existe.) Eu não sabia o que aquilo significava, mas era competitivo e, então, perguntei aos meus pais se deveria fazer o mesmo.

Mamãe ficou entusiasmada. Papai, quieto. (Décadas depois, descobri que ele estava apavorado com as despesas.) Minha mãe fez umas pesquisas e, um ano depois, pediu que me candidatasse a três escolas da região: Belmont Hill, Noble and Greenough e Middlesex. Na escola pública, eu tinha notas muito boas, mas não excelentes. Não tinha contatos familiares. Eu era um atleta muito bom, mas não formidável.

Fiz entrevistas ruins na Belmont Hill e na Noble and Greenough. Lembro-me muito bem dos antipáticos responsáveis pela admissão de ambos os lugares; pareciam não ter interesse em mim. Na Middlesex, fiquei impressionado com o carismático diretor de admissões, Sr. Boynton, que me fez rir e me deixou imediatamente à vontade. Belmont Hill e Noble and Greenough recusaram meu pedido. Middlesex me aceitou. Não tenho ideia do motivo. Parecia um milagre.

Middlesex mudou tudo para mim. Lá, aprendi a ler e a escrever. A escola me ensinou a aprender e a correr. Havia muita atenção pessoal. Quando eu caía, um professor me pegava no colo, fingindo não perceber a queda. Tive aulas de latim com o Sr. Case, esportes com o Sr. Tulp, literatura e teatro – Eugène Ionesco, Edward Albee, Samuel Beckett – com o Sr. Fortmiller, biologia com o Sr. Davis. Além de lecionar francês, o Sr. Scott fingiu não desconfiar quando eu e meus colegas talvez estivéssemos fumando maconha em nosso dormitório). Os professores me conheciam, pareciam me enxergar.

Tive muita sorte na vida. E se não tivesse encontrado meu amigo Roger naquele dia? E se minha mãe não tivesse incluído a Middlesex na nossa listinha? E se o Sr. Boynton não tivesse gostado de mim?

Um erro

Há alguns anos, uma brilhante aluna de Harvard – vamos chamá-la de Jane – apareceu no meu escritório com um projeto de pesquisa intrigante. Ela queria estudar as causas do sucesso.[2] Seu plano era entrar em contato com dezenas de pessoas incrivelmente bem-sucedidas em vários campos (negócios, política, música, literatura) e ver o que tinham em comum. Talvez todas venham de infâncias difíceis. Ou, quem sabe, nenhuma delas passou por isso. Será que todas se irritam com facilidade? Ou o que têm em comum é justamente não apresentar tal característica? Talvez todos tenham desenvolvido uma paixão no Ensino Médio. Ou não. E se todos fossem impacientes? Ou muito calmos?

Jane era cheia de energia e inteligentíssima. Não havia dúvida de que seria capaz de levar o projeto adiante. Se telefonasse para pessoas famosas, encontraria uma maneira de fazer com que a atendessem. Ainda assim, algo estava errado com o que tinha em mente. Suponhamos que descobríssemos que um grande número de pessoas incrivelmente bem-sucedidas de fato tenha algo em comum. Saberíamos se o que elas tinham em comum era, de fato, a causa do seu sucesso espetacular?

De forma alguma. É possível que haja centenas, milhares ou até milhões de pessoas que compartilham essa mesma característica, mas não alcançaram um sucesso notável. A presença desse traço, isoladamente, pode não ser suficiente para assegurar resultados excepcionais. Imagine, por exemplo, que indivíduos extremamente bem-sucedidos possuam temperamento explosivo. Muitas pessoas que têm pavio curto não são bem-sucedidas. Talvez nunca tenham recebido uma chance. Talvez tenham se irritado com a pessoa errada na hora errada. Talvez tenham nascido na pobreza. Talvez não tivessem a cor de pele certa.

Se descobrirmos que pessoas incrivelmente bem-sucedidas tendem a ter pavio curto, será que isso realmente nos ensina algo? Talvez não.

Você pode pensar que, mesmo que uma característica compartilhada não seja suficiente para assegurar o sucesso, é, ao menos, necessária, ou contribui para que ele aconteça, ou aumenta suas chances. É improvável que você se impressione se eu disser que todas as pessoas bem-sucedidas têm cinco dedos em cada mão. Mas talvez fique intrigado se a característica compartilhada (digamos, impaciência) parecer ter uma relação causal plausível com o sucesso. Porém isso não é necessariamente verdade. Pode ser uma coincidência ou algo incidental. Cem pessoas bem-sucedidas podem ser impacientes, mas o que as torna bem-sucedidas? Será que é mesmo um fator contribuinte? Como saberíamos?

O problema do projeto de Jane tem um nome: *seleção com base na variável dependente*. Inúmeros livros de negócios reconhecidos seguem um caminho idêntico ao proposto por ela: tentam descobrir quais características são compartilhadas por inventores, inovadores, líderes ou outras figuras bem-sucedidas. Se encontram uma semelhança, eles insistem em dizer que descobriram algum tipo de segredo ou pista. Talvez sim. Mas talvez não (provavelmente).[3]

O livro *Empresas feitas para vencer: por que algumas empresas alcançam a excelência... e outras não*, de Jim Collins, por exemplo, estuda uma série de empresas bem-sucedidas e especifica as características que compartilham. Entre elas, uma "cultura de disciplina".[4] O problema é que é possível – e até provável – que centenas de empresas fracassem ainda que estimulem este tipo de prática. Aposto que você poderia facilmente encontrar uma variedade de empresas bem-sucedidas que não têm uma cultura de disciplina.

O livro *In Search of Excellence* [Em busca da excelência], de Thomas Peters e Robert Waterman, conclui que 43 empresas bem-sucedidas apresentam uma propensão para a ação ["bias for action"], sem perguntar se 800 ou 8 mil instituições malsucedidas também exibem este traço.[5] (Aposto que 80 mil empresas fracassadas apresentam essa propensão.) Alguns dos livros de maior sucesso sobre liderança destacam características compartilhadas por alguns líderes – tenacidade, superação de dificuldades, capacidade de empatia – sem perguntar se esses mesmos traços são compartilhados por um grande número de péssimos líderes ou de pessoas quem nem têm a chance de assumir este tipo de cargo.

Aqui está outra forma de colocar a questão. A segunda parte deste livro se concentrará principalmente em treze pessoas: William Blake, Jane Austen, John Keats, George Lucas, Bob Dylan, Stan Lee, Harry Houdini, Mina Crandon (nunca ouviu falar dela? Tudo bem, ela já foi muito famosa, agora nem tanto), Ayn Rand, John Lennon, Paul McCartney, George Harrison e Ringo Starr. Certamente poderíamos identificar algumas características comuns a todos. E se ampliássemos o foco para trinta indivíduos, aconteceria o mesmo. A dificuldade é que não teríamos ideia se o traço unificador foi responsável ou sequer contribuiu para a fama dessas personalidades.

Amostras pequenas são uma grande questão. Se 43 ou 200 empresas bem-sucedidas compartilham alguma característica, é correto reclamar da amostragem pouco representativa. Mas o problema mais sério está em outro lugar. Mesmo que pudéssemos descobrir que 800 ou 2 mil empresas têm algo em comum, saberíamos muito pouco sobre o motivo de seu sucesso.

Um estudo com 64 cientistas célebres revelou que todos demonstravam uma "absorção intensa pelo próprio trabalho".[6] Ok, justo, talvez possamos dizer que esse tipo de envolvimento é necessário para o sucesso nesta área de atuação. (Mas será que precisávamos entrevistar

64 pesquisadores famosos para descobrir isso?) E quanto aos 64 *mil* cientistas desconhecidos que demonstram a mesma paixão pelo que fazem?

Como tantos livros de sucesso optam por focar apenas na variável dependente, é tentador concluir que "selecionar com base nesse elemento" é, por si só, uma receita para virar um campeão de vendas. Mas não nos deixemos cair em tentação.

O poder das narrativas

Por que certas narrativas – que mostram que cinco, dez ou cinquenta empresas bem-sucedidas compartilham um mesmo tipo de cultura, ou que cinco, dez ou cinquenta pessoas de sucesso tiveram uma adolescência conturbada – são tão persuasivas? Por que é tão difícil resistir a elas?

O ousado estudo "Success Stories Cause False Beliefs about Success" [Histórias de sucesso geram crenças falsas sobre o sucesso] oferece algumas pistas.[7] George Lifchits e seus colegas pediram a 1.317 pessoas que fizessem uma aposta: qual das duas empresas obterá sucesso: uma fundada por um estudante que abandonou a faculdade ou outra essencialmente idêntica, criada por um indivíduo formado? Em qual delas você apostaria?

Antes de realizarem suas apostas, um grupo recebeu dados sobre cinco organizações prósperas criadas por indivíduos que deixaram a universidade, enquanto o outro foi orientado sobre cinco empresas de sucesso criados por fundadores que *não* abandonaram a faculdade. As corporações eram idênticas em outros aspectos. Os participantes do estudo foram informados de que algumas pessoas acreditam que as empresas fundadas por alguém que abandonou a faculdade ou por um graduado têm maior probabilidade de sucesso. Mas também foi dito aos participantes que "nem todo mundo acredita nisso, é claro", e que "há muitos exemplos" de empresas espetacularmente bem-sucedidas com fundadores de status educacional oposto.

Após receberem essas informações, os participantes responderam perguntas que confirmaram o entendimento de que os exemplos apresentados eram amostras enviesadas. Em seguida, puderam escolher se queriam apostar na empresa com um fundador que abandonou os estudos ou naquela cujo criador concluiu a faculdade.

O resultado? As apostas foram fortemente influenciadas pelos exemplos enviesados recebidos aleatoriamente. Aqueles que ouviram histórias de empresas bem-sucedidas fundadas por graduados apostaram em uma empresa criada por indivíduos com ensino superior completo em impressionantes 87% dos casos. Já os que viram exemplos de empresas fundadas por ex-estudantes que largaram a faculdade apostaram nesse tipo de fundador em 68% das vezes, ou seja, apenas 32% apostaram no empreendedor com diploma. E isso aconteceu mesmo com os participantes reconhecendo que os exemplos fornecidos eram amostras enviesadas. Ainda assim, os dois grupos relataram altos níveis de confiança nas suas escolhas.

Os participantes também puderam escrever um relato sobre o motivo de sua decisão. Cerca de 99% o fizeram, e muitos deles ofereceram justificativas causais para sustentar a decisão de apostar em um fundador com maior chance de êxito. Aqueles que receberam exemplos de empreendedores que abandonaram a universidade tendiam a argumentar sobre as chances de sucesso desses mesmos fundadores. Por outro lado, os que foram informados sobre casos de empreendedores formados elaboraram suas explicações focando nas probabilidades de sucesso desses últimos.

O que explica esses resultados? A resposta está no imenso poder das narrativas, em especial quando vêm acompanhadas de uma afirmação plausível sobre a causalidade. Suponha que você ouça uma história sobre Bill Gates, que fundou a Microsoft após abandonar a faculdade. (Curiosidade: ele morou no Currie House, meu dormitório em Harvard, na década de 1970. Lembro-me bem dele: muito magro, entusiasta de fliperama, como a maioria de nós, mas também de computadores, que, na época, não pareciam despertar interesse em mais ninguém ali.) Ao saber da trajetória de Gates e seu sucesso impressionante, você pode pensar: quem abandona a faculdade tem uma grande vantagem. Tem uma paixão. Está à frente do jogo.

Agora imagine que você ouça uma história sobre Jeff Bezos, fundador da Amazon. Formado em Princeton, alcançou um sucesso surpreendente. Ao saber de sua trajetória, você pode pensar: é claro que os graduados em faculdades são apostas mais seguras do que quem abandona os estudos. Eles terminam o que começam, demonstram persistência e sabem o que estão fazendo.

Se a variável específica – na qual você concentra sua atenção – puder ser intuitivamente associada ao sucesso por meio de uma narrativa simples e satisfatória que sua imaginação ajuda a construir, talvez seja necessário um grande esforço para perceber que essa característica tem pouco ou nenhum poder explicativo. Ao ouvir histórias de empresas bem-sucedidas que permitem o trabalho remoto, você pode concluir que essa política é a chave para o sucesso. Por outro lado, ao saber de organizações igualmente prósperas que proíbem o trabalho remoto, poderá acreditar que a restrição é o verdadeiro segredo.

Podemos aplicar a mesma lógica em outros contextos. Por exemplo, o que faz com que uma obra de arte se mantenha célebre geração após geração?

Figura 1.2: A *Mona Lisa*

Fonte: *Mona Lisa craziness*, 19 jul. 2009 via Creative Commons Attribution 2.0. Cortesia de Thomas van de Weerd.

A *Mona Lisa*, de Leonardo da Vinci, é a pintura mais famosa do mundo. Mas por quê? Você talvez tente responder refletindo sobre a obra e a figura enigmática retratada.

Pode ser que o sorriso misterioso chame sua atenção: que segredo ela esconderia? Talvez perceba como os olhos parecem seguir você aonde quer que vá. Ou então nas mãos cruzadas, que transmitem uma sensação de calma – mas por que, exatamente, estão assim? Também é possível destacar o fundo da imagem, belo, onírico e envolto em mistério.

Quanto mais se pensa na *Mona Lisa*, mais fácil é admirar a pintura e concluir que seu status de ícone era inevitável. Como poderia ser diferente? Se fosse descoberta hoje, é claro que as pessoas ficariam maravilhadas e a declarariam imediatamente uma das maiores obras-primas do mundo – talvez a maior (Essa é a hipótese de *Yesterday*.)

E, no entanto, por séculos a *Mona Lisa* esteve longe de ser a pintura mais famosa do mundo. Era amplamente desconhecida. Produzida entre 1503 e 1519, foi bem recebida nas primeiras décadas, mas não se tornou célebre, e nem mesmo considerada uma obra-prima por seus admiradores. Apenas na década de 1860 críticos de arte começaram a apreciá-la com entusiasmo. Ainda assim permanecia pouco conhecida pelo grande público. Nos séculos XVIII e XIX, Leonardo da Vinci não era nem de longe tão famoso quanto é hoje. A *Mona Lisa* era vista como uma excelente pintura, não como uma das maiores da história.

Como alcançou o status atual? Essa é uma história longa e complexa.[8] Envolve o que aconteceu *com* a pintura, e não *na* pintura. Um dos eventos cruciais foi seu roubo do Museu do Louvre, em 1911.[9] Sem esse episódio... quem sabe se teria conquistado a fama que tem hoje?

Outro exemplo retirado do universo das artes: Charles Dickens talvez seja o romancista mais celebrado da língua inglesa. (Se você ainda não leu *Grandes esperanças*, por favor, leia.) Você pode imaginar que atingiu tal prestígio pelas qualidades singulares de seus romances: divertidos, vívidos, comoventes, sentimentais, amorosos, pungentes e discretamente – ou nem tanto – políticos. Nesse caso, a impressão é de que Dickens se tornou o romancista mais famoso da língua inglesa por ser mais parecido consigo mesmo do que qualquer outro. Mas, como Duncan Watts demonstrou, é circular afirmar que "X teve sucesso porque X tinha os atributos de X".[10] Não se deve dizer: "Taylor Swift fez sucesso porque tinha exatamente as qualidades de Taylor Swift, e não de outra pessoa". Essa afirmação não é propriamente incorreta, mas está longe de oferecer uma explicação convincente.

De todo modo, ela não é satisfatória. Há uma grande dose de aleatoriedade no mundo, e o sucesso e o fracasso têm tudo a ver com essa imprevisibilidade. Como escreve H. J. Jackson em seu estudo sobre fama e literatura romântica, *Those Who Write for Immortality* [Aqueles que escrevem para a imortalidade], "Wordsworth, Austen, Keats e Blake alcançaram o patamar que ocupam hoje em parte – ou até mesmo principalmente – devido a circunstâncias fortuitas".[11] Circunstâncias fortuitas significam aleatoriedade. Se um produto se torna um sucesso, se um executivo vira uma celebridade ou se uma pessoa (John F. Kennedy, Barack Obama, Donald Trump) chega à presidência dos Estados Unidos, isso depende de uma série de fatores que simplesmente conspiram a favor, no momento certo. Políticos bem-sucedidos são como Wordsworth, Austen, Keats e Blake, e o mesmo vale para executivos de grandes empresas e atletas de elite.

Estudos sobre eminência

Algumas pesquisas empíricas fascinantes, baseadas em grandes conjuntos de dados, buscam entender as origens da "eminência" ou do "gênio". Existe, inclusive, um campo inteiro de *estudos sobre eminência*.[12] (Há, de fato, um periódico intitulado *Journal of Genius and Eminence*, cuja primeira edição foi publicada em 2016.[13]) Dean Keith Simonton, da Universidade da Califórnia em Davis, produziu muitos desses estudos. Um de seus achados mais representativos é que a inteligência é importante. Mas qual é o seu peso? Resumindo uma série de pesquisas, Simonton conclui: "Um QI alto não é irrelevante para entender quem se torna um grande sucesso".[14] Essa formulação cautelosa parece inquestionável. Mas Simonton acrescenta: "Embora não seja o único fator, quanto maior a capacidade de uma pessoa, mais expressiva será sua marca na posteridade".

Essa afirmação um pouco menos cautelosa não é suficientemente sustentada pelos dados. Podemos até encontrar, em um conjunto com, digamos, 45 pessoas, que aquelas com os QIs mais altos foram as mais bem-sucedidas. E, de fato, alguns estudos apontam algo nessa linha. Mas descobertas como essas provam muito pouco. Não é possível afirmar, com base nesse tipo de estudo, que um QI elevado é a causa do sucesso de alguém, assim como não aprenderíamos muita coisa ao descobrir que as pessoas mais bem-sucedidas têm olhos azuis, narizes pequenos ou cabelos castanhos.

Em um de seus próprios estudos, Simonton analisou uma amostra de 2.012 filósofos, do ano 580 d.C. até 1900, investigando se certos fatores identificáveis estavam correlacionados com a eminência.[15] A amostra, desta vez, era bastante robusta. Ele constatou que os filósofos têm mais chance de se tornarem eminentes se lidarem com um grande número de questões em vez de apenas algumas. Também concluiu que o extremismo, em vez da moderação, está correlacionado com a eminência. Além disso, filósofos eminentes costumam estar defasados em relação ao seu tempo: suas ideias tendem a se parecer mais com as que predominavam na juventude deles do que com as da geração seguinte.

Esses achados são interessantes, mas o que é ainda mais curioso é que, mesmo após considerar diversos possíveis fatores que contribuiriam para a fama, Simonton conclui que quase 80% da variação na notoriedade filosófica permanece sem explicação! Também é razoável questionar se os dados realmente justificam esses 20%. As correlações significativas encontradas por Simonton – por exemplo, entre notoriedade e extremismo – podem não ser responsáveis pela eminência, nem causalmente associadas a ela. Talvez seja uma relação incidental, sem qualquer poder de previsão. Basta lembrar que prever o sucesso de um filme tem se mostrado extremamente desafiador, em grande parte devido às surpresas que ocorrem após o lançamento.[16]

Simonton também tenta explicar a popularidade relativa das peças de Shakespeare. Por exemplo, *Hamlet* e *Rei Lear* estão entre as mais admiradas, enquanto *Timon de Atenas* e *Henrique VI, Parte 3* figuram em posições bem inferiores. Ele defende que certos fatores identificáveis realmente fazem diferença.[17] Segundo sua análise, quando Shakespeare se concentra na história da monarquia, suas peças tendem a ter menos sucesso. Por outro lado, as que exploram a loucura ou o excesso de emoção costumam ser grandes acertos. Obras que abordam despotismo e tirania também apresentam melhor desempenho. Tudo isso é interessante. Mas, afinal, o que exatamente aprendemos com essas constatações?

Talvez Shakespeare estivesse em seu pior momento ao escrever sobre a história da monarquia e no auge ao lidar com a loucura e o despotismo. (*Rei Lear* retrata um déspota insano.) Como a maioria, tendo a concordar que *Hamlet* e *Rei Lear* são as melhores obras de Shakespeare, mas, se o consenso é esse, devemos ser cautelosos antes de concluir que realmente se destacam e considerar a possibilidade de que tenham se beneficiado de algum tipo de loteria histórica. Ambas são excelentes, mas, em certa medida, são célebres porque já carregam a fama. Seriam elas, de fato, superiores a *A tempestade*, *Como gostais* ou *O mercador de Veneza*?

Sem dúvida, seria tolice negar que a eminência ou a fama podem muito bem ser explicadas, em parte, por fatores identificáveis de diferentes tipos. Uma atenção considerável tem sido dedicada, sobretudo, a aspectos psicológicos. Ninguém duvida de que a ambição ajuda, e o mesmo vale para a determinação. Se os Beatles tivessem desistido, não teriam se tornado os Beatles. A resiliência também desempenha um papel essencial. "Realizações extraordinárias não surgem de mentes apáticas", e normalmente é necessário "trabalho árduo".[18] É claro que a habilidade é importante. George Lucas, roteirista e diretor de *Star Wars*, é extraordinariamente resiliente e tem uma imaginação visual absolutamente notável.

O problema é que, mesmo quando conseguimos associar certos fatores à eminência – e mesmo que algumas descobertas não sejam óbvias –, essas relações tendem a ser relativamente fracas. (Por exemplo, há um debate constante sobre se o fato de ser o primogênito realmente aumenta as chances de sucesso.) Inúmeras pessoas ambiciosas, determinadas, resilientes e capazes não se tornam eminentes.[19] Mais uma vez: cuidado com a seleção da variável dependente!

Afirmações posteriores ao fato, baseadas em amostras pequenas ou grandes, parecem extremamente plausíveis. Elas se encaixam em nossas intuições. A visão retrospectiva é sempre perfeita. Mas até que ponto é possível fazer previsões confiáveis sobre quem ou o que se tornará eminente?

Bicicletas roubadas

Imagine, por exemplo, uma série de portas. Se você passar por uma delas, permanecerá no mundo que conhece: Leonardo da Vinci, Michelangelo e Vincent van Gogh são artistas icônicos. Os Beatles e

Bob Dylan são músicos lendários. Harry Potter é o herói dos livros infantis mais famosos. William Shakespeare, John Milton e John Keats são conhecidos por estarem entre as maiores figuras literárias da língua inglesa. *Cidadão Kane*, *O poderoso chefão* e a franquia *Star Wars* estão entre os filmes mais aclamados. Isabelle Huppert é conhecida como a melhor atriz do mundo (não discuta).

Se você atravessar outra porta, encontrará um mundo no qual todas essas coisas são verdadeiras, mas ninguém ouviu falar de Bob Dylan. Há outra cantora e compositora, de perfil semelhante a Dylan, que parece ter tomado o lugar dele; seu nome é Connie Converse. Se seguir por outra passagem, Van Gogh, Keats e *Star Wars* não existem e, em seu lugar, há vários artistas, poetas e filmes famosos dos quais nunca ouviu falar. E se passar por outra porta, verá que nenhum dos nomes e títulos familiares é conhecido; cada um deles parece ter sido substituído por um nome ou título desconhecido em seu mundo.

Esse pequeno exercício é, obviamente, uma brincadeira com *Yesterday*. Você pode encará-lo como a formulação de uma hipótese contrária: a ideia de que o sucesso e a fama não são predestinados, mas determinados por um conjunto de fatores fortuitos que, por acaso, se desenrolaram da maneira como aconteceram, mas poderiam facilmente ter seguido outro rumo.

Infelizmente, essa hipótese contrária é bastante vaga. O que ela significa? A quais fatores estamos nos referindo? Se os pais de Shakespeare não estivessem no clima na noite em que Will foi concebido, o Bardo não existiria. Mas talvez isso não seja lá muito interessante, certo?

Durante certo período, Muhammad Ali não foi apenas o atleta mais famoso do planeta, mas a *pessoa* mais famosa do mundo. Eu o encontrei uma vez, em um hotel em Chicago. Fiquei sem palavras e mal consegui dizer a ele o que representava na minha vida. Ele foi gentil, amável e atencioso. Contei uma historinha ridícula sobre como, quando menino, fiquei acordado até tarde só para saber o resultado da sua luta contra Sonny Liston. E ele reagiu como se fosse a história mais interessante que já ouvira.

Muhammad Ali foi, é claro, um boxeador (provavelmente o maior de todos os tempos). Mas como ele ingressou no boxe? Aos 12 anos, ainda conhecido como Cassius Marcellus Clay Jr., tinha uma bicicleta vermelha que adorava. Um dia, essa bicicleta foi roubada. O jovem Clay relatou o roubo a Joe Martin, um policial de Louisville, Kentucky. Depois, disse ao oficial que queria "dar uma surra" no ladrão.

Por coincidência, Martin era também o responsável pela Columbia Gym, na South Fourth Street, e respondeu que, se ele quisesse "dar uma surra" em alguém, primeiro deveria aprender a lutar boxe. Foi assim que tudo começou. E se o ladrão nunca tivesse roubado a bicicleta de Clay? E se o jovem tivesse contado sobre o roubo a outro policial qualquer? O que teria acontecido?

É verdade que temos de fazer algumas distinções. Atletas de elite não são iguais a músicos renomados; escritores consagrados, a políticos influentes; líderes empresariais visionários, a cientistas inovadores. Em alguns casos, temos medidas objetivas de sucesso. Ali venceu Sonny Liston e George Foreman no ringue; Usain Bolt conseguia correr mais rápido do que qualquer outra pessoa no mundo. No auge, Serena Williams foi a melhor tenista do planeta. Não há muito debate sobre essas conquistas.

Nas artes, talvez não haja um consenso. Acho que Stephen King é realmente talentoso. Na minha opinião, ele é o Charles Dickens dos Estados Unidos. Mas tenho que reconhecer que muitas pessoas discordam – e não é fácil provar que estão erradas. Negócios e política são esferas mais complexas. Steve Jobs acumulou uma fortuna considerável. Franklin Delano Roosevelt foi eleito presidente – quatro vezes. Ambos alcançaram feitos extraordinários. E como essas pessoas chegaram lá? Não existe uma resposta única para essa pergunta.

Ainda assim, em diferentes áreas, há certos padrões em comum. Em um dado momento da vida, algumas pessoas conhecem alguém que desperta um novo interesse ou que contribui para o desenvolvimento de seus talentos. Se não, talvez nunca tivessem se tornado icônicas. Alguns talentos extraordinários são cultivados, mas, para alcançar o sucesso, precisam desesperadamente de apoio extra: uma escola, um cônjuge, um parceiro, um empresário, um patrocinador, um organizador, alguém que, inicialmente, pode ter sido apenas um fã. Outros precisam se conectar ao espírito do tempo, ao humor da nação. Podem alcançar um sucesso estrondoso em uma década, mas, em outra, teriam fracassado completamente ou sido incompreendidos. E, no futuro, talvez sejam vistos como ultrapassados.

Em 29 de setembro de 1961, Robert Shelton fez uma excelente crítica no *New York Times* para um completo desconhecido: Bob Dylan, de 20 anos. Shelton escreveu:

> Parecendo uma mistura de coroinha com beatnik, Sr. Dylan tem um rosto angelical e um emaranhado de cabelos desgrenhados, parcialmente cobertos por um boné preto de veludo cotelê, no estilo Huck Finn. Suas roupas talvez precisem de uns ajustes, mas, quando toca violão, gaita ou piano, e compõe novas músicas mais rápido do que consegue memorizá-las, não há dúvidas: ele transborda talento.
>
> A voz do Sr. Dylan está longe de ser bonita. Ele intencionalmente tenta resgatar a rude beleza de um lavrador do sul dos Estados Unidos, cantarolando melodias em sua varanda. Toda a "casca e carapaça" permanecem em suas notas, e uma intensidade cortante permeia suas canções.
>
> Sr. Dylan é vago quanto às próprias origens e ao local de nascimento – mas importa menos de onde ele veio do que para onde está indo. E tudo indica que seja direto para o topo.[20]

A crítica de Shelton ajudou a lançar a carreira de Dylan. Será que Dylan teria decolado se Shelton decidisse escrever sobre outra pessoa? Alguém muito bom, de quem você nunca ouviu falar?

Keynes

John Maynard Keynes foi e continua sendo muito renomado, mas vamos deixar sua notoriedade de lado e nos concentrar em um de seus interesses: os limites da projeção. A análise de Keynes está diretamente relacionada à questão de se, e em que circunstâncias, podemos prever o sucesso ou o fracasso.

Keynes reconhecia com entusiasmo que muitas coisas poderiam ser antecipadas de forma suficientemente boa, mas também chamou a atenção para o problema da "incerteza", que surge quando não podemos atribuir probabilidades confiáveis aos resultados. Considere estas observações:

> Por conhecimento "incerto", deixe-me explicar, não quero apenas distinguir o que é sabido com certeza do que é apenas provável. Nesse sentido, o jogo da roleta não está sujeito à incerteza: nem sequer a possibilidade de se ganhar na loteria. Ou ainda, a própria expectativa de vida é apenas ligeiramente incerta. Até as condições meteorológicas são apenas moderadamente incertas. O sentido em que estou usando o termo é aquele em que a perspectiva de uma guerra europeia é incerta, ou o preço do cobre e a taxa de juros daqui a vinte anos, ou a obsolescência de uma nova invenção, ou a posição dos proprietários privados de riqueza no sistema social em 1970. Sobre esses assuntos, não há base científica para formar qualquer probabilidade calculável.[21]

Daí sua frase célebre: "Nós simplesmente não sabemos".

Keynes reconheceu que as pessoas dispõem de estratégias consagradas para lidar com essas situações. Por exemplo: "Presumimos que o presente é um guia muito mais útil para o futuro do que uma análise sincera da experiência passada mostraria que foi até agora. Em outras palavras, ignoramos em grande parte a possibilidade de mudanças futuras sobre cuja natureza real nada sabemos".[22]

Ou ainda: "Sabendo que nosso próprio julgamento individual não tem valor, tentamos recorrer ao julgamento do resto do mundo, que talvez esteja mais bem informado. Ou seja, tentamos nos adaptar ao comportamento da maioria ou da média. A psicologia de uma sociedade de indivíduos, cada um dos quais está se esforçando para copiar os outros, leva ao que podemos chamar estritamente de julgamento convencional".[23]

Ambas as técnicas foram e continuam sendo amplamente adotadas nos negócios e na política. Ao decidir como lidar com uma crise de segurança nacional, muitas autoridades perguntam: como crises nacionais semelhantes foram administradas no passado? Ao lidar com as mudanças climáticas, diversas empresas perguntam: o que as outras empresas estão fazendo?

Mas Keynes não pretendia celebrar essas técnicas. Pelo contrário, ele as considerava ridículas. "Todas essas técnicas bonitinhas e polidas, feitas para uma sala de reuniões bem decorada e um mercado bem regulado, estão sujeitas a colapsar", porque "sabemos muito pouco sobre o futuro".[24]

Trajetória de vida

Em 2020, um grande grupo de pesquisadores – 112, para ser exato – se envolveu em uma iniciativa extraordinariamente ambiciosa: descobrir se uma trajetória de vida poderia ser prevista. Para isso, lançaram o desafio Fragile Families Challenge [Desafio das famílias vulneráveis].[25]

A proposta teve início com uma base de informações notável, conhecida como Fragile Families and Child Wellbeing Study [Estudo sobre famílias vulneráveis e bem-estar infantil], criada especificamente para fomentar pesquisas nas ciências sociais. Esse estudo, ainda em andamento, reúne vasto conteúdo sobre milhares de lares compostos por mães ou pais solteiros. Cada mãe participante deu à luz em uma grande cidade dos Estados Unidos, por volta do ano 2000.

Os dados foram coletados em seis fases: no nascimento e aos 1, 3, 5, 9 e 15 anos de idade. Cada rodada gerou grande volume de dados sobre saúde e desenvolvimento da criança, características demográficas, escolaridade, renda, emprego, vínculos com parentes próximos, relações entre pai e mãe, entre outros aspectos. Parte do conteúdo foi obtida por meio de questionários aplicados aos genitores. Outra parte veio de avaliações domiciliares (aos 3, 5 e 9 anos), incluindo medições de altura e peso, observações da vizinhança e da casa, além de testes de vocabulário e compreensão de leitura. O Fragile Families Challenge foi lançado quando já estavam disponíveis os dados das cinco primeiras fases (do nascimento aos 9 anos), mas os da sexta fase (15 anos) ainda não haviam sido integralmente divulgados.

Essa lacuna representava uma vantagem significativa, pois permitia estabelecer um objetivo concreto, o de antecipar os seguintes desfechos:

1. Média escolar da criança
2. Persistência (medida autorreferida, incluindo traços como perseverança)

3. Despejo da família da residência
4. Dificuldades materiais no lar
5. Demissão do cuidador principal
6. Participação do cuidador principal em treinamento profissional

Os concorrentes tiveram acesso ao material das cinco primeiras fases e também aos dados de metade das famílias da sexta. Esse conteúdo abrangia dados sobre um total de 4.262 famílias, com impressionantes 12.942 variáveis sobre cada uma. A tarefa principal consistia em construir um modelo, baseado nas informações disponíveis, que fosse capaz de antever os resultados da sexta fase para as famílias cujos dados ainda estavam ocultos.

Os pesquisadores procuraram recrutar um grande número de participantes para o Fragile Families Challenge, e foram bem-sucedidos. Receberam 457 inscrições iniciais, posteriormente reduzidas a 160 grupos. Muitos usaram métodos de *machine learning* de última geração, projetados especificamente para aumentar a precisão das previsões. A questão central era simples: qual das 160 equipes faria boas previsões?

A resposta? Nenhuma delas!

É verdade que o desempenho dos algoritmos foi melhor do que o acaso. Não foi desastroso. Mas também não superou o aleatório de maneira expressiva e, para eventos pontuais – como se o cuidador principal havia sido demitido ou participado de um treinamento profissional –, foi apenas *ligeiramente* superior ao de uma escolha aleatória. Os cientistas concluíram que "a baixa precisão preditiva não pode ser atribuída facilmente às limitações de um pesquisador ou método específico. Centenas de cientistas se dedicaram à tarefa e nenhum conseguiu prever com precisão".[26]

Apesar da diversidade de abordagens, as 160 equipes produziram previsões bastante semelhantes entre si, e não muito boas. Como os próprios pesquisadores comentaram, com ironia: "As submissões foram muito melhores em prever umas às outras do que em prever a verdade".[27]

Uma lição razoável é que ainda não compreendemos adequadamente a relação entre a situação atual de uma família e seu posicionamento alguns anos depois. Refletindo essa conclusão, os autores do Fragile Families Challenge observam que seus resultados "levantam questões sobre o nível absoluto de desempenho preditivo que é possível alcançar para certos desfechos de vida, mesmo com um conjunto robusto de dados".[28] Em suma, é possível saber bastante sobre a condição atual de uma pessoa e, ainda assim, ser incapaz de fazer previsões precisas sobre seu futuro.

Tank Man

Aqui está uma maneira de compreender esse ponto. Imagine uma menina de 10 anos e tente levantar tudo o que puder sobre ela: sua família, seu perfil demográfico, o bairro onde mora, a escola que frequenta, os esportes que pratica. Agora tente antever diversos aspectos da trajetória dela aos 21 anos. Você confiaria muito nessa estimativa?

Não deveria. O número de variáveis capazes de alterar o rumo de uma vida é enorme, e é impossível antecipá-las. Ela pode quebrar a perna num momento decisivo, conhecer um professor de música inspirador, fazer uma nova amizade, ouvir uma canção no rádio num domingo de manhã ou ver algo na internet ou no noticiário que mude tudo.

A propósito: conheço uma mulher que era completamente focada em esportes no Ensino Médio e na faculdade. Amava basquete e beisebol, especialmente. Não tinha planos profissionais muito definidos. Sonhava em ser comentarista esportiva. Em 1989, ainda universitária, trabalhava para uma emissora de televisão em Atlanta, durante a cobertura de uma partida de beisebol. Por acaso, viu o que estava sendo transmitido ao vivo da China: os eventos horríveis da Praça da Paz Celestial, em Tiananmen. Em particular, ela viu aquele homem não identificado – conhecido como Tank Man – que ficou parado, sozinho, diante de uma fileira de tanques.

Profundamente impactada por aquela imagem, decidiu mudar o rumo de sua vida. Passou a estudar política e história, mergulhando intensamente nos estudos. Após a graduação, tornou-se correspondente de guerra. Posteriormente, cursou Direito e escreveu um livro sobre genocídio, que foi reconhecido com o Prêmio Pulitzer.

Pouco depois de eleito, um jovem senador chamado Barack Obama leu seu livro, gostou, convidou-a para jantar e se tornaram amigos. Quando se tornou presidente, Obama a convidou para trabalhar na Casa Branca como conselheira de direitos humanos. Mais tarde, ela se tornou embaixadora dos Estados Unidos na ONU, a mais jovem da história. Enquanto escrevo estas linhas, é a administradora da USAID, a Agência dos Estados Unidos para o Desenvolvimento Internacional, a maior do mundo nesse setor.

Seu nome é Samantha Power. Ela é minha esposa.

Capítulo 2

Choques e surpresas

Connie Converse é amplamente reconhecida, é claro, como a mais original e, talvez, a maior entre os artistas *folk* dos anos 1950 e 1960. Considerada "a primeira cantora e compositora", ela é frequentemente comparada a Bob Dylan, a quem precedeu. Sua influência foi profunda, não apenas em Dylan, mas Joan Baez, Joni Mitchell, Judy Collins, os Beatles, os Rolling Stones, James Taylor, Cat Stevens, Crosby, Stills, Nash & Young e, mais recentemente, Aimee Mann, Beyoncé, Kanye West e Taylor Swift.

Sem dúvida, você conhece um de seus maiores sucessos, "Roving Woman", cuja atitude desafiadora definiu uma era e que pode ser ouvida no rádio até hoje. Eis um trecho:

> Dizem que uma mulher errante
> Provavelmente não será melhor do que deveria ser;
> Então, quando me afasto do lugar onde devo estar,
> Alguém sempre me leva de volta pra casa...
>
> É claro que sempre há alguma pequena consequência,
> Que torna agradável o fim do caminho reto e estreito.
> E, ao me deitar, não consigo deixar de pensar
> Como estou feliz por ter sido salva dos jogos e da bebida.*

* People say a roving woman/Is likely not to be better than she ought to be;/So, when I stray away from where I've got to be,/Someone always takes me home.../ Of course, there's bound to be some little aftermath/That makes a pleasant

Nos anos 1950, esse tipo de travessura sensual deixava as pessoas ao mesmo tempo escandalizadas e encantadas. E, claro, o significado da canção é amplamente debatido. Seria um hino feminista ou justamente o contrário? O que exatamente Connie Converse está dizendo sobre os homens? Ela gosta deles ou os despreza?

Nos círculos acadêmicos, acredita-se geralmente que essa canção seja uma celebração irônica e bem-humorada da autonomia feminina, algo que antecipou certas manifestações do feminismo contemporâneo. (Basta pensar na enorme admiração que Beyoncé declara por Converse.) Há consenso de que "Roving Woman" é muito mais sutil – e interessante – do que "I Am Woman/Hear Me Roar", de Helen Reddy, embora Reddy afirme ter sido diretamente inspirada por Converse, e que seu próprio hino seria uma resposta direta, forte e assertiva ao de Connie, tão diferente em tom.

Você certamente conhece "One by One", de Converse, uma canção melancólica e comovente sobre solidão e alienação que ecoa fundo:

> Caminhamos na escuridão.
> Caminhamos pela noite.
>
> E não como vão os amantes,
> Dois a dois, de cá pra lá;
> Mas um por um –
> Um por um na escuridão.*

"One by One" tem um mistério em sua essência. Trata-se de um amor perdido? Ou de uma paixão profundamente desejada, mas nunca concretizada? É uma súplica? Uma tentativa de sedução? Uma carta de amor? Seja como for, é certamente uma referência intencional ao final de *Paraíso perdido*, de John Milton, e portanto à Queda:

---

ending for the straight and narrow path./And as I go to sleep, I cannot help but think/How glad I am that I was saved from cards and drink.

* We go walking in the dark./We go walking out at night./And it's not as lovers go,/Two by two, to and fro;/But it's one by one–/One by one in the dark.

"De mãos dadas, com passos vagarosos e errantes,/Saíram do Éden para seu caminho solitário".*

Converse não é apenas uma cantora *folk* pioneira. Quando ela "plugou a guitarra", em 1965, ela e Dylan estabeleceram as bases do rock moderno. Nesse aspecto, ela seguiu Dylan por alguns meses, embora o tenha precedido na composição de canções *folk* inéditas. Hoje, suas obras são frequentemente estudadas em cursos de literatura e há quem acredite que, com o tempo, um Prêmio Nobel não esteja fora de cogitação.

"Dezenas de fãs em todo o mundo"

Ok, ok, eu menti. O que descrevi foi um mundo contrafactual. Mas parte do que acabei de dizer é verdade, e a história não é totalmente inventada. Connie Converse foi de fato uma cantora *folk* na década de 1950. "Roving Woman" e "One by One" são músicas reais, compostas por Converse, porém nunca lançadas em um álbum comercial. Jamais tocou para grandes plateias, nem teve um sucesso nas paradas. Ela se apresentava principalmente para amigos e familiares. (Na verdade, seria até exagero dizer que ela tocava para "plateias".) Converse se empenhou em construir uma carreira musical. Chegou a despertar o interesse de pessoas influentes, algumas das quais realmente tentaram ajudá-la. Ainda assim, nunca foi "descoberta".

Como a própria artista declarou, "tenho dezenas de fãs espalhados pelo mundo". A mesma sensibilidade espirituosa está presente no verso provocador: "Dizem que uma mulher errante/Provavelmente não será melhor do que deveria ser".

Surpreendentemente, Converse apareceu na televisão, em rede nacional – mas apenas uma vez, no programa *Morning Show*, da CBS, apresentado à época por Walter Cronkite. Não há qualquer gravação de vídeo ou áudio de sua participação (apenas fotografias), e o evento não deu nenhum tipo de impulso à sua carreira. Ela escrevia canções *folk* antes que as pessoas escrevessem canções *folk*. Não se encaixava

---

* They, hand in hand, with wandering steps and slow,/Through Eden took their solitary way.

em nenhum tipo de nicho. Seria um gênio? Sofrera algum tipo de discriminação? Será que estava à frente de seu tempo?

Frustrada por uma década de fracassos, abandonou a composição musical no final dos anos 1950. Em 1961, mudou-se de Nova York para Ann Arbor, Michigan, onde se tornou editora-chefe de uma revista acadêmica. Connie deixou Nova York no mesmo mês em que Bob Dylan chegou lá – ao que tudo indica, ele nunca ouviu falar dela. (Dylan se saiu um pouco melhor do que ela.) Connie desapareceu em 1974, aos 50 anos, depois de deixar sua casa em Ann Arbor, em seu Fusca. Escreveu uma série de bilhetes de despedida enigmáticos para amigos e familiares, dizendo que estava voltando para Nova York. Ninguém sabe para onde foi ou o que aconteceu com ela. Acredita-se que tenha cometido suicídio. Nem seu corpo, nem seu carro jamais foram encontrados. Tudo isso é um mistério.

Mas esse não é o fim da história. Nem de longe. Em 9 de janeiro de 2004, Gene Deitch, um famoso cartunista que também era engenheiro de gravação amador, foi convidado a participar de um programa de rádio em Nova York, *Spinning on Air*, da rádio WYNC, apresentado por David Garland. Aos 80 anos, Deitch tinha muitas gravações e enviou uma amostra para Garland, que não gostou muito do que ouviu. Mas havia uma exceção: Garland adorou Connie Converse.

Descobriu-se que, quando morava em Nova York, na década de 1950, Deitch usara um novo gravador para captar a música de seus convidados em várias reuniões pequenas e informais que organizava. Em uma dessas ocasiões, em 1954, Deitch gravou Converse. Ele disse a Garland que ficara impressionado com o que ouvira, mas não conseguiu manter contato com aquela artista e que ela havia desaparecido na década de 1970.

Intrigado com a história, Garland pediu a Deitch que falasse no ar sobre a misteriosa Converse e também que tocasse alguma de suas músicas. Deitch escolheu "One by One". Durante cerca de um minuto em que falou sobre a compositora, ele afirmou que, em 1954, os presentes em sua pequena reunião haviam se "apaixonado pela música dela" e que Converse era um "gênio perdido".

Esse poderia ter sido o fim do assunto. Em um mundo lógico, provavelmente seria. No entanto, por acaso, Dan Dzula, um estudante universitário de 20 anos de Nova York, estava escutando aquele exato episódio do *Spinning on Air* enquanto dirigia rumo à casa dos pais naquele domingo à noite. Ele ficou impactado com o que ouviu. Absorveu "One by One" em um silêncio atônito. Assim que chegou em casa, Dzula tentou descobrir tudo o que pôde sobre Converse. O que encontrou on-line foi: absolutamente nada. Intrigado e extasiado, ouviu de novo o episódio de *Spinning on Air* e gravou, só para si, a versão de "One by One" de Converse.

Depois de se formar na faculdade, Dzula começou a trabalhar em um estúdio como engenheiro de som, mixando e produzindo. Convidou David Herman, seu colega de faculdade, para a empreitada. Durante todo esse tempo, continuou intrigado com Converse e de vez em quando tocava "One by One" para seus amigos. De novo: em um mundo lógico, isso também poderia ter sido o fim da questão. Mas em uma tarde, Dzula tocou a canção para Herman, que logo enxergou uma oportunidade: e se os dois tentassem encontrar as músicas de Converse? E se eles compilassem e lançassem um álbum de estreia, mais de meio século após sua morte?

Em 2007, Dzula escreveu para Deitch, a fim de levar a ideia a cabo. No dia seguinte, Deitch enviou um pacote com dezessete músicas de Converse. Dzula também procurou a família de Converse, e o irmão dela, o ilustre cientista político Philip Converse, disponibilizou várias gravações. No final de 2008, Dzula e Herman decidiram lançar comercialmente as músicas de Converse.

Começaram com um EP digital, composto de apenas três músicas. Postaram um link nas redes sociais, acompanhado de um breve relato da vida de Converse. A reação foi espetacular. Animados, produziram o álbum *How Sad, How Lovely*, em 2009. Garland dedicou um episódio inteiro a Converse. O álbum acabou se tornando um grande sucesso. Em 2023, já contava com mais de 16 milhões de reproduções no Spotify.

Converse ainda não faz parte do cânone da música *folk*, mas está chegando lá. Se conseguir, é possível que isso se deva ao fascinante livro de Howard Fishman a seu respeito, *To Anyone Who Ever Asks* [Para quem um dia perguntar], publicado em 2023.[1] Fishman ouviu por acaso uma música dela – de *How Sad, How Lovely* – em uma festa, em 2010, e, desde então, tem se concentrado nela. Seu livro é uma carta de amor, um lamento e um esforço para corrigir o que ele entende como uma injustiça chocante.

Na opinião de Fishman, Converse era realmente um gênio e deveria ter sido reconhecida como tal em sua época. Fishman cita Ellen Stekert, uma estudiosa da música *folk*: "Ela era a versão feminina de Bob Dylan. Até o superava, como letrista e compositora, mas não tinha seu traquejo para o showbiz e não estava interessada em escrever canções de protesto".[2] Fishman diz algo semelhante, apontando para o papel da serendipidade: "Dylan estava no lugar certo, na hora certa. Converse, não".[3]

A afirmação de Stekert é exagerada. Converse não era a versão feminina de Bob Dylan, e certamente não era melhor do que ele. Ainda assim, era original e poética. Era comovente e engraçada. Visitou as profundezas. Era muito mais complexa e surpreendente do que Joan Baez ou Judy Collins. Ambas são, sem dúvida, grandes e admiráveis artistas, mas Converse era mais original e, em aspectos importantes, melhor. É fácil imaginar um mundo alternativo no qual ela realmente definiu sua época. Nesse sentido, Fishman acertou em cheio.

Por que ninguém tinha ouvido falar dela até 2008? Em resumo: ela perdeu na loteria. Fishman cita o irmão de Connie, que disse: "Ela bateu na trave do sucesso". O próprio Fishman acha que Converse "tinha tudo, menos sorte".[4] Sua aparição no programa de Walter Cronkite "foi quase o golpe de sorte de que ela precisava. Quase".[5] Segundo ele, faltaram conexões a Converse. E assim ele encerra seu livro: "Minha esperança é que, de alguma forma, eu tenha sido ao menos um pastor digno, e que outros venham atrás, juntando-se ao cortejo que segue Converse rumo ao lugar que é dela por direito: um assento à mesa dos grandes artistas e pensadores americanos".[6]

Fishman também deixa uma pergunta no ar: "Quantas Connie Converse existem por aí? Talentos marginalizados à espera de serem ouvidos? Artistas e pensadores sem as ferramentas emocionais, o incentivo, a autoestima, a comunidade de que precisam para florescer?".[7]

Aprisionado numa casca de laranja

Há alguns anos, três cientistas sociais – Matthew Salganik, Duncan Watts e Peter Dodds – investigaram as origens do sucesso e do fracasso cultural.[8] Eles partiram de uma constatação simples: mesmo quem trabalha no mercado – editores, produtores, curadores – erra com frequência ao tentar prever o que vai conquistar o público. Alguns livros, músicas, filmes ou séries superam todas as expectativas, enquanto outros, aparentemente promissores, ficam muito aquém do esperado. Isso, à primeira vista, pode sugerir que os produtos que se destacam são superiores aos que fracassam. Mas então surge a pergunta: se essa diferença é tão evidente, por que antecipar esse tipo de resultado continua sendo tão difícil?

Sabemos que um novo livro de Stephen King tende a ser bem recebido, e que uma nova música de Taylor Swift costuma viralizar. Também é provável que livros ou canções ruins estejam condenados ao fracasso. Contudo, além dessas exceções óbvias, pouco se sabe. Quem imaginaria que um álbum de 2009 de Connie Converse – cantora que desapareceu há décadas –, se sairia tão bem no Spotify?

Para explorar as razões do êxito e do fracasso cultural, Salganik e seus coautores criaram um mercado musical artificial dentro de um site já existente. O experimento ficou conhecido como Music Lab. Na experiência, os usuários podiam ouvir 48 músicas reais, mas desconhecidas, de bandas igualmente anônimas. Uma das faixas, do grupo Calefaction, chamava-se "Trapped in an Orange Peel"; outra, da Hydraulic Sandwich, era "Separation Anxiety"; havia ainda "Gnaw", da Silverfox, "Wish Me Luck", da Fading Through (um título especialmente apropriado para a temática deste livro), e "I Am Error", de Salute the Dawn.*

Os pesquisadores dividiram aleatoriamente cerca de 14 mil visitantes do site: metade foi colocada em um grupo de "julgamento independente", no qual as pessoas ouviam trechos curtos, avaliavam as músicas e decidiam se queriam baixá-las, o que permitiu aos autores identificar com clareza quais canções eram mais apreciadas. A outra parcela foi alocada no grupo de "influência social", que funcionava da mesma forma, com uma única diferença:

---

* Traduções possíveis para os títulos das canções citadas neste parágrafo são, respectivamente: "Aprisionado numa casca de laranja", "Angústia da separação", "Roer"; "Torça por mim" e "Erro: Eu". [N.T.]

os participantes podiam ver quantas vezes cada música havia sido baixada pelos demais.

Os participantes do grupo de influência social também foram distribuídos aleatoriamente em um de oito subgrupos, *nos quais podiam ver apenas o número de vezes que cada música havia sido baixada dentro do próprio subgrupo.* Nesses diferentes subgrupos, era inevitável que canções distintas atraíssem diferentes quantidades iniciais de downloads como resultado de fatores fortuitos ou aleatórios. Por exemplo, "Trapped in an Orange Peel" obtinha forte apoio dos primeiros ouvintes em um subgrupo, enquanto não despertava tal reação em outro. "Wish Me Luck" podia ser impopular nas primeiras horas em um subgrupo, mas impressionar positivamente os membros de outro. Para tornar a ideia mais vívida, podemos pensar no experimento como um teste do potencial de sucesso ou fracasso de bandas como Cliff Richard and The Shadows, Rory Storm and The Hurricanes, Freddie and The Dreamers, The Honeycombs e The Swinging Blue Jeans – bandas dos anos 1960 que não são exatamente famosas hoje – e como uma comparação, em tempo real, entre o potencial delas e o dos Beatles e dos Rolling Stones.

As perguntas da pesquisa eram simples. Será que os oito subgrupos apresentariam diferenças em seus rankings? Os números iniciais influenciariam o total de vezes que as músicas seriam baixadas? Esses números iniciais afetariam o resultado final das 48 canções?

É possível cogitar que, após um período, a qualidade sempre prevaleceria – nesse cenário relativamente simples, em que vários fatores externos (como críticas, empresários ativos, presença em rádios, shows e propaganda boca a boca) não estavam em jogo, a popularidade das músicas, medida pelo número de downloads, seria aproximadamente a mesma tanto no grupo independente quanto nos oito grupos de influência social. (É importante lembrar que, para os fins do experimento, a qualidade está sendo medida apenas com base no que aconteceu no grupo de controle.)

É uma hipótese tentadora, mas não foi isso que aconteceu. "Wish Me Luck" podia se tornar um grande sucesso ou um fracasso retumbante, dependendo de quantas pessoas a baixaram inicialmente – e de quantas viram que havia sido baixada. Em grande medida, tudo dependia da popularidade inicial. Quase qualquer música podia acabar sendo popular ou não, dependendo apenas de como os primeiros visitantes reagiram a ela.

Importante destacar uma ressalva à qual voltarei depois: as músicas que se saíram muito bem no grupo de julgamento independente raramente foram muito mal nos grupos de influência social, e aquelas que se saíram muito mal no grupo independente raramente brilharam. Fora isso, praticamente *qualquer coisa podia acontecer*.

A lição aparente, alinhada às advertências de Keynes e a tudo o que analisamos até agora, é que sucesso e fracasso são extremamente difíceis de prever. Há muitas razões para tal imprevisibilidade. Aqui vai apenas uma: é quase impossível antecipar se um produto (ou uma pessoa) será beneficiado pelo equivalente a muitos downloads iniciais. Isso ocorre porque muito depende de inúmeros fatores, alguns dos quais são aleatórios: o estado de espírito e o humor de alguém decisivo, a disposição para ouvir uma canção, o interesse em adquirir algo. Quem, por acaso, tem um tempo livre no momento certo? Qual é o clima na hora H? Está frio? Nevando? Quente?

Pense um pouco sobre a cidade em que você está agora, ou o quarteirão em que mora, o emprego que tem, quem é seu parceiro – caso tenha um. Será que uma ou mais dessas coisas também são produto de fatores aleatórios? Podemos fazer perguntas semelhantes sobre cantores, executivos, poetas e políticos famosos e figuras icônicas da história.

O Music Lab está em todo lugar

As mesmas lições emergem de outros experimentos, reforçando os padrões identificados no Music Lab.[9] Não chega a ser novidade afirmar que, nos Estados Unidos, republicanos e democratas discordam em muitos aspectos. Mas imagine que você identifique um conjunto de propostas e ideias políticas e separe as pessoas em grupos nos quais elas possam ver quais propostas e ideias estão recebendo apoio inicial, em tempo real, de republicanos ou democratas. A ideia pode ser "alimentos geneticamente modificados devem ser rotulados" ou "a nanotecnologia deve ser fortemente regulamentada".

Talvez você pense que republicanos e democratas serão influenciados pelo que consideram os méritos de conceitos e ideologias, e não pelo fato de uma proposta ou ideia receber apoio inicial de um ou outro lado. Nesse caso, você estaria errado.[10]

Ideias são como músicas. Suponha que, em um dos subgrupos, os primeiros republicanos a se manifestarem apoiem uma determinada ideia. Se isso acontecer, os demais provavelmente também a apoiarão, e os democratas, por sua vez, tenderão a rejeitá-la. Com o tempo, os republicanos podem defender a ideia massivamente, enquanto os democratas a rejeitarão com a mesma intensidade – *tudo simplesmente porque, por acaso, os primeiros republicanos a viram com bons olhos.* O oposto pode ocorrer em outro subgrupo, se os primeiros a apoiar a mesma ideia forem democratas: ali, eles adorarão a proposta, e os republicanos a detestarão, única e exclusivamente porque os primeiros democratas decidiram apoiá-la.

Se isso parecer artificial, considere o fato de que, em muitas questões, os republicanos e os democratas realmente mudam de lado ao longo do tempo, de acordo com o que lideranças de destaque dizem ou pensam. Por exemplo, republicanos têm se mostrado contrários à imigração e ao combate às mudanças climáticas, mas esse não era seu posicionamento até pouco tempo atrás. Fenômenos parecidos ocorrem em vários países, onde as pessoas se guiam pelo que outras, semelhantes a elas, parecem pensar – sendo que o que esses outros indivíduos parecem pensar pode ter sido moldado por fatores aleatórios, como o fato de uma liderança importante ter escolhido um caminho e não outro num momento decisivo.

É claro que há limites. Se você se opõe ao aborto por princípio, não é provável que comece a apoiar o direito de escolha simplesmente porque pessoas importantes do seu partido político se mostraram favoráveis. Se você rejeita a pena de morte, é possível que permaneça firme em suas convicções mesmo que lideranças com que se identifica se manifestem a favor. Mas em uma ampla gama de questões, as pessoas não têm convicções sólidas e seguem as orientações daqueles em quem confiam.

E quanto aos negócios? E aos produtos? Para onde as pessoas querem viajar? Onde querem estudar? De quais objetos gostam ou não gostam? Com relação a produtos, um experimento inspirado no Music Lab encontrou o mesmo padrão.[11] A pesquisa envolveu o "Meet the Ganimals" [Conheça os Ganimais], uma plataforma on-line em que os visitantes podiam gerar e selecionar "ganimais": animais híbridos criados por inteligência artificial. Também era permitido avaliar os ganimais em categorias como fofura, estranheza e realismo, entre outras.

Assim como no experimento do Music Lab, os participantes foram divididos em dois grupos: (1) condições independentes, nas quais faziam suas avaliações por conta própria e (2) condições de influência social, nas quais podiam ver o que outras pessoas pensavam. Também como no experimento anterior, os membros em condições de influência social foram aleatoriamente alocados em "mundos" on-line distintos, e cada um desses contextos evoluía de forma independente dos demais. Os participantes só viam os ganimais descobertos e as avaliações feitas por outros indivíduos dentro do seu próprio ambiente virtual, e a classificação dos ganimais era baseada apenas nos votos daquele subgrupo.

Figura 2.1: Alguns ganimais

Fonte: Usado com a permissão de Ziv Epstein (MIT Media Lab).

Você talvez pense que alguns ganimais são realmente adoráveis e que outros claramente não são. E que, no fim das contas, os mais fofos seriam reconhecidos como tais, enquanto os menos encantadores seriam rejeitados. Mas, mais uma vez, as influências sociais tiveram um peso enorme. Nos mundos em que os participantes podiam ver as avaliações dos outros, os resultados se mostraram altamente imprevisíveis. Sem essas influências, os diferentes grupos convergiram em seu entusiasmo pelas mesmas características nos ganimais. (Se você estiver curioso: ganimais com olhos, cabeça e traços de cachorro.) Já com a presença de influência social, os grupos evoluíam rapidamente em culturas locais distintas, com preferências que se afastavam radicalmente das observadas nas condições de julgamento independente. Um ganimal podia ser extremamente popular em um grupo e totalmente ignorado em outro. Os resultados foram muito semelhantes aos do experimento do Music Lab.

Podemos tirar uma grande lição? Diversos mercados têm muito em comum com a dinâmica dos ganimais. É claro que a qualidade intrínseca é importante. As pessoas não vão achar que um ganimal medonho é adorável. Se você tiver algo com olhos, uma cabeça e características de cachorro, talvez seja um sucesso. Ou um fracasso. Culturas locais surgem o tempo todo, e um produto fabuloso que faz sucesso em uma delas pode não despertar nenhum interesse em outra. O iPhone tem cerca de 66% do mercado no Japão e menos de 20% do mercado no Brasil.[12]

Perspectiva

Com relação à perspectiva, considere uma visão tentadora, coerente com o filme *Yesterday*: *devido à sua qualidade, alguns produtos culturais – sejam músicas, obras de arte, romances, poemas ou ganimais – estão genuinamente destinados ao sucesso, enquanto outros estão inquestionavelmente fadados ao fracasso*. As músicas dos Beatles estavam na primeira categoria. As do Synergy, na segunda. (Caso você não saiba, o Synergy era um grupo de rock do início dos anos 1970 do qual eu era o baterista. Éramos péssimos. Participamos de alguns bailes escolares. Não fomos descobertos. Ninguém gostava de nós.)

Mas antes de aceitar esse ponto de vista, é justo perguntar: o que, exatamente, significa a frase em itálico no parágrafo anterior? Podemos simplesmente sugerir que estamos, na verdade, falando de probabilidades. *Grosso modo*: se a história pudesse ser reencenada 10 mil vezes, e se houvesse variações significativas em cada uma delas, certos produtos culturais fariam sucesso quase sempre, enquanto outros fracassariam com a mesma frequência. Mas esse aparente esclarecimento levanta muitas questões próprias. O que são "variações significativas"? O que as torna relevantes? Quantas delas existem e como interagem umas com as outras? Se a história está sendo reencenada, o que estamos mudando e o que conservamos? Poderíamos repetir a história 100 mil, ou 10 milhões de vezes: como ela seria em cada uma dessas versões?

Arrisquemos, então, uma formulação mais clara, mais específica e mais cautelosa: se uma música, uma pintura, um romance, um poema, um filme ou um produto for realmente sensacional, quase certamente será reconhecido como tal, e se for notoriamente ruim, ele desaparecerá. Os Beatles, Bob Dylan, Taylor Swift, Charles Dickens, Thomas Hardy, John Keats e o MacBook Air estavam essencialmente fadados ao sucesso simplesmente por causa de sua qualidade. Lembre-se de que as músicas que tiveram o melhor desempenho no grupo de julgamento independente raramente foram mal avaliadas. E se uma música, um romance, um poema ou um ganimal for horrível, não fará sucesso. (É claro que precisaríamos especificar os critérios para concluir que algo é sensacional ou horrível; vamos simplesmente fazer uma estipulação aqui.) Mas dentro de uma ampla faixa, pessoas e produtos de todos os tipos podem se sair muito bem ou muito mal, e dentro dessa faixa (voltando a Keynes), as previsões são perigosas.

No caso da música (e de tantas outras coisas), muito parece depender de influências sociais, que podem seguir os mais diversos caminhos. Podemos ter *múltiplos equilíbrios*: situações ou resultados sociais estáveis mas distintos entre si, dependendo das condições iniciais.

Porém, à luz do que aconteceu no Music Lab, mesmo essa visão, embora intuitivamente plausível, é cautelosa demais quanto ao papel das influências sociais e excessivamente confiante quanto ao papel da qualidade. É claro que músicas, obras literárias e laptops ruins provavelmente não farão sucesso (com algumas péssimas exceções de vez em quando). É triste, mas é verdade: a banda Synergy não teria mesmo como ir muito longe. Mas excelência não é sinônimo de sucesso. Connie Converse foi uma das melhores (na minha opinião), assim como Robert Johnson (certamente). Afinal de contas, o experimento do Music Lab em si foi altamente controlado. Testou apenas 48 músicas. Nos mercados reais, o número de opções é incontável. E, nesses ambientes do mundo real, atenção da mídia, crítica especializada, marketing, posicionamento de produto, apoio de pessoas influentes, o *timing* certo e pura sorte (entendida como uma constelação de fatores aleatórios) têm um papel decisivo.

De quantos Converses e Johnsons você nunca ouviu falar? Talvez nunca tenham tido a chance de gravar nada. Ou chegaram a gravar e esses registros estão agora perdidos no porão de alguém.

As influências sociais podem ser compreendidas de forma bem ampla e, nesse caso, incluem muito mais do que downloads iniciais. Será que uma pessoa influente endossou o produto no momento exato? Alguém publicou uma resenha no *Wall Street Journal* ou no *New York Times*? E o universo das contingências vai além das influências sociais. Quem teve sequer a chance de começar? Quem estava, de fato, em posição de começar? Quem estava de bom ou mau humor, e em que momento? Quem estava ocupado, e quem tinha tempo livre? Como estava o clima? Quem passava por dificuldades com o cônjuge ou com um filho? O time de quem venceu no dia anterior?

Tendo esses pontos em mente, suponha que, em um ambiente experimental, "Wish Me Luck" quase sempre se saia bem, enquanto "Separation Anxiety" praticamente nunca apresente bom desempenho. Não é certo que, se "Wish Me Luck" for lançada ao público, será um grande sucesso, nem que "Separation Anxiety" fracassará. Pelo menos acima de um certo limiar de qualidade, tudo pode, por fim, depender do conjunto de influências sociais e de outros fatores que entram em cena após o lançamento. Como veremos, uma conclusão desse tipo vale para os escritores do período romântico – e é provável que se aplique de forma bastante ampla.

Há questões ainda mais amplas: por que um escritor escreve? Por que um inovador inova? Por que Steve Jobs chegou aonde chegou? Quem foi essencial para o seu sucesso, e como Jobs encontrou essa pessoa (ou essas pessoas)?

Você provavelmente já ouviu falar do Fleetwood Mac, uma das bandas de rock mais amadas e bem-sucedidas da história. *Rumours* vendeu mais de 40 milhões de cópias e é um dos doze álbuns de maior sucesso comercial de todos os tempos.[13] Os membros mais famosos da banda são Stevie Nicks e Lindsey Buckingham. Fundado em 1967 pelo baterista Mick Fleetwood, o Fleetwood Mac originalmente não tinha nem Nicks, nem Buckingham. Era uma banda de blues desconhecida.[14] Em 1974, Fleetwood ouviu por acaso uma fita de Nicks e Buckingham, que formavam seu próprio grupo, criativamente chamado de Buckingham/Nicks. Fleetwood estava experimentando um novo estúdio, o Sound City, em Los Angeles, e o engenheiro de som, por coincidência, tocou justamente aquela fita para mostrar a qualidade acústica do estúdio.[15]

Uma semana depois, Bob Welch, um dos guitarristas do grupo, deixou o Fleetwood Mac, o que significava que o grupo precisava de um substituto.[16] Fleetwood imediatamente pediu a Buckingham que se juntasse ao grupo. Este respondeu que só aceitaria se Nicks também pudesse participar.[17] Como se diz, o resto é história. E se o obscuro engenheiro não tivesse tocado aquela fita?

Sugar Man

Vamos refletir sobre uma história compartilhada em 2012, quando o Oscar de Melhor Documentário foi concedido a *Procurando Sugar Man*.[18] O filme gira em torno de um cantor e compositor de Detroit chamado Sixto Rodriguez, também conhecido como Sugar Man, que lançou dois álbuns no início dos anos 1970. Quase ninguém comprou os discos, e a gravadora o dispensou. Como era de se esperar, Rodriguez desistiu da música e passou a trabalhar como operário em demolições. Suas músicas foram esquecidas. Chefe de família com três filhas, Rodriguez não era exatamente infeliz. No entanto, trabalhando na construção civil, enfrentava dificuldades.

O filme sugere que, após abandonar a carreira musical, Rodriguez não fazia ideia de que se tornara um fenômeno na África do Sul – um gigante, uma lenda, comparável aos Beatles, Bob Dylan e Rolling Stones. As pessoas diziam seu nome lentamente e com admiração, até mesmo reverência: "Rodriguez". Descrito como "a trilha sonora da nossa vida", ele teve centenas de milhares de discos vendidos no país, a partir dos anos 1970.

Os fãs sul-africanos especulavam sobre seu misterioso sumiço do cenário musical. Por que parara de lançar discos de repente? Havia um boato de que ateara fogo em si mesmo no palco. *Procurando Sugar Man* trata do contraste entre a carreira fracassada do infame operário de Detroit e a fama lendária do misterioso ícone do rock da África do Sul.

O documentário pode ser visto como um conto de fadas da vida real, pouco crível. Não tenta oferecer uma explicação para o abismo entre o fracasso geral de Rodriguez e seu sucesso extraordinário na África do Sul. Podemos nos sentir tentados a pensar que (por exemplo) sua música ressoava de forma especial com o contexto sul-africano. Talvez. Parece plausível especular que, em um período de divisão racial e agitação cultural, havia algo em Rodriguez que tocava profundamente o espírito da África do Sul. Vamos chegar a esse tipo de explicação no momento oportuno. Mas há uma explicação alternativa: talvez *Procurando Sugar Man* retrate uma versão da vida real do experimento do Music Lab. Quem sabe Rodriguez existiu em vários mundos alternativos, e, por falta de "downloads iniciais" na maioria deles, foi esquecido quase em todos. No entanto, em um único mundo, os downloads iniciais foram numerosos, e ele se transformou em um ícone.

O caso de Rodriguez é análogo aos de Robert Johnson e Connie Converse. Para Rodriguez, sucesso e fracasso ocorreram em diferentes espaços: uma fama espetacular na África do Sul (e também na Austrália, vejam só) e um fiasco ignóbil em todos os outros lugares. No caso de Johnson e Converse, fama e fracasso ocorreram em diferentes tempos: uma repercussão espetacular décadas após sua morte e um insucesso retumbante em vida. Porém, seja falando de espaço ou de tempo, as fontes subjacentes de sucesso e fracasso são essencialmente as mesmas.

Considere também a saga de *O chamado do cuco*, um envolvente romance policial com grande sensibilidade, publicado em 2013 por um autor desconhecido, Robert Galbraith. O livro recebeu resenhas excelentes, mas não vendeu bem. Um sucesso de crítica, mas um fracasso comercial, que parecia destinado a se juntar às fileiras dos muitos equivalentes literários de Rodriguez – excelente, talvez até mais do que isso, mas incapaz de alcançar o estrelato. Talvez Galbraith abandonasse a escrita e se tornasse um operário de demolições. No entanto, algum tempo depois, uma pequena informação veio a público: "Robert Galbraith" era, na verdade, ninguém menos do que J. K. Rowling!

Em pouco tempo, *O chamado do cuco* saltou para a lista dos mais vendidos.[19] Merecidamente, mas é certo que não teria chegado lá sem a magia do nome Rowling. Claro, não se trata exatamente do experimento do Music Lab. O sucesso do livro não veio do entusiasmo de leitores anônimos nos primeiros momentos. Mas é parecido: qualquer que fosse sua qualidade, o romance precisava de algum tipo de impulso social, e o nome mágico fez o trabalho. (Observe também que, se o livro fosse ruim, teria enfrentado dificuldades, mesmo com o nome famoso; a qualidade ainda era um requisito.) Galbraith/Rowling deu sequência a *O chamado do Cuco* com uma série de outros romances protagonizados pelo mesmo detetive. São ótimos e merecem o grande público que conquistaram. Mas é fato que só se tornaram grandes sucessos porque traziam o nome Rowling. Um nome pode funcionar como o equivalente a um grande número de downloads iniciais. Então, entra em ação o Efeito Mateus. Falaremos sobre isso no capítulo 3.

Uma observação muito rápida sobre as tecnologias modernas

As influências sociais não são exatamente novidade. Elas desempenharam um grande papel em uma famosa sociedade formada por duas pessoas no Jardim do Éden, e são uma esperança e uma preocupação para todas as tradições religiosas. Algo como o Music Lab ajuda a explicar a fama nos séculos I, V, X e XXI, e em todos os séculos intermediários. Como veremos, a ascensão de líderes religiosos e políticos, bem como de cânones de diversas naturezas, está profundamente ligada às influências sociais. Ainda assim, o Music Lab e os experimentos análogos ocorreram on-line, e é natural questionar se algo como uma fama surpreendente e múltiplos equilíbrios é mais provável agora do que jamais foi antes.

A celebridade instantânea, ou algo do gênero, está mais presente hoje do que em qualquer outro momento da história humana. Será que as Kardashians teriam se tornado tão famosas cem anos atrás? Pelo que, exatamente, são famosas? Pense, por um momento, no TikTok, YouTube, Facebook e em seus análogos ou sucessores que mal começam a despontar no horizonte.

Muito poderia ser dito sobre essa questão, mas não vou me alongar sobre ela aqui. Ao mesmo tempo, vale destacar o ponto óbvio de que, on-line é incrivelmente fácil gerar influências sociais, criando seja a aparência, seja a realidade de um entusiasmo generalizado em um instante. Em uma rede social, por exemplo, um dia ou até mesmo uma hora pode catapultar uma pessoa ou um produto para uma proeminência real, principalmente ao dar aos usuários uma impressão imediata de que tal indivíduo ou produto é admirado por muitas outras pessoas – e talvez que o dinheiro esteja mudando de mãos em troca, por exemplo, de uma música, uma obra de arte, um objeto de lembrança ou um livro. Apesar de inúmeros predecessores e análogos, o próprio Music Lab não poderia, é claro, ter sido criado sem a internet.

Portanto, a aceleração pura e simples da fama e da notoriedade é algo novo e, como se diz, ainda não vimos da missa a metade. Mesmo assim, os mecanismos centrais, meu próximo tópico, são tão antigos quanto a própria humanidade. Eles são a base não só para as acelerações atuais, mas as futuras.

Capítulo 3

Magia

Você provavelmente está familiarizado com um gráfico em formato de sino: ele é conhecido como "distribuição normal" ou "distribuição gaussiana". O Gráfico 3.1 é um exemplo disso.

Numa distribuição normal, a média, a mediana e a moda coincidem. A altura humana, por exemplo, segue uma distribuição normal: a média (nos Estados Unidos, cerca de 1,75 m) está no topo da curva e as medições se distribuem de forma simétrica em torno dela. O peso ao nascer também costuma ser normalmente distribuído. Outros exemplos, em grandes populações, incluem pressão arterial, tamanho do calçado, capacidade de leitura e nível de satisfação no trabalho.

Gráfico 3.1: Exemplo de uma curva em forma de sino

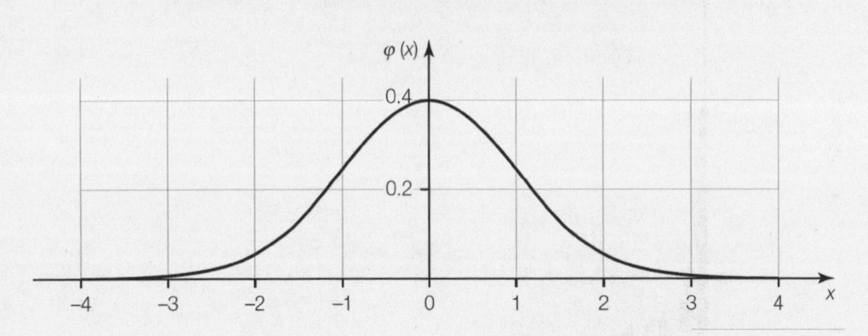

Fonte: Distribuição normal, 13 mar. 2010, via Creative Commons Attribution 3.0. Cortesia de Geek3.

É possível imaginar um mercado de música, arte, livros ou filmes com uma distribuição normal. Mas os mercados culturais não são assim e tendem a se parecer mais com o Gráfico 3.2.

A característica mais evidente desse gráfico é que um número muito pequeno de pessoas capta uma porcentagem enorme dos retornos. Às vezes, esses mercados são descritos como "o vencedor leva tudo". Os vencedores não levam *tudo*, é claro. Há uma cauda longa, e os perdedores ainda ficam com algo. Entretanto, os vencedores concentram uma porcentagem impressionante do total. O Gráfico 3.2 representa uma distribuição de lei de potência: despenca abruptamente à esquerda e se estende numa longa cauda à direita.

Uma lei de potência é uma relação entre dois números em que uma mudança em um deles gera uma mudança proporcional no outro, independentemente de seus tamanhos iniciais. Por exemplo, se você dobrar o lado de um quadrado, sua área será multiplicada por quatro; se dobrar o lado de um cubo, a área aumentará por um fator de oito. Em leis de potência, a probabilidade de se obter um valor x é inversamente proporcional a x elevado a uma constante a (o expoente). No quadrado, esse expoente é 2; no cubo, é 3.

Gráfico 3.2: Um gráfico clássico de lei de potência

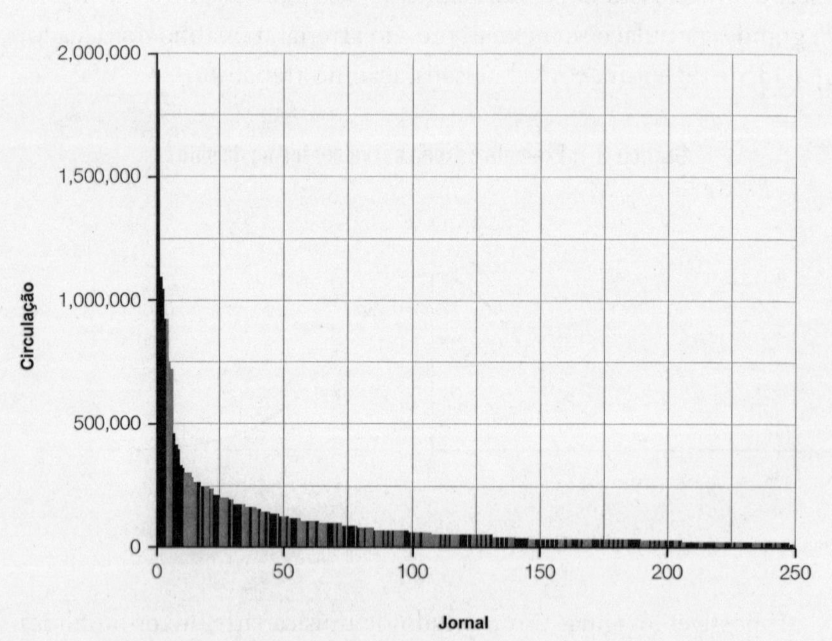

Fonte: Michael Tauberg, "Power Law in Popular Media", *Medium*, 29 jun. 2018, https://michaeltauberg.medium.com/power-law-in-popular-media-7d7efef3fb7c.

Nada disso é intuitivo. Estamos acostumados a relações lineares. Mas um número impressionante de padrões de sucesso e fracasso segue distribuições de lei de potência. O Gráfico 3.3, por exemplo, mostra esse padrão nas vendas de livros, e o Gráfico 3.4, em músicas.

Gráfico 3.3: Lei de potência para livros

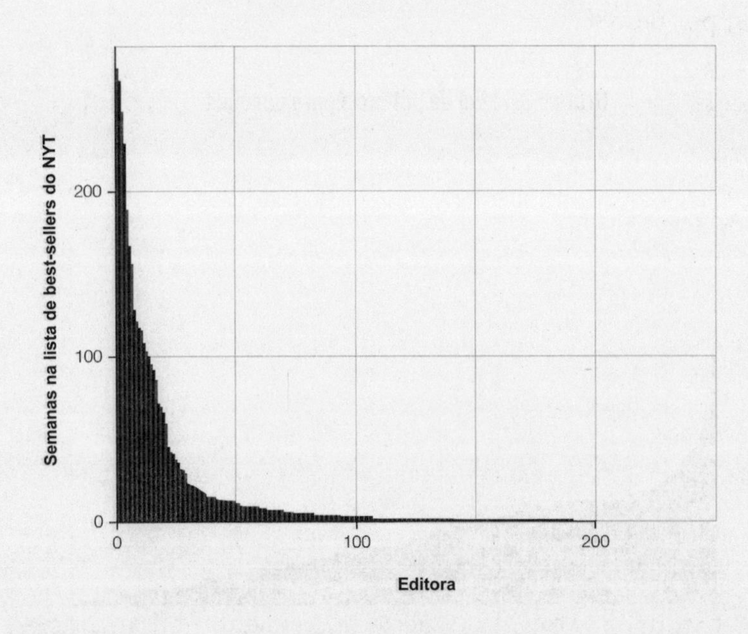

Fonte: Michael Tauberg, "Power Law in Popular Media", *Medium*, 29 jun. 2018, https://michaeltauberg.medium.com/power-law-in-popular-media-7d7efef3fb7c.

Adiante, o Gráfico 3.5 mostra vendas de videogames; e o Gráfico 3.6, a bilheteria de filmes.

Você notará de imediato que os gráficos se parecem bastante. É quase mágico: os vencedores são espetacularmente bem-sucedidos – e poucos. Na verdade, distribuições de potência aparecem em muitos domínios: tamanho de cidades em termos de população, magnitude de terremotos, distribuição de riqueza e remuneração de executivos.

Na literatura, quais poetas recebem mais atenção? Você pode pensar que há muitos poetas extraordinários e que veríamos algo como uma curva em forma de sino. Mas um estudo cuidadoso feito por Colin Martindale descobriu que, dos 602 poetas conhecidos listados no *Oxford Book of English Verse*, uma parcela muito pequena é objeto de um número muito grande de livros.[1] Martindale descobriu que 34.516 livros foram escritos sobre os 602 poetas. Shakespeare foi responsável por 9.118, ou 26,4%; 1.280 foram sobre John Milton; 1.096 foram sobre Chaucer. Os 12 principais autores foram responsáveis por cerca de 50% dos livros, e os 25 principais autores, por 64,8%.

Gráfico 3.4 : Lei de potência para canções

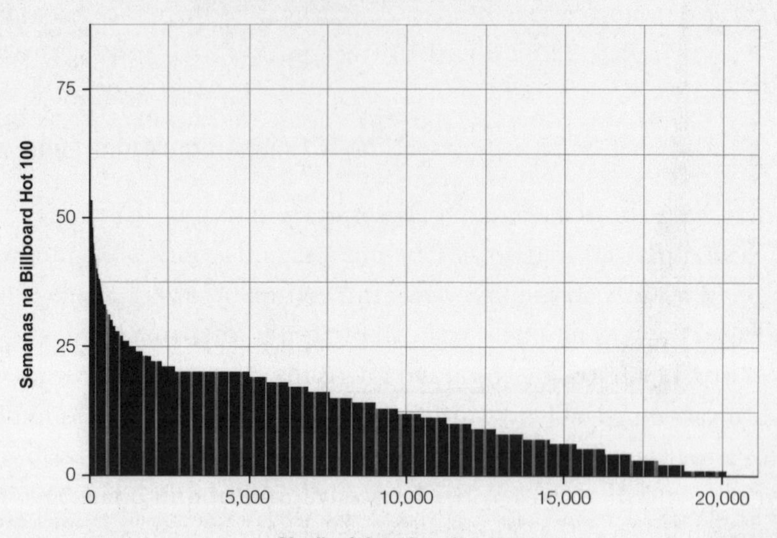

Fonte: Michael Tauberg, "Power Law in Popular Media", *Medium*, 29 jun. 2018, https://michaeltauberg.medium.com/power-law-in-popular-media-7d7efef3fb7c.

De fato, 22,3% dos poetas não são tema de nenhum livro. Martindale faz uma constatação semelhante, embora menos acentuada, para o *Oxford Book of French Verse*: de 108 poetas e 7.887 livros, Voltaire é dominante, respondendo por 10%, e mais da metade dos livros se concentra em apenas dez dos autores. A conclusão é simples: "A fama literária é distribuída de forma extremamente enviesada".[2] Martindale insiste que "quanto mais famoso alguém é, mais fácil é se tornar ainda mais famoso".[3]

Gráfico 3.5: Lei de potência para videogames

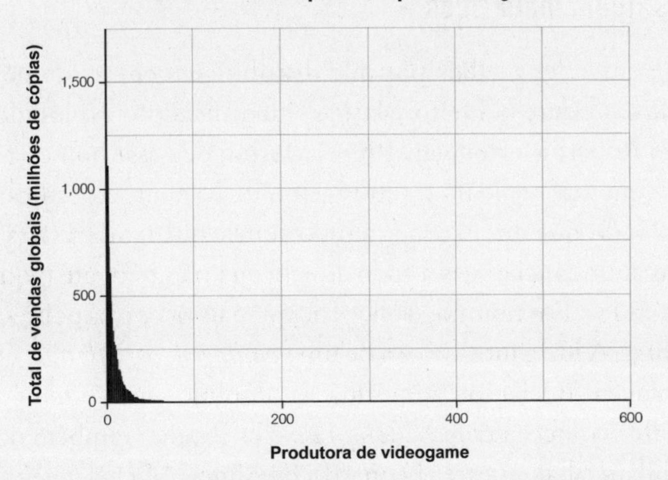

Fonte: Michael Tauberg, "Power Law in Popular Media", *Medium*, 29 jun. 2018, https://michaeltauberg.medium.com/power-law-in-popular-media-7d7efef3fb7c.

Uma das implicações é que, mesmo que a qualidade seja desigual, seria surpreendente que fosse tão desequilibrada quanto a fama. Outra implicação é que o sucesso se cristaliza: "Os líderes estão tão à frente que é difícil imaginar como autores negligenciados poderiam alcançá-los".[4] Como resultado, nossa compreensão da história literária – de quem fez o quê, e quem influenciou quem – tende a ser distorcida.

Gráfico 3.6 : Lei de potência para filmes

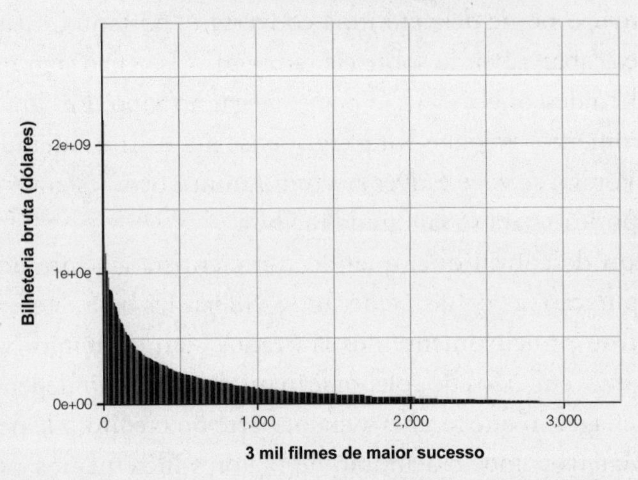

Fonte: Michael Tauberg, "Power Law in Popular Media", *Medium*, 29 jun. 2018, https://michaeltauberg.medium.com/power-law-in-popular-media-7d7efef3fb7c.

Os ricos ficam mais ricos

Para entender melhor por que distribuições em lei de potência ocorrem, considere o Efeito Mateus, identificado e explorado pelo sociólogo Robert Merton, em 1968.[5] Merton deu esse nome ao efeito com base em um versículo do Evangelho de Mateus, especificamente Mateus 25:29, que diz: "Porque a todo aquele que tem, lhe será dado, e terá em abundância; mas a todo aquele que não tem, até o que tem lhe será tirado". Em resumo, os ricos ficam mais ricos e os pobres ficam mais pobres. A ideia intuitiva é a de uma *vantagem cumulativa*, em que uma vantagem inicial, ou adquirida, se amplifica com o tempo. Isso certamente aconteceu com a *Mona Lisa* e os Beatles; também ocorreu com William Shakespeare, Leonardo da Vinci, Michelangelo, John Locke, Immanuel Kant, Virginia Woolf, Katherine Hepburn, Richard Wright, Tom Hanks, Stephen King, Harlan Coben, Daniel Kahneman e Taylor Swift.

De acordo com o Efeito Mateus, a probabilidade de alguém ou alguma coisa obter um aumento de atenção ou popularidade é diretamente proporcional à atenção que recebe no momento ou à sua popularidade atual. Quando Stephen King se torna conhecido como um excelente autor, que um grande número de pessoas adora, seu apelo cresce exponencialmente. Como explicam David Easley e Jon Kleinberg, "quanto mais conhecida é uma pessoa, maior a probabilidade de você ouvir o nome dela em uma conversa e, portanto, maiores as chances de acabar sabendo sobre ela também".[6] Isso não significa que um completo desconhecido não possa chegar ao topo. Em um determinado momento, Stephen King era apenas um escritor lutando para se firmar. Porém, se você estiver se saindo muito bem, estará em uma excelente posição para se sair ainda melhor.

Merton descobriu que, quando um cientista adquire uma excelente reputação, as coisas começam a virar uma bola de neve. Ele se concentrou principalmente nos laureados com o Prêmio Nobel e descobriu que, em casos de colaboração ou descoberta independente, era o homenageado que recebia a maior parte do crédito. Ele descreve o Efeito Mateus como "o acúmulo de maiores incrementos de reconhecimento por contribuições científicas específicas a cientistas de reputação considerável e na retenção desse reconhecimento de cientistas que ainda não deixaram sua marca".[7] Com certa delicadeza, Merton acrescentou: "Os laureados e outros homens eminentes da ciência estão suficientemente inteirados desse aspecto do Efeito Mateus para fazer esforços especiais para neutralizá-lo".[8] Na opinião deles, o efeito cria "uma desigualdade fundamental".

Merton parecia concordar com essa avaliação e insistiu que o fenômeno e a desigualdade vão muito além dos ganhadores do Prêmio Nobel e do domínio da ciência. De qualquer forma, "uma contribuição acadêmica terá mais visibilidade na comunidade de cientistas quando for introduzida por um cientista de alto escalão do que se for apresentada por alguém que ainda não deixou sua marca".[9] Merton relaciona o efeito com "o princípio da vantagem cumulativa que opera em muitos sistemas de estratificação social para produzir o mesmo resultado: os ricos ficam mais ricos em um ritmo que faz com que os pobres fiquem relativamente mais pobres. Assim, os centros de excelência científica comprovada recebem recursos muito maiores para pesquisa do que os centros que ainda não deixaram sua marca".[10] Esse é um argumento sobre a ciência, mas se estende de forma muito mais geral aos negócios, à política, à cultura e até mesmo aos esportes.

Uma implicação menos óbvia do princípio da vantagem cumulativa é que o sucesso e o fracasso podem ser extremamente difíceis de prever. Como alguém se torna um pouco rico ou um pouco popular, para início de conversa? Easley e Kleinberg imaginam um mundo em que os livros de Harry Potter permanecem na obscuridade: "Se a história fosse revivida várias vezes, parece provável que haveria uma distribuição de popularidade de acordo com a lei de potência em cada uma dessas vezes, mas está longe de ser claro que os itens mais populares seriam sempre os mesmos".[11]

Cascatas de informação

Como isso acontece?

Uma pista está no que o experimento do Music Lab revelou: um conjunto de *cascatas de informação*, um fenômeno que ajuda a esclarecer o sucesso e o fracasso em vários domínios. O ponto de partida é o seguinte: de maneira racional, as pessoas observam e reagem aos indícios transmitidos pelos comportamentos e posicionamentos de outros – e tendem a reforçar justamente aqueles que já as impactaram. Considere o nazismo e o comunismo; Elvis Presley, Eminem, Taylor Swift e as Kardashians; o Facebook e o YouTube; Jane Austen e a *Mona Lisa*; a Revolução Americana, o movimento pelo sufrágio feminino, a Primavera Árabe, o Brexit e a queda do comunismo; #MeToo e Black Lives Matter; a Teoria Crítica da Raça e o ataque ao *wokeness*. Efeitos de cascata tiveram um papel importante em todos esses casos.

Essas dinâmicas de influência podem ser observadas nos mais diversos contextos. As músicas de Connie Converse não repercutiram em sua época. Porém, viralizaram muito tempo depois de sua morte graças a esse efeito. Será que o surgimento do cristianismo foi produto de uma cascata de informações? Um relato histórico cuidadoso sugere que sim.[12] Sem dúvida, gostaríamos de ir além delas em si e entender os fatores específicos que as tornam possíveis. Mas vamos começar com uma dinâmica simples.

Imagine que sete pessoas estejam em um grupo de leitura, decidindo qual livro lerão em seguida. Suponha que os membros estejam anunciando suas opiniões em sequência. Cada pessoa atende, de forma razoável, aos julgamentos dos outros. John é o primeiro a falar. Ele sugere um novo livro sobre os Beatles. Paul, o segundo a falar, agora sabe qual é a sugestão de John e deve segui-la se também estiver entusiasmado com o livro. Mas suponha que ele realmente não tenha nenhuma outra indicação ou seja indiferente. Se Paul confiar em John, pode apenas concordar que o grupo deve escolher esse novo livro.

Agora, passemos para uma terceira pessoa, George. Suponhamos que, depois de John e Paul terem dito que querem experimentar o livro sobre os Beatles, a opinião de George, com base em suas informações limitadas, é que o livro não parece ser bom. Mesmo que George pense isso, ele pode muito bem ignorar o que sabe e simplesmente seguir John e Paul. O motivo não é que George seja humilde ou covarde. É provável, afinal, que John e Paul tenham motivos para seu entusiasmo. A menos que George ache que suas próprias informações sejam realmente melhores do que as deles, deve seguir o exemplo dos membros que se manifestaram antes. Se o fizer, George estará em uma cascata.

É verdade que resistirá se tiver motivos suficientes para pensar que John e Paul estão sendo tolos. Mas se não tiver esses motivos, é provável que os acompanhe.

Agora suponha que Ringo, Brian, Yoko e Linda devam expressar suas opiniões. Se John, Paul e George disserem que o novo livro sobre os Beatles é o que deve ser lido, é bem provável que cada um deles chegue à mesma conclusão (em sequência), ainda que tenham algum motivo independente para achar que outra opção seria melhor. Nesse exemplo, o ponto mais importante é que o julgamento inicial de apenas uma pessoa (John) iniciou um processo pelo qual as pessoas são levadas a participar de uma cascata, levando todo o grupo a optar por um determinado livro. Se John tivesse sugerido o contrário, ou se Ringo tivesse falado primeiro, o grupo poderia ter feito uma escolha radicalmente diferente. Poderia ter optado por outra obra e talvez ajudado a transformá-la em um grande sucesso.

Esse é, obviamente, um exemplo altamente artificial e estilizado. Mas o processo básico é familiar e ajuda a esclarecer o que ocorreu no experimento do Music Lab, bem como o que aconteceu com diversas figuras hoje consagradas – como Batman, Barbie e Mulher-Maravilha – como tantos outros personagens que jamais ganharam projeção. Indivíduos aprendem observando os outros, e, se certos comportamentos despertam interesse ou são amplamente adotados, há uma forte chance de que sejam repetidos. É o que acontece, a menos que as pessoas tenham algum motivo para desconfiar das outras ou se não tiverem um bom motivo para achar que estão erradas. E, de fato, as cascatas de informação ajudam a explicar muito sobre o sucesso e o fracasso, e sobre a fama e o anonimato. Como dizem David Easley e Jon Kleinberg: "Modas e modismos, o voto em candidatos populares, o sucesso retroalimentado de livros bem colocados nas listas de best-sellers, a disseminação de uma opção tecnológica por consumidores e empresas e a natureza localizada de crimes e movimentos políticos são exemplos de comportamento de manada, em que os indivíduos tomam decisões com base em inferências sobre o que as pessoas anteriores fizeram".[13]

É importante enfatizar que os modelos econômicos de cascatas de informação geralmente pressupõem um comportamento racional. Se você não sabe se um livro, um filme, um laptop ou uma música são bons, pode ser razoável confiar na opinião de outras pessoas, caso confie nelas (ou não desconfie delas). À medida que o número de indivíduos que compartilham a mesma opinião aumenta, confiar neles se torna ainda mais razoável. A ideia da "sabedoria das multidões" se baseia nessa percepção.

Ainda assim, há problemas. No mundo real, *a tendência é ignorar a possibilidade de que os demais na multidão também podem estar em uma cascata, sem que haja julgamentos independentes*. Ringo pode pensar que John, Paul e George decidiram que um determinado livro deve ser lido, quando, na verdade, John é a única pessoa que fez esse julgamento. Quando alguém observa uma dúzia, cem, 10 mil ou 2 milhões de pessoas fazendo algo, é comum que se superestime o grau de informação por trás daquela popularidade – e se subestime o quanto aquilo pode ser apenas um comportamento de imitação. Muitas pessoas podem estar ouvindo uma música, lendo um livro ou comprando um produto, mas poucas delas de fato avaliam de forma independente o que deveriam estar ouvindo, lendo ou comprando. É fundamental entender que, embora as cascatas informacionais possam gerar mudanças em larga escala nas crenças e nos comportamentos, quem participa delas talvez esteja ouvindo um sinal muito mais alto do que deveria.

Também é importante observar que nem sempre as cascatas de informação são robustas. Elas podem produzir modismos ou bolhas, e as bolhas estouram. Como vimos, Samuel Johnson tinha plena consciência desse fato. Suponhamos que John tenha se enganado ao escolher o novo livro sobre os Beatles e que a obra seja realmente terrível. Nesse caso, ele saberá que estava errado e que o livro é ruim, assim como o restante dos membros do grupo. Uma cascata de informações pode levar as pessoas a baixar músicas, começar a ler um título ou ir ao cinema, mas será que pode realmente levar as pessoas a *gostar de* músicas, terminar o que começaram a ler ou assistir a filmes? A melhor resposta, e a correta, é não.

Ainda assim, essa resposta é simples demais. É verdade que as pessoas não gostarão de uma música se perceberem que é ruim ou sem graça, mesmo que achem que os outros gostaram, e, por fim, a popularidade da canção diminuirá. Nesse sentido, as cascatas de informação podem ser frágeis. Porém, no caso de obras audiovisuais ou outros produtos culturais que ultrapassam certo limiar de qualidade, não podemos descartar a possibilidade de que a realidade ou a percepção de um entusiasmo generalizado leve a um sucesso duradouro. As pessoas podem desenvolver um gosto por algo simplesmente porque os outros as levaram a experimentá-lo e, mesmo que não amem exatamente o que ouviram ou viram, ainda assim podem dizer que gostam. Ou talvez passem a gostar de verdade, influenciadas pelos sinais positivos vindos dos outros.

Considere, a esse respeito, um experimento diferente feito por Salganik e seu colaborador Duncan Watts.[14] A dinâmica se baseou no experimento do Music Lab, com uma exceção: os pesquisadores *inverteram os dados reais de downloads*, de modo que os participantes pensassem que as músicas menos populares eram as mais populares, e vice-versa. Se a qualidade fosse realmente o fator determinante, seria de se esperar que as piores músicas (segundo o grupo de julgamento independente) acabassem caindo para o fim da lista, e que as melhores eventualmente subissem para o topo.

Mas não foi nada disso! Com a inversão, Salganik e Watts transformaram faixas inicialmente rejeitadas em êxitos surpreendentes – e quase todas as mais promissoras em fracassos colossais. Assim como no experimento principal, a lição permanece clara: o público presta enorme atenção ao que os outros aparentam valorizar, e informações sobre popularidade têm poder decisivo. Quando editoras e autores trabalham arduamente na divulgação de pré-lançamentos e na mobilização de "pré-vendas", sabem muito bem o que estão fazendo. Um volume expressivo de vendas iniciais pode alavancar um livro à lista dos mais vendidos, e, uma vez lá, há grandes chances de que mantenha o bom desempenho.

No experimento de inversão, um ponto especialmente curioso foi que a canção mais bem avaliada – com base na popularidade genuína observada no grupo de julgamento independente – sempre acabava se destacando. As influências sociais não eram capazes de impedir sua ascensão (embora pudessem barrá-la de alcançar o primeiro lugar).[15] À luz disso, pode-se pensar que, no fim das contas, mérito leva ao reconhecimento – ou que uma obra de qualidade excepcional alcançará projeção equivalente. Porém, como vimos, essa seria uma conclusão excessivamente otimista. O experimento de inversão também foi rigorosamente controlado. No mundo real, vários fatores podem interferir na trajetória rumo ao topo. Lembre-se da história da *Mona Lisa* – e ainda veremos muitos outros exemplos parecidos.

A qualquer momento

Também é importante observar que as cascatas de informação *podem ocorrer a qualquer momento*. Um item funcional – como o iPhone ou o MacBook – pode se beneficiar delas desde o início, simplesmente porque é útil. Se for consistentemente aprimorado, pode se tornar um destaque de longo prazo. Talvez se beneficie de uma espécie de "efeito de aprisionamento" (*lock-in*). As pessoas já sabem como usar o iPhone. Os outros celulares, por mais incríveis e inovadores que sejam, podem funcionar de forma diferente, e aprender a usar e gostar do que é diferente pode parecer desafiador. Algo semelhante pode acontecer com músicas e livros. Como vimos, o gosto das pessoas pode ser moldado pelo que já conhecem. Se apreciarem uma autora como a grande Joyce Carol Oates, por exemplo, podem querer ler mais do que ela tem a oferecer. (Felizmente, ela tem muito.)

Agora, suponha que um poeta, artista ou romancista não tenha se saído muito bem quando jovem. Ainda é possível que seja redescoberto, décadas depois de ter produzido sua obra, e se torne famoso, com a ajuda de uma cascata de informações. Eve Babitz é apenas um exemplo. (Se você não a conhece, procure-a. Prepare-se para algumas surpresas.) Como vimos, é totalmente possível que a fama ocorra postumamente. Robert Johnson e Connie Converse são exemplos, e é claro que há inúmeros outros. Para resumir uma longa história: Emily Dickinson morreu em 1886. Exceto por seus amigos e familiares, quase ninguém mais sabia que ela era poeta. Publicou muito pouco: um total de dez poemas. No entanto, escreveu mais de 1.800. O que deveria ser feito com eles? Dickinson não deixou instruções.

Sua irmã, Lavinia Dickinson, insistiu que deveriam ser publicados. Ela escreveu a um amigo: "Sempre tive um sentimento de 'Joana D'Arc' com relação aos poemas de Emily". Lavinia contou com a ajuda de alguns amigos da irmã, entre eles Mabel Loomis Todd, que era casada com um professor da universidade de Amherst e mantinha um caso com

Austin Dickinson, irmão de Emily. Todd acabou sendo crucial para a fama de Emily Dickinson. Junto com Thomas Wentworth Higginson, mentor de Dickinson, coeditou o primeiro volume de sua obra, *The Poems of Emily Dickinson*, publicado em 1890. Um ano depois, lançaram o segundo volume. O público logo demonstrou grande curiosidade sobre aquela poeta desconhecida, e Higginson e Todd passaram a fazer diversas palestras sobre ela. Foi assim que tudo começou.

Johann Sebastian Bach, falecido em 1750, era amplamente conhecido como um talentoso músico organista e consultor em reparos de órgãos. Durante sua vida, Bach também era reconhecido como um excelente intérprete, mas não tanto como compositor. Apesar de ter composto mais de mil obras, poucas foram publicadas. Em 1829, recebeu um grande impulso quando o compositor Felix Mendelssohn popularizou sua agora icônica peça, *A paixão segundo São Mateus*.

Tanto Dickinson quanto Bach se beneficiaram de apoiadores apaixonados. Esse é um padrão típico da fama póstuma. Considere este título: *Jo van Gogh-Bonger: The Woman Who Made Vincent Famous* [Jo van Gogh-Bonger: a mulher que tornou Vincent famoso].[16] A extraordinária ascensão de Van Gogh teve muito a ver com os esforços incansáveis de Jo van Gogh-Bonger, sua cunhada, que dedicou a vida a promover sua obra. Veremos outros exemplos no capítulo 5.

Cascatas de reputação

Quando se trata de produtos culturais, ideias, políticos ou bens de consumo, as pessoas muitas vezes prestam atenção à opinião dos outros porque querem saber o que é bom. Porém, em certos casos, o que mais querem é a admiração de terceiros – ou, pelo menos, evitar a rejeição. Por isso, seguem as opiniões e ações alheias. Se muitos demonstram entusiasmo por uma nova música, livro ou filme, é provável que alguém também se empolgue, ou, no mínimo, procure ouvir ou dar uma olhada. Podemos adotar o comportamento alheio porque ele nos indica o que é bom, certo ou verdadeiro. Mas também agimos assim em busca de aprovação – ou por temermos a forma como somos percebidos. Embora a lógica pareça simples, por esclarecer os mercados do tipo "o vencedor leva tudo" e as aleatoriedades da fama, a dinâmica subjacente merece atenção.

Em uma cascata de reputação, as pessoas acreditam saber o que é certo – ou ao menos o que parece plausível – mas, ainda assim, seguem a maioria para preservar sua imagem diante dos outros. Suponhamos que Mick sugira que o Dave Clark Five é espetacular e Keith concorde – não por convicção, mas para evitar que Mick o veja como tolo. Se ambos afirmarem que a banda é fantástica, Brian talvez prefira não discordar publicamente e acabe reforçando a mesma impressão – não por acreditar nela, mas para evitar rejeição ou julgamento.

É fácil perceber como esse processo pode gerar uma cascata em favor do Dave Clark Five. Uma vez que Mick, Keith e Brian apresentem uma frente única sobre a questão, seu amigo Charlie pode relutar em contradizê-los, mesmo que ache que estão enganados. A opinião aparentemente compartilhada por Mick, Keith e Brian traz informações; essa opinião pode estar certa. Mas mesmo que Charlie tenha motivos para acreditar que estão errados, ele pode não querer confrontá-los publicamente. Seu silêncio ajudará a aumentar a pressão reputacional daqueles que vierem depois.

Nos experimentos do Music Lab, é provável que os visitantes do site provavelmente não estivessem preocupados que seus downloads afetassem sua reputação. Eles não eram necessariamente amigos ou mesmo conhecidos uns dos outros. No entanto, quando grupos de pessoas adotam um produto, muitas vezes isso se deve à pressão social resultante das opiniões aparentes de outras pessoas.

As cascatas de reputação também podem ocorrer a qualquer momento. Robert Johnson, Emily Dickinson e Bach certamente se beneficiaram delas.

Efeitos de rede

Algumas coisas podem ser aproveitadas sozinho. Você pode gostar de uma caminhada ao sol, de uma xícara de café ou de um mergulho rápido, talvez até especialmente quando está só. Outras fontes de prazer são mais "culposas": alguém pode adorar um programa de TV bobo ou Tommy Roe (procure depois) e preferir não dividir essa experiência com mais ninguém. Mas há casos em que o valor de um bem depende diretamente do número de pessoas que também o utilizam ou desfrutam. Não faz sentido ter um celular se você for a única pessoa no mundo com um. As pessoas usam o Facebook porque muitas outras pessoas também usam. Se a plataforma não tivesse conseguido formar uma rede, teria fracassado.

Os efeitos de rede existem quando o valor aumenta com o número de usuários. Muitos produtos culturais se beneficiam dos efeitos de rede: são considerados algo que as pessoas acham que devem conhecer. Shakespeare é um exemplo óbvio: aqueles que não o conhecem estão perdendo. O antigo programa de televisão *Além da imaginação* se beneficiou por muito tempo dos efeitos de rede; as pessoas queriam fazer parte de uma rede de pessoas que gostasse e conhecesse a série. Em 2023, *Barbie* e *Oppenheimer* se beneficiaram dos efeitos de rede. As pessoas queriam assistir a ambos os filmes porque todo mundo parecia estar fazendo isso. Toda cultura tem um conjunto de figuras icônicas – poetas, heróis de guerra, políticos, líderes religiosos – que desfrutam seu status atual, em grande parte, devido aos efeitos de rede.

Independentemente dos méritos intrínsecos de uma música, filme ou programa de TV, pode ser útil conhecer esses conteúdos para falar sobre eles com outras pessoas. Não é muito divertido ficar com cara de paisagem quando alguém faz uma referência a *Hamlet* ou *Rei Lear*, a *Star Wars*, a "Yesterday", "Hey Jude" ou "Let It Be", ou ainda a Barbie e Ken. Se as pessoas percebem que outras gostam dos poetas românticos ou dos Beatles, e que o foco está neles, é provável que se juntem por um motivo principal: não querem ficar de fora. Elas querem fazer parte do grupo.

Quando livros e filmes se beneficiam de popularidade explosiva, isso geralmente se deve aos efeitos de rede. Taylor Swift é fantástica, uma das minhas favoritas de todos os tempos, mas seu sucesso é enorme em parte porque as pessoas querem integrar o grupo cada vez maior de gente que conhece, admira ou ama Taylor Swift.

Os feriados nacionais ajudam a criar efeitos de rede. Martin Luther King Jr. seria famoso mesmo sem um feriado nacional em seu nome, mas a data festiva ajuda tanto a constituir quanto a preservar a memória do homem tal como ele é compreendido atualmente. Como veremos, Stan Lee, a força criativa mais importante por trás da Marvel Comics (Homem-Aranha, Hulk, Thor e muitos outros), ajudou a criar efeitos de rede e se beneficiou enormemente deles. Também analisaremos algo semelhante no fenômeno *Star Wars*.

Polarização de grupo

O que acontece quando os membros de um grupo conversam entre si? A polarização é um dos padrões mais consistentes identificados em contextos de deliberação, observada em diversos tipos de tarefas. Em resumo, grupos que deliberam juntos tendem a levar seus membros a posições mais extremas – inclusive a um entusiasmo exagerado –, seja diante de um novo produto, uma ideia, um possível líder ou uma crença religiosa.

Cultos de vários tipos frequentemente emergem assim. Para produtos e pessoas, a implicação é clara: quem deseja fomentar popularidade ou conquistar fama pode se beneficiar da polarização. Bob Dylan, os Beatles e Steve Jobs fizeram isso nas décadas de 1950 e 1960, Connie Converse não o fez.

Pessoas com ideias alinhadas, envolvidas em discussões entre si, podem levar umas às outras a "manias" das mais variadas. Nos negócios e na política, isso acontece o tempo todo. A Tulipomania, na Holanda dos anos 1630, é o exemplo econômico mais clássico. A Beatlemania é um paralelo cultural notório. Essas polarizações muitas vezes surgem de forma espontânea: os membros em uma vizinhança ou em algum grupo on-line conversam entre si sobre alguma pessoa ou produto e alimentam o entusiasmo umas das outras. Mas a polarização de grupos pode ser induzida de forma deliberada.

Aqueles que buscam gerar entusiasmo por artistas, cantores, filmes, políticos e causas tentam garantir que pessoas com a mesma opinião interajam entre si, amplificando a empolgação. Clubes de vários tipos geralmente fazem exatamente isso. Stan Lee e a Marvel Comics se beneficiaram muito da polarização de grupo. Em 1964, criaram a Merry Marvel Marching Society, com direito a carteirinhas e certificados de membro. Ayn Rand se aproveitou de um processo desse tipo com o surgimento de sua (estúpida) filosofia de "objetivismo", que ajudou a vender milhões de livros. Ela criou algo como "clubes do Objetivismo".

Esse fenômeno tem sido estudado por mais de cinquenta anos. Eis alguns exemplos de polarização de grupo, observados em mais de dez países:

- Após discussões, cidadãos dos Estados Unidos preocupados com as mudanças climáticas e favoráveis a um tratado internacional de controle tornam-se ainda mais comprometidos com essas crenças.[17]
- Após discussões, cidadãos dos Estados Unidos que não demonstram grande preocupação com o clima e não apoiam um tratado internacional tornam-se ainda menos favoráveis à ideia.[18]
- Após discussões, cidadãos franceses passam a ver com mais desconfiança os Estados Unidos e suas motivações em relação à ajuda financeira.[19]
- Um grupo de mulheres moderadamente pró-feministas adota uma postura ainda mais engajada com a causa após discutirem entre si.[20]
- Após discussões, brancos predispostos a expressar preconceito racial tornam-se mais críticos à ideia de que o racismo branco é responsável pelas condições enfrentadas por afro-americanos nas cidades dos Estados Unidos.[21]
- Após discussões, brancos predispostos a rejeitar o preconceito racial tornam-se mais favoráveis à mesma ideia após discussão.[22]

Esses são, em sua maioria, temas políticos, e, se você se interessa por como divisões políticas surgem, a polarização de grupo é um excelente ponto de partida. Também é um bom lugar para compreender por que empresas tomam decisões desastrosas. No entanto, meu foco aqui é a fama, e a polarização de grupo oferece pistas importantes. Como uma regularidade estatística, aqueles que são moderadamente entusiasmados com um político, um poema, um filme, uma música ou um romance tendem, após discussões, a intensificar seu entusiasmo. Considere a Beatlemania sob essa perspectiva e observe que apresentações ao vivo frequentemente são exemplos de polarização de grupo.

Claro, também é verdade que algumas pessoas permanecem como vozes dissidentes: ou porque realmente não gostam do rumo que o grupo está tomando (e estão dispostas a dizer isso), ou porque são rebeldes por natureza. Afinal, nem todo mundo gosta dos Beatles, e há quem resista a modismos culturais. Mas, por definição, essas pessoas são minorias – às vezes até desajustados sociais.

Há três explicações principais para o fenômeno da polarização de grupo. Todas ajudam a compreender o sucesso de políticos, poetas, filmes, músicas, romances, atores e produtos. E certamente contribuem para a compreender a fama.

A primeira explicação ressalta o papel direto da troca de informações. Parte de uma premissa simples: a posição de um indivíduo sobre qualquer tema está ligada, em parte, às informações que são apresentadas – e aos supostos fatos ou argumentos mais convincentes dentro do grupo. Os julgamentos pessoais tendem a se mover na direção da posição mais persuasiva defendida pelo grupo como um todo.

Se a maioria das pessoas em um agrupamento achar que Connie Converse é fantástica e defender essa opinião com energia e convicção, os outros provavelmente serão influenciados. Se a maioria em um grupo achar que Shakespeare é superestimado e que Samuel Beckett escreveu peças melhores, demais membros poderão pensar: talvez seja verdade! Aqui está o ponto principal: como um grupo cujos participantes já estão inclinados a uma determinada direção provavelmente ouvirá um grande número de argumentos que apoiam essa mesma direção, o resultado da discussão será levar as pessoas mais longe na direção de suas inclinações iniciais.

A segunda explicação aponta para a relação entre corroboração, confiança e extremismo. Pessoas que carecem de confiança e não têm certeza sobre o que pensar tendem a moderar suas opiniões. É por isso que indivíduos cautelosos, sem saber o que dizer ou fazer, geralmente escolhem um ponto intermediário entre os extremos. Você pode não demonstrar muito entusiasmo pelo trabalho de Joyce Carol Oates quando não sabe o que as pessoas ao seu redor pensam. Mas, se outras pessoas parecerem compartilhar sua opinião e continuarem a dizer (com razão) que Oates é fantástica, você provavelmente se sentirá mais confiante de que essa visão está correta e, consequentemente, tenderá a adotar uma posição mais extrema.

O entusiasmo por músicos, artistas e escritores geralmente se intensifica dessa forma. Os Beatles são um exemplo disso, assim como os Doors, para citar apenas um outro exemplo no domínio do rock clássico. Seus fãs participaram de um processo de polarização de grupo. Barack Obama e Donald Trump se beneficiaram de um processo semelhante. O mesmo aconteceu com figuras proeminentes da história da religião. Assim como certos produtos e marcas, incluindo o iPhone, a Tesla* e o chá Earl Grey.

A terceira e última explicação parte da ideia de que as pessoas se importam com sua reputação. Querem ser bem vistas pelos demais membros do grupo e manter uma boa imagem de si mesmas. Quando descobrem o que os outros pensam, ajustam suas posições na direção da opinião dominante. Querem demonstrar que não são covardes, nem excessivamente cautelosas. Assim, acabam modificando seus julgamentos para preservar a imagem que projetam para terceiros e também a que constroem para si próprias. A Beatlemania é um exemplo disso? E o status icônico da *Mona Lisa*? Não há dúvida quanto a isso.

Clube do Livro da Oprah

Esses diversos efeitos podem ser combinados? Existe uma forma de articular todos ao mesmo tempo?

Um exemplo claro é o *Clube do Livro da Oprah Winfrey*, que existiu inicialmente de setembro de 1996 a abril de 2002. Nesse período, Oprah Winfrey era extraordinariamente famosa, com um programa de entrevistas na TV assistido por milhões de espectadores. Também era amplamente confiável e admirada. Durante esse período, Oprah fez 48 recomendações de livros.

Eis a pergunta: qual era o impacto de ser selecionado por Oprah? Você poderia supor que seria considerável no curto prazo, mas não no

---

* Vale lembrar que a presente obra foi publicada originalmente antes da eleição de Donald Trump e da posterior – e polêmica – aproximação de Elon Musk com seu governo. Desde então, tem havido pelo mundo uma onda de adesivos colados em modelos da Tesla com os dizeres: "Comprei este carro antes de o Elon enlouquecer". Ou, numa variação talvez mais precisa: "Comprei este carro antes de saber que o Elon era louco". [N.T.]

longo prazo. Ou talvez pensasse que ela daria um pequeno impulso ao livro por um ou dois dias, quem sabe uma semana, mas nada além disso. Afinal, nem mesmo Oprah Winfrey faz milagres. Quem sabe, no fim das contas, a qualidade prevalecesse e os livros retornassem ao lugar que teriam de qualquer forma, independentemente das recomendações dela. (Se isso parece uma espécie de versão na vida real do experimento do Music Lab, com a seleção por Oprah funcionando como o equivalente a um grande número de downloads iniciais... bom, também acho.)

Richard Butler, Benjamin Cowan e Sebastian Nilsson investigaram o impacto de ser selecionado por Oprah.[23] O título do estudo já antecipa a conclusão: "From Obscurity to Bestseller" [Do anonimato à lista dos mais vendidos]. A principal descoberta é a seguinte: nenhum dos 48 livros analisados estava entre os 150 mais vendidos nos Estados Unidos na semana anterior à recomendação de Oprah, mas todos entraram nessa lista na semana seguinte. E mais: as obras não apareceram na lista por apenas alguns dias, mas permaneceram por pelo menos três meses. Mais impressionante ainda: a maioria absoluta dos livros nunca havia figurado na lista antes, e o melhor desempenho anterior de qualquer um deles havia sido a 25ª posição. Mesmo assim, todos os onze primeiros livros escolhidos por Oprah chegaram, no mínimo, ao quarto lugar.

Você poderia supor que essas seleções certamente teriam um desempenho inferior à média dos best-sellers. Nesse caso, sua suposição seria razoável – mas equivocada. As obras escolhidas por Oprah permaneceram na lista dos mais vendidos tanto quanto (ou até mais que) os demais best-sellers. Na verdade, vários de seus escolhidos voltaram a figurar na lista mais de uma vez, e quatorze deles chegaram ao top 150 também na versão brochura.* Esse dado merece destaque: em média, esses quatorze livros voltaram como best-sellers 42 semanas depois de terem sido recomendados por Oprah.

* O formato brochura (*paperback*), mais acessível e portátil, amplia o alcance de livros de sucesso, já que conta com preços reduzidos e maior distribuição. Frequentemente lançado após edições de capa dura, é uma estratégia típica do mercado americano para prolongar vendas e atingir novos públicos. [N.T.]

O ponto central é simples: se Oprah endossava um livro, ele estava praticamente garantido como best-seller e seguia vendendo bem por meses. Para as livrarias, uma recomendação de Oprah gerava cerca de 80 milhões de dólares em novas vendas.

Por que isso acontecia? Faz sentido pensar no endosso de Oprah como o equivalente a um grande volume de downloads iniciais, amplificado por quatro fatores importantes:

1. Ela tinha muita credibilidade junto ao público, que confiava no que Oprah tinha a dizer.
2. Como seu endosso era conhecido por impulsionar as vendas, ele produzia um efeito de rede imediato.
3. Os próprios livreiros sabiam o que estava por vir e deixavam os livros indicados expostos.
4. As pessoas achavam que seria uma boa ideia ler uma de suas escolhas para não ficar de fora.

Oprah Winfrey era (e é) única, é claro, mas esses pontos não se destinam apenas (ou principalmente) a avaliar o desempenho de suas escolhas. "Oprahs" antes de Oprah, de vários tipos, são responsáveis pela fama de algumas das maiores figuras literárias da língua inglesa. Essas primeiras "Oprahs", muitas delas esquecidas pelos livros de história, explicam a ascensão de muitos dos nossos ícones. É claro que também existem "Oprahs" depois de Oprah. No que diz respeito a Connie Converse, Howard Fishman é uma delas.

Melhor estar morto

Aqui vai uma pergunta: você acha que escritores, artistas e músicos vendem mais no período imediatamente após a sua morte? Morrer faz bem para os negócios?

Uma possível resposta é: definitivamente não. As pessoas gostam ou não dos Beatles, de Frank Sinatra, de Picasso, de John Updike e de Janis Joplin, e o fato de comprarem livros, pinturas ou músicas depende de esperarem apreciar a obra, não de o criador estar vivo e com boa saúde. O fato de um escritor ter morrido deveria ser irrelevante, assim como não importa se é casado ou solteiro, jovem ou velho, rico ou pobre. O que importa é a obra.

Acontece que essa resposta razoável parece estar errada. Não sabemos exatamente o motivo, mas a morte parece ser boa para os negócios. Como disse Gore Vidal ao ser informado sobre a morte de Truman Capote, "uma decisão de carreira sábia".[24] Vidal estava certo.

Pesquisas rigorosas realizadas na Itália, conduzidas pelos economistas Michela Ponzo e Vincenzo Scoppa, analisaram os efeitos da morte de um escritor nas vendas de livros.[25] A principal descoberta é que, no período logo após o falecimento, a probabilidade de ele ou ela entrar na lista de mais vendidos aumenta dramaticamente – mais de 100%!

Ponzo e Scoppa também descobriram que, se você quiser entrar na lista de best-sellers, é muito melhor morrer jovem. Os escritores que morreram com 65 anos ou menos desfrutam de um "bônus de morte" significativamente maior do que aqueles que morreram além dessa idade. A atenção da mídia também é crucial: para as vendas de livros, o efeito benéfico da morte é mais evidente em autores cuja morte foi destaque na primeira página e recebeu ampla cobertura. Resultados semelhantes foram encontrados para pintores: o preço de suas telas aumenta após a morte, e o efeito é maior para artistas que morreram jovens.[26]

Essas constatações levantam muitas perguntas. Vamos complicar um pouco. Se você considerasse todo o universo de escritores no mundo e perguntasse se suas vendas aumentam depois da morte, a resposta provavelmente seria um sonoro "não". Atualmente, há aproximadamente um zilhão de escritores vivos, e o número de pessoas que publicam um livro por ano gira em torno de 4 milhões. (Esse é o número anual de livros publicados, e embora alguns autores lancem mais de um por ano – eu me declaro culpado –, 4 milhões de autores por ano não está muito longe da realidade.[27]) Considerando que, em média, nove em cada mil pessoas morrem por ano, podemos estimar que, desses 4 milhões de autores publicados, cerca de 36 mil morrerão anualmente.[28]

Quantos deles desfrutam de um grande aumento nas vendas? Sem dúvida, muito poucos! A maioria dos escritores não vende muitos livros em momento algum, e o ano seguinte à sua morte não é melhor do que o ano anterior. Se você é um escritor desconhecido (e a maioria dos escritores é), não deve pensar que, se morrer, seus livros vão decolar.

Ponzo e Scoppa limitaram sua pesquisa a escritores que tinham pelo menos um livro na lista de best-sellers e usaram um conjunto de estratégias engenhosas para testar se os autores se tornam mais propensos a entrar na lista nos seis meses após sua morte. Isso significa que, *ao focarmos apenas em escritores com certo nível de renome, as vendas podem realmente aumentar, especialmente se a morte deles receber cobertura significativa dos jornais.*

Essa é uma constatação importante. Mas o que está por trás disso? A explicação mais simples aponta para algo fundamental: atenção. Quando autores muito conhecidos morrem, as pessoas passam a se concentrar neles. Você talvez não pense muito em Joyce Carol Oates ou Mick Jagger, mas, se algum dos dois morresse (e aqui vai o desejo de que isso *nunca* aconteça), muita gente passaria a pensar neles de repente e sairia correndo para comprar suas obras. De certo modo, a morte funciona como uma campanha publicitária bem financiada – ou como ser escolhido por Oprah Winfrey –, e talvez funcione pela mesma razão. A morte também pode gerar um efeito de rede instantâneo: as pessoas podem pensar que outras estarão lendo ou ouvindo a obra do falecido, e sentirem que devem acompanhar.

As emoções, sem dúvida, também desempenham um papel importante. Muitos sentimos uma conexão com escritores famosos, e a morte provoca um período de luto e saudade. Uma forma de lidar com esses sentimentos é passar um tempo com a pessoa que partiu e, assim, manter algum tipo de vínculo com ela. Se você perde alguém que ama, talvez guarde com carinho fotografias e cartas. Escritores e artistas podem ser pessoas que você ama, ou, ao menos, por quem sente um tipo de apego emocional. Talvez tenham se tornado parte do tecido da sua vida. A obra deles é o equivalente a essas fotografias e cartas, algo que você desejaria revisitar e apreciar.

Capítulo 4

O elefante na sala

Há um elefante na sala.

Em 1991, eu lecionava na Faculdade de Direito da Universidade de Chicago. Michael McConnell, um colega e amigo meu, era chefe do Comitê de Nomeações, responsável por contratar novos professores. Ele me contou que trabalhara com um estudante na Escola de Direito de Harvard que, segundo ele, seria um excelente professor da disciplina. Perguntei a McConnell o nome do estudante.

Ele disse: "É um nome incomum". Respondi: "Ah, é?" E ele afirmou: "Sim. Barack Obama".

Como você deve saber, Obama acabou lecionando na Faculdade de Direito da Universidade de Chicago. Ele era claramente um líder, havia algo na maneira como se comportava. Por volta de 1999, encontrei-o por acaso em frente à livraria Seminary Co-Op em Chicago e deixei escapar o que parecia óbvio: "Você será presidente dos Estados Unidos um dia". No entanto, quando concorreu ao Senado, em 2003, seus amigos e colegas em Chicago diziam que, embora fosse um político extraordinário, enfrentaria dois desafios sérios: o fato de ser negro e seu nome, Barack Obama. Como todos sabemos agora, ele superou os obstáculos. Foi eleito senador em 2004 e presidente em 2008.

Sim, ele teve muita sorte. Beneficiou-se de muitos downloads iniciais, desfrutou algo parecido com a Beatlemania, cascatas de informação e de reputação. Efeitos de rede e polarização de grupo foram fundamentais para seu sucesso, mas essa é uma história para outro dia. O que quero enfatizar é que, embora Obama tenha sido extraordinário na campanha, é razoável duvidar que pudesse ter sido eleito em 1948, 1960, 1968, 1972, 1980 ou mesmo 1984. Um candidato negro chamado Barack Obama provavelmente teria enfrentado muita oposição nesses anos.

Em 2008, o fato de Obama ser negro acabou não sendo uma barreira decisiva; para muitos eleitores, foi um fator positivo. Muitas pessoas pensaram: *não está na hora de os Estados Unidos terem um presidente negro? Não passaria uma mensagem ao próprio país e ao mundo sobre o que realmente significa liberdade?*

Isso não se aplica apenas a Barack Obama. Em inúmeros domínios, incluindo negócios, política, música, arte, cinema e literatura, sucesso ou fracasso, assim como a fama, são influenciados por fatores desse tipo – pelo que podemos chamar de política em sentido amplo.

A verdadeira oportunidade não chega para muitos. Fatores como riqueza, religião, gênero e raça são obviamente relevantes. Em 1740, uma mulher que buscasse sucesso em algum domínio poderia enfrentar barreiras intransponíveis. Ela poderia entregar um trabalho extraordinário, mas ainda assim ser desprezada ou ignorada e talvez acabasse desistindo. Ou, quem sabe, nem chegasse a tentar. Jane Franklin, irmã pouco conhecida de Benjamin Franklin – e talvez tão talentosa quanto (quem pode dizer?) –, ficou obcecada pelos argumentos de Richard Price, que enfatizava justamente a importância dos pontos de partida, aqueles fatores iniciais que condenam tantos ao fracasso.[1]

"Dr. Price", escreveu Jane a Benjamin, "acredita que milhares de Boyles, Clarks e Newtons provavelmente foram perdidos para o mundo, vivendo e morrendo na ignorância e na mediocridade, apenas por não terem sido postos em situações favoráveis e desfrutado as vantagens adequadas".[2] O lamento de Jane era pessoal. Como escreve Jill Lepore, "Benjamin Franklin considerava sua irmã seu 'segundo eu' e, dos dezessete (!) filhos da família, nenhum par era tão semelhante".[3] E enquanto Benjamin se tornou um ícone, um dos principais pensadores literários e científicos de toda a história da república norte-americana, a educação de Jane foi negligenciada, apesar de seu profundo interesse por leitura e escrita.

Esse problema é o tema de *Um teto todo seu*, de Virginia Woolf. Considere esta passagem, que discute a irmã imaginária de Shakespeare, tão talentosa quanto ele:

> [...] teria sido impossível, absoluta e inteiramente, para qualquer mulher ter escrito as peças de Shakespeare na época de Shakespeare. Deixe-me imaginar, já que os fatos são tão difíceis de apurar, o que teria acontecido se Shakespeare tivesse tido uma irmã incrivelmente talentosa chamada, digamos, Judith [...] Ela era tão aventureira, tão imaginativa, tão impaciente para conhecer o mundo quanto ele. Mas não frequentou a escola. Não teve oportunidade de aprender gramática e lógica, que dirá de ler Horácio e Virgílio [...] Talvez rabiscasse algumas páginas em um pequeno sótão às escondidas, mas tinha o cuidado de escondê-las ou queimá-las. Em breve, porém, antes que saísse da adolescência, ela se tornaria a noiva do filho do comerciante de lã da região. Ela gritou que considerava o casamento odioso, e por causa disso o pai bateu nela com severidade. Então parou de ralhar com ela. Implorou que não o magoasse, não o envergonhasse nesse assunto de casamento. Ele lhe daria um colar de contas ou uma saia bonita, disse; e havia lágrimas nos seus olhos. Como ela poderia lhe desobedecer? Como poderia partir seu coração?[4]

Séculos depois, essa mesma mulher provavelmente estaria em uma situação muito melhor. Em algum momento, uma escritora que produzisse durante a juventude, mas não alcançasse sucesso, poderia ser redescoberta e celebrada. Para três exemplos, entre muitos, pesquise sobre Constance Fenimore Woolson, Bette Howland ou Eve Babitz.

Ou considere a incrivelmente prolífica Margaret Cavendish, nascida no Reino Unido em 1623: filósofa, dramaturga, poeta e muito mais. Cavendish buscou muito a fama, mas em sua época não a alcançou. De fato, ela não foi especialmente bem considerada nos séculos após sua morte. Virginia Woolf chegou a afirmar que Cavendish "desperdiçou seu tempo rabiscando tolices e mergulhando cada vez mais na obscuridade e na insensatez".

Em anos recentes, Margaret Cavendish tem sido amplamente admirada. Seu trabalho é objeto de estudo em faculdades e universidades, e filósofos debatem suas ideias. Cavendish era materialista, rejeitava o dualismo mente-corpo, como proposto por Descartes, e pode facilmente ser vista como uma precursora do feminismo, crítica à hierarquia de gênero. Ela foi extraordinariamente ambiciosa e versátil, chegando a escrever ficção científica. É possível que, em breve, passe a integrar de vez o cânone filosófico.

Se isso acontecer, pode ser porque ela era genuinamente brilhante. Mas talvez seja, em parte, *porque* era uma mulher, ou porque os leitores atuais são mais receptivos ao que ela tinha a dizer, ou porque estão mais preparados para responder a isso de forma diferente de seus contemporâneos. De modo geral, o que antes era um problema ou obstáculo pode desaparecer como tal. Pode até se transformar em um benefício ou bônus. O que antes era uma espécie de "imposto por ser mulher" pode ser revogado ou transformado em um subsídio.

Marginalização

Jeanne Peijnenburg e Sander Verhaegh, filósofos dinamarqueses, estudaram o que chamam de "marginalização historiográfica".[5] Eles focam em pessoas, em especial mulheres, que foram admiradas em sua época, mas cuja obra "nunca entrou no cânone porque os historiadores e autores de manuais, por algum motivo, optaram por não incluí-la em suas sínteses". Como observam, alguns indivíduos são marginalizados ainda em vida. Eles citam o exemplo de Grete Hermann, matemática, física e filósofa alemã que não recebeu o reconhecimento que merecia, apesar de ter descoberto uma falha grave em um trabalho fundamental do matemático John von Neumann. Eles notam que "a história da física do século XX teria sido diferente" se o trabalho de Hermann tivesse recebido a atenção devida.

Mas Peijnenburg e Verhaegh estão especialmente interessados em pessoas, em especial mulheres, que desaparecem com o tempo. Eles destacam o trabalho de Constance Jones (1849-1922), filósofa admirada e respeitada em sua época, que resolveu um famoso enigma lógico, mas não foi incluída em manuais, livros didáticos ou antologias. Jones está agora sendo redescoberta. Peijnenburg e Verhaegh também apontam para Susanne Langer (1895-1985), uma americana que foi líder no campo da filosofia analítica. O livro de Langer de 1942, *Filosofia em nova chave*, foi reimpresso várias vezes e vendeu mais de meio milhão de exemplares. Porém, com o passar dos anos, ela começou a ser ignorada, talvez por enfatizar o estudo de rituais, mitos e arte. Já no final da década de 1940, estava amplamente deixada de lado. Hoje, no campo da filosofia analítica, está praticamente esquecida.

Peijnenburg e Verhaegh chamam a atenção para o papel dos fatores históricos, entre outros, na formação do arco do pensamento filosófico. Nos anos 1930, por exemplo, membros do Círculo de Viena migraram para os Estados Unidos e a Inglaterra, onde tiveram um enorme impacto no surgimento do positivismo lógico. Peijnenburg e Verhaegh afirmam que os filósofos tendem erroneamente a se concentrar em algumas figuras-chave e nos privam de um "cânone mais amplo e intelectualmente diversificado". Eles reconhecem que não é possível voltar no tempo e desfazer os processos que empurraram as filósofas para a margem. Mas acreditam que é importante e possível corrigir "as omissões, os descuidos e até os erros evidentes que nossos predecessores cometeram ao escrever (ou pior, ao deixar de escrever) sobre as contribuições de filósofas". E, de fato, esse tipo de correção – muitas vezes na forma de resgate histórico – já está em pleno andamento.[6]

Algumas pessoas, incluindo Cavendish, são consideradas "à frente de seu tempo". O que pensaram e fizeram não foi valorizado por seus contemporâneos, que "não estavam preparados para elas". Mas não está claro o que essas palavras significam. Pode ser que alguém que não tenha sido atingido por um raio em vida, o seja após a morte. É como se, por acaso, começasse a receber downloads. Foi o ocorrido, acredito, com Vincent van Gogh e Herman Melville. Ou pode ser que a obra deles simplesmente não tenha repercutido, não por má sorte, mas porque as pessoas na época não estavam receptivas a ele.

Robert Johnson e Connie Converse podem ser exemplos disso. Talvez uma visão particular sobre algo – religião, raça, política, rebeldia, gênero, classe, romance – parecesse excêntrica, entediante ou inadequada em um momento, mas se tornasse fascinante em outro.

Um grande herói

Em qualquer país, em qualquer época, quem é celebrado, quem é vilanizado e quem é ignorado? O que – e quem – é lembrado? Quem são os heróis da história? Algumas palavras inquietantes de *1984*, de George Orwell:

> Todo registro foi destruído ou falsificado, todo livro foi reescrito, todo quadro foi repintado, toda estátua e rua e prédio foi renomeado, toda data foi alterada. E esse processo continua, dia a dia, minuto a minuto. A história parou. Nada existe além de um presente sem fim, no qual o Partido sempre tem razão.[7]

Fora da ficção, podemos refletir sobre a memória e a construção dos heróis ao longo das gerações – o chamado caso intergeracional. Mas essa pergunta também se aplica em escalas menores: ao longo de alguns anos, meses ou até semanas – o caso intrageracional.

Eu tinha 13 anos quando Martin Luther King Jr. foi assassinado. Lembro-me bem dele. Segundo minha mãe, ele era uma figura heroica e admirável (embora também tenha dito, em um jantar, que ele era um "agitador"; eu não tinha ideia do que essa palavra significava). Mas quem sabia, naquela época, o ícone que King se tornaria? Quem sabia que um feriado nacional seria declarado nos Estados Unidos em sua homenagem?

O demônio de ontem é o santo de hoje. O oráculo de ontem é o herege de hoje. A superestrela de ontem é o esquecido de hoje. O que acontece ao longo do tempo também pode acontecer ao longo do espaço, tanto entre nações quanto dentro delas. Os debates sobre a "memória coletiva" costumam se debruçar exatamente sobre esses pontos.[8]

Há muitos anos, recebi uma lição sobre isso em Pequim. Durante uma visita a um museu, meu anfitrião chinês me levou a uma exposição sobre Genghis Khan. Eu não sabia muito sobre ele, exceto que era uma figura satânica. Imediatamente recuei e disse: "Um tirano terrível". Meu anfitrião pareceu chocado e respondeu: "Não, um grande herói". Eu me senti envergonhado, como se tivesse cometido uma gafe, e disse com um sorriso envergonhado: "Propaganda americana". Ele respondeu com um sorriso e o que pareceu ser um reconhecimento cúmplice: "Propaganda chinesa".

Nos Estados Unidos, figuras associadas ao Velho Sul, como Robert E. Lee, foram, por muito tempo, enaltecidas na memória coletiva, não raro por meio de estátuas que os celebravam. Os inúmeros esforços para remover essas estátuas e rebaixar simbolicamente aqueles que lutaram pelo Velho Sul são exemplos claros dos tipos de disputas que levam à elevação e à queda de políticos, artistas e outras figuras públicas, tanto em vida quanto após a morte.

Considere um exemplo vívido trazido por Lewis Coser.[9] O sociólogo observou que, nos anos 1980, alguns de seus colegas soviéticos (sim, a União Soviética ainda existia) relutavam até em comentar eventos recentes. O motivo era que "tinham sido forçados, nos últimos anos, a se livrar de sua própria memória coletiva como se fosse uma pele e a reconstruir um conjunto de memórias coletivas bastante diferente". Isso não é fácil, em especial quando "figuras históricas importantes que haviam sido mortas, caluniadas e difamadas sob o comando de Stalin agora demonstravam ter sido bons bolcheviques e grandes heróis revolucionários". A história havia sido reescrita. Trata-se, claro, de um conto orwelliano, em que líderes políticos reconfiguram o passado: o que está em cima passa para baixo; o que estava embaixo, agora está no alto.

Na narrativa de Coser, pessoas que haviam sido demonizadas foram transformadas em heróis. Essa mudança foi particularmente dramática nos últimos dias da União Soviética e, claro, é ainda mais evidente quando ocorre em sociedades não democráticas. Mas isso também acontece nas sociedades mais livres, à medida que novos valores e compromissos reinterpretam figuras históricas como Malcolm X e Robert E. Lee, lançando-os sob uma luz radicalmente diferente. Também pode acontecer quando alguém que era desconhecido se torna celebrado e enaltecido, ou em ocasiões em que quem era um gigante é diminuído, esquecido (ou cancelado). Agora pergunte sobre eventos históricos e, digamos, sobre o nazismo, a Segunda Guerra Mundial e o Holocausto.[10] Do que nos lembramos? Como nos recordamos disso na década de 1960? Na década de 1990? Agora? Na Alemanha? Na França? Na Rússia?

Na década de 1920, Maurice Halbwachs, a quem voltaremos em breve, ofereceu uma discussão extraordinária sobre a topografia do cristianismo – sobre como conhecemos o que aconteceu, onde e quando. Sua conclusão é que muito do que achamos que sabemos, sobre os locais sagrados, por exemplo, não vem da época em que Jesus viveu. Muito disso é especulação, ou, quem sabe, invenção. Aqui está o que Halbwachs tem a dizer:

> Os relatos apócrifos sobre a infância de Jesus, sobre a juventude, a vida e a morte de Maria, as meditações místicas sobre o mistério da cruz, os dramas litúrgicos encenados nas igrejas medievais, toda a iconografia religiosa das catedrais – eram essas as referências que os peregrinos desejavam reencontrar, localizar, situar no espaço. Isso atesta o fato de que, em cada período, a memória coletiva cristã adapta suas lembranças dos detalhes da vida de Cristo e dos lugares onde eles teriam ocorrido às exigências contemporâneas do cristianismo, aos seus anseios e necessidades.[11]

Paremos um instante na expressão "as exigências contemporâneas do cristianismo, seus anseios e necessidades". A ideia geral aqui diz respeito ao Zeitgeist – o espírito do tempo, ou seja, às preocupações e prioridades dominantes de uma época, ou ainda às questões que mobilizam um público poderoso, relevante ou influente.

James Baldwin, que morreu em 1987, foi celebrado em vida como um escritor extremamente importante, sobretudo por sua abordagem sobre raça e desigualdade. Por um tempo, porém, pareceu ter sido marginalizado. Hoje vive um renascimento, em grande parte porque sua obra dialoga diretamente com questões atuais. O mesmo pode ser dito de Martin Luther King Jr. Ele foi um radical, que exigia mudanças sociais e econômicas de larga escala para eliminar a supremacia branca? Ou era, antes, um moderado, defensor de uma sociedade "daltônica" quanto à cor da pele? Pessoas diferentes têm apropriado King para diferentes fins, reinterpretando seu legado à luz das exigências, necessidades e aspirações do presente.

Como veremos, Stan Lee, criador ou cocriador de muitos dos super-heróis mais famosos do mundo, teve sucesso na década de 1960 em grande parte porque seus personagens desafiadores e vulneráveis falavam diretamente ao temperamento da época. William Blake e Jane Austen conquistaram um sucesso quase cult após a morte, em parte porque falaram a grupos relevantes em momentos importantes.

É fundamental ter cuidado com argumentos do tipo "Zeitgeist". Eles são mais fáceis de formular do que de provar. Ainda assim, ajudam a explicar por que os raios caem.

Lembrando juntos

A explicação mais brilhante sobre memória coletiva vem de Maurice Halbwachs, que dedica atenção especial à memória religiosa.[12] O que as pessoas lembram sobre a história de sua própria religião? Halbwachs destaca que "a memória dos grupos religiosos se pretende fixada de uma vez por todas".[13] Mas isso é um paradoxo, porque nos estágios iniciais, as religiões apresentam diversas correntes em disputa, muitas delas compostas por crenças, rituais e tradições herdadas de religiões mais antigas. No começo, por exemplo, "o cristianismo estava, de fato, muito próximo de suas origens; ainda não era fácil distinguir o que era lembrança do que era consciência do presente".[14]

Nos primeiros tempos, os mesmos eventos são "lembrados" de maneiras muito diferentes. "O que distingue as heresias das doutrinas mais ou menos ortodoxas não é que as primeiras sejam inspiradas pelo presente ou pelo passado recente, enquanto as outras se baseiam em um passado antigo, mas a maneira como cada uma rememora e compreende o mesmo período do passado – ainda suficientemente próximo para que exista uma grande variedade de lembranças e de testemunhos."[15]

Vale a pena refletir sobre esse ponto. Em qualquer momento, pode haver memórias conflitantes sobre o que aconteceu na semana ou no mês anterior. Considere o seguinte: o que aconteceu nos Estados Unidos em 6 de janeiro de 2021? Quem foram os heróis e quem foram os vilões? Ou então: quais foram os papéis dos Estados Unidos, da Inglaterra e da União Soviética na Segunda Guerra Mundial?

No período de formação, a memória coletiva é, de acordo com Halbwachs, altamente dispersa. Nada está cristalizado ou consolidado. Depois de muito tempo, alguns entendimentos – que incluem os heróis e os hereges, os pecadores e os santos, os vencedores e os perdedores – surgem e se cristalizam. Ainda assim (e essa é uma das afirmações mais impressionantes de Halbwachs), "um católico vivendo dez ou quinze séculos depois entenderá menos os Evangelhos do que um pagão, um judeu, um oriental ou um romano dos dois primeiros séculos".[16]

Segundo Halbwachs, a primeira geração foi crucial em parte porque foi altamente criativa: inventou algo e estabeleceu os elementos essenciais da tradição cristã "por meio de alterações e de um trabalho de adaptação".[17] Naquele período, "a imagem de Cristo como profeta judeu e galileu foi substituída pela do Cristo salvador de toda a humanidade", o que significava que "as características propriamente judaicas de Jesus, que devem ter sido familiares para os que o cercavam, tiveram de cair no esquecimento ou ser transpostas".[18] É um pouco como o Music Lab.

Os eventos poderiam ter ocorrido de outra forma? "Quando pensamos em memória", escreve Aleida Assmann, "devemos começar com o esquecimento".[19]

À medida que as memórias se apagam, e que as religiões surgem e se transformam, os valores e as necessidades do presente passam a ter peso determinante. Voltemos a Martin Luther King Jr.: ele foi, essencialmente, um centrista, defensor da neutralidade racial, ou um radical, que exigia o fim de um sistema de castas raciais? Halbwachs chama atenção para o papel central dos místicos cristãos, que buscavam reviver "aspectos pouco conhecidos ou negligenciados das escrituras sagradas". Não por interesse histórico ou erudito, mas porque "esses aspectos respondiam às aspirações religiosas, mais ou menos conscientes, que já existiam nos próprios místicos antes mesmo de voltarem sua atenção a esses textos".[20] De forma mais ampla, as práticas da Igreja incluem "toda uma série de tradições particulares, que parecem desaparecer em certos períodos, mas reaparecem em outros".[21]

Para dizer o mínimo, o surgimento e a reforma das religiões é um tópico complicado e controverso. Para os propósitos atuais, um ponto importante é que a identidade das figuras centrais – quem é celebrado ou lembrado e quem é perdido ou esquecido – é fruto de uma construção. E essa construção pode depender de acidentes relativos, de quem diz ou faz o quê, e exatamente quando. Uma questão muito debatida é como os livros se tornaram parte da Bíblia e, portanto, definidores do cristianismo.[22] O próprio Halbwachs não explora muito uma possível implicação de sua análise, que é o fato de que, com relação à religião, as coisas poderiam ter se desenrolado de forma significativamente diferente. Mas ele diz o seguinte:

> Vamos supor que o cristianismo nunca tenha se propagado para além de seu local de origem. Nesse caso, o culto cristão teria permanecido como começou: popular junto a uma parcela muito pequena da antiga sociedade judaica. Esta última teria tentado sufocá-la ou eliminá-la. A história de Cristo seria esquecida rapidamente, conforme os traços materiais dos fatos cristãos desaparecessem.[23]

Seria possível imaginar um mundo alternativo no qual o cristianismo de fato desaparecesse, ou assumisse uma forma significativamente diferente? É claro que responder com confiança a esse tipo de pergunta é extremamente difícil. Mais do que os historiadores, são os escritores de ficção científica que costumam oferecer quadros vívidos. Você consegue imaginar um mundo no qual o gnosticismo tivesse triunfado? Como seria?[24] É certamente possível conceber um Novo Testamento diferente do que conhecemos hoje, o que, por sua vez, teria transformado profundamente aquilo que hoje entendemos por cristianismo. Este não é o espaço para um exame detalhado, mas vale notar que os quatro Evangelhos canônicos – Mateus, Marcos, Lucas e João – são, em geral, considerados textos redigidos entre os anos 70 e 100 d.C., sendo que os nomes que hoje lhes damos foram acrescentados posteriormente, provavelmente entre os séculos II e IV.

O cânone atual do Novo Testamento foi o resultado de disputas acirradas e de escolhas contestadas, e, muito provavelmente, surgiu como resposta à pressão de grupos que favoreciam outras opções.[25] Outros textos que não fazem parte do Novo Testamento como o conhecemos hoje ainda eram chamados de "Escrituras" até os séculos IV e V, e possivelmente até mais tarde.[26] Cascatas de informação e de reputação, efeitos de rede e polarização de grupo foram cruciais para o estabelecimento do cânone. "O próprio Jesus nunca escreveu um livro e nem disse a nenhum de seus seguidores que o fizesse", e grande parte da transmissão original foi oral.[27] E, notavelmente, os livros do Novo Testamento "não foram escritos como *Escritura sagrada*".[28]

Aqui está um resumo de uma análise conceituada sobre o assunto. Observe a passagem dos séculos:

> A partir do primeiro terço do segundo século, alguns textos cristãos primitivos começaram a ser reconhecidos como escrituras sagradas, em pé de igualdade com as primeiras Escrituras da igreja. No último quarto do segundo século, uma coleção de escritos cristãos começou a ser chamada de escrituras do "Novo Testamento" e os dois primeiros Testamentos da igreja formaram o que mais tarde acabou sendo chamado de Bíblia cristã. Por volta dos séculos III ou IV, alguns seguidores de Jesus começaram a limitar suas Escrituras Sagradas a uma coleção que, em linhas gerais, corresponde ao que compreende as Bíblias cristãs hoje.[29]

Como Elaine Pagels defende, "são os vencedores que escrevem a história, e do seu jeito. Não é de se admirar, então, que a visão da maioria bem-sucedida tenha dominado todos os relatos tradicionais sobre a origem do cristianismo".[30] De fato, as "Escrituras do Novo Testamento das primeiras igrejas cristãs diferem em vários aspectos daquelas que a maioria dos cristãos utiliza hoje", incluindo "os livros que elas continham" e "os textos desses livros".[31]

Cânones

É claro que poderíamos dizer algo análogo sobre os "cânones" de toda natureza – literários, filosóficos, artísticos, musicais e cinematográficos, entre outros –, assim como sobre sua estabilidade e transformação ao longo do tempo.[32] Quando filósofos evocam uma tradição, quem está incluído?[33] Kant e Bentham? Williams e Parfit? Quem está no cânone do "rock"?[34] Jefferson Airplane? Jethro Tull? Suzanne Vega? Quem aparece nas antologias literárias consagradas? Quem é omitido? Harold Bloom escreve que *Paraíso perdido*, de Milton, "tornou-se canônico antes mesmo que o cânone secular fosse estabelecido no século posterior ao do autor".[35] E quem fez a canonização? Bloom aponta para "outros poetas fortes, desde seu amigo Andrew Marvell, passando por John

Dryden e chegando a quase todos os poetas cruciais do século XVIII e do período romântico", até o ponto em que Milton "simplesmente dominou a tradição e a absorveu".[36]

O grande crítico literário Hugh Kenner certa vez ponderou sobre o seguinte fato: "Nenhum inglês vivo em 1600 experienciava a era de Shakespeare. Porque não havia uma era de Shakespeare em 1600".[37] Kenner foi mais longe. Em 1600, simplesmente não havia cânone. E naquela época, exceto nos círculos teatrais, Shakespeare não era "nem mesmo uma celebridade". O que aconteceu?

É uma longa história. John Heminges e Henry Condell foram uma parte crucial dela. Você já ouviu falar deles? Os atores se apresentaram com Shakespeare e eram seus amigos. Depois que ele morreu, os dois reuniram suas peças no famoso *First Folio*, de 1623. Sem ele, provavelmente conheceríamos apenas cerca de metade das peças de Shakespeare. Teríamos perdido *Júlio César*, *A tempestade* e *Macbeth*. Para dar um gostinho, eis o que os editores escreveram como prefácio:

> Seria, confessamos, coisa digna de ter sido desejada que o próprio Autor houvesse vivido para ele mesmo dar à luz e rever seus escritos; mas, pois foi ordenado de outro modo, e ele pela morte apartado desse direito, rogamos-vos que não invejeis a seus Amigos o ofício de seu zelo e labor, por haverem recolhido e publicado tais escritos; e por os haverem publicado de tal sorte, que, onde antes fostes enganados por diversas cópias furtadas e surreptícias, mutiladas e desfiguradas pelas fraudes e rapinas de impostores daninhos que as expuseram, essas mesmas agora se vos oferecem à vista curadas e perfeitas em seus membros; e todas as demais, completas em seus números, conforme as concebera. [...] Mas não é de nossa alçada, que tão somente recolhemos suas obras e vo-las damos, louvá-lo. A vós, que o ledes, tal honra pertence.[38]

Uau.

Quando estava na graduação, na década de 1970, me formando em Letras, a base do nosso currículo foi estabelecida pela *The Norton Anthology of English Literature*. Não há palavras que façam justiça ao quanto eu amava e apreciava a *Norton Anthology*. De imediato, e de memória: *Beowulf*, Chaucer, Milton (é claro), John Donne, George Herbert, Keats, Byron, Tennyson, Matthew Arnold, T. S. Eliot. E o sublime e surpreendente Gerard Manley Hopkins, com sua última linha devastadora:

> Margaret, estás te enlutando
> Por Goldengrove que se desfolha?
> Folhas, como as coisas do homem – tu,
> Com teus pensamentos novos, te importas, não é?
> [...]
> É a ruína para a qual nasceu o homem,
> É por ti mesma, Margaret, que estás em pranto.[39]

Harold Bloom afirma que alguém só entra no cânone "pela força estética, que é constituída, principalmente, por uma combinação de domínio da linguagem figurada, originalidade, potência cognitiva, conhecimento e exuberância vocabular".[40] Lá nos anos 1970, eu acreditava em algo parecido com isso. Achava que o conteúdo da *Norton Anthology* era imutável, quase como se viesse do alto, e não de pessoas reais, que fazem escolhas discutíveis e sujeitas a contestação. Mas a *Norton Anthology* dos anos 1990 já não era a mesma dos anos 1970, e a versão atual também não é a mesma da década de 1990.[41] (Isso é chocante?)

Em particular, edições mais recentes da *Norton Anthology* apresentaram grupos mais diversificados de autores em muitas partes do livro. Na cobertura do período romântico, as duas primeiras edições não incluíam nenhuma mulher. As escritoras foram acrescentadas aos poucos, primeiro na terceira edição (Dorothy Wordsworth) e depois gradualmente ao longo do tempo.[42] Na quarta edição, os editores acrescentaram uma seção temática chamada "The Woman Question" [A questão da mulher].[43] Na sétima edição, os editores acrescentaram novas seções temáticas sobre "escravidão, Revolução Francesa e o fim do Império Britânico".[44] Na oitava edição, foi acrescentada uma seção "Women in Power" [Mulheres no poder].[45]

Aqui, os efeitos de cascata e a polarização de grupos são fundamentais para a formação de cânones em vários campos e, também nesse caso, existem múltiplos equilíbrios. Bloom estava selecionando a variável dependente. Parte do cânone de hoje pode estar no lixo de amanhã.[46] Voltaremos a esses pontos no capítulo 5.

Qualidade

Não falei muito sobre qualidade, exceto para observar o ponto evidente de que ela é, em certo sentido, uma condição necessária para o sucesso, mesmo que não seja suficiente. Claro, há perguntas desafiadoras aqui: se isso é sempre verdadeiro, o que significa "em certo sentido" e o que é qualidade e como medi-la. Filmes ruins podem se tornar muito famosos. Por exemplo, *Avatar* não é bom (mas tem efeitos especiais incríveis). Péssimos livros podem vender muitos exemplares. Considere, ou não, a execrável série *Deixados para trás* (não dá para negar que ela tem drama, todavia).

Há ocasiões em que é possível medir a qualidade de forma objetiva. Podemos especificar o que constitui qualidade em um velocista ou corredor de maratona, em um celular, um laptop, uma geladeira ou um veículo. Certamente podemos dizer muito sobre qualidade em literatura, arte e música. Mas, para muitas coisas, o que dizemos sobre qualidade, antecipadamente ou mesmo no momento, será menos útil do que poderíamos esperar, se o objetivo for prever sucesso espetacular ou apelo duradouro.

No seu apaixonado livro sobre o cânone ocidental, Harold Bloom fala bastante sobre qualidade e sobre por que certos autores e obras acabam se tornando canônicos.[47] Ele defende que a "resposta, na maioria das vezes, está na estranheza, uma forma de originalidade que pode ou não ser assimilada, ou que nos assimila de tal forma que deixamos de vê-la como estranha". Essa é uma formulação fascinante. É uma descrição plausível de (por exemplo) William Blake, John Donne, Gerard Manley Hopkins, James Joyce, Emily Dickinson, Samuel Beckett e Bob Dylan. Mas há muita estranheza impossível de assimilar por aí, e a maior parte dela não se torna canônica. Charles Dickens, Michelangelo e os Beatles não são impossíveis de assimilar (embora, de certa forma, possam ter nos assimilado).

Há alguns anos, uma estação de rádio de Chicago, onde eu morava, tinha um programa chamado "Make It or Break It", no qual o apresentador tocava uma nova música e pedia aos ouvintes que ligassem para dizer se gostaram do que ouviram. Depois que diziam que gostaram, o apresentador perguntava: "Por quê?". A resposta usual era: "Eu gosto do som!". Exasperado com essa resposta, o apresentador parou de pedir uma explicação.

Pedi ao ChatGPT que escrevesse o primeiro parágrafo de um romance de sucesso. Aqui está o que ele produziu:

> O sol já havia se posto há horas, deixando um brilho cálido sobre a pequena cidade de Millfield, enquanto os últimos de seus moradores se acomodavam em casa para a noite. Em um canto isolado da cidade, uma jovem estava sentada na varanda, seus olhos fixos no céu estrelado. Ela havia morado em Millfield durante toda a sua vida, mas ainda sentia como se algo estivesse faltando, uma sensação de anseio que não conseguia definir. Mal sabia ela que sua vida estava prestes a mudar de maneiras que jamais poderia imaginar.

Não é horrível, mas é um tanto batido. Um romance com esse início poderia se tornar um sucesso espetacular? Claro, mas compare com o seguinte:

> Era um dia frio e brilhante em abril, e os relógios batiam treze.*

Esse é o primeiro parágrafo de *1984*, de George Orwell, e é realmente muito bom. O que o torna tão bom é o fato de que começa batido, quase banal, mas depois vem o golpe. Qualquer livro pode começar assim: "Era um dia frio e brilhante em abril". Mas os relógios batiam treze? Do que se trata? É claro que o livro poderia, no fim das contas, ser ruim, mas esse começo previsível seguido de um impacto inesperado é difícil de resistir. Ou então considere este início de *As Aventuras de Huckleberry Finn*, de Mark Twain:

* Tradução livre. No original em inglês, *It was a bright cold day in April, and the clocks were striking thirteen.* [N.E.]

> Vocês não sabem de mim sem que tenham lido um livro chamado *As Aventuras de Tom Sawyer*; mas isso não tem importância. Aquele livro foi feito pelo Sr. Mark Twain, e ele contou a verdade, no geral. Houve coisas que ele exagerou, mas no geral contou a verdade. Isso não é nada. Nunca vi ninguém que não mentisse uma vez ou outra, exceto talvez a tia Polly, ou a viúva, ou talvez a Mary. A tia Polly – a tia Polly do Tom, quero dizer – e a Mary e a viúva Douglas são todas mencionadas naquele livro, que é quase todo verdadeiro, com algumas invenções, como já disse antes.

Twain está se divertindo muito aqui, e seu humor é contagiante. ("Sr. Mark Twain", diz Huck.) O livro que estamos lendo também foi escrito por Twain, é claro, mas ele nos induz suspender a descrença e acreditar, em algum lugar de nossa mente, que estamos lendo algo escrito por Huckleberry Finn. Pensamos isso, em parte, porque a voz de Huck é autêntica e, em parte, porque Huck é convincente, confidenciando-nos que Twain "contou a verdade, no geral". "Nunca vi ninguém que não mentisse uma vez ou outra", Huck reconhece. É claro que o parágrafo inteiro é ficção, o que aumenta a graça. Twain é cheio de truques. Seu nome verdadeiro era Samuel Clemens, portanto, estamos falando de espelhos dentro de espelhos.

Se você observar diversas listas – os livros mais vendidos de todos os tempos, os álbuns mais vendidos de todos os tempos, os filmes de maior bilheteria de todos os tempos –, provavelmente não ficará chocado com os nomes que aparecem. A Tabela 4.1, por exemplo, mostra os filmes de maior bilheteria, ajustados pela inflação.

De um jeito ou de outro, todos são excelentes. Mas o curioso é que são formidáveis de formas muito diversas, não há um traço unificador. *Tubarão* e *O exorcista* são assustadores. Os demais, não. *...E o vento levou*, *A noviça rebelde* e *Doutor Jivago* são histórias de amor. Os outros, não. E entre os dez primeiros da lista, apenas *...E o vento levou* e *Star Wars* aparecem nas listas da crítica especializada. *Casablanca* – o filme mais romântico e o melhor de todos os tempos, na minha opinião (e não só na minha) – nem chega perto das maiores bilheterias.

Tabela 4.1: Filmes de maior bilheteria

1	*...E o vento levou*	1939
2	*Star Wars: Episódio IV – Uma nova esperança*	1977
3	*A noviça rebelde*	1965
4	*E.T.: O extraterrestre*	1982
5	*Titanic*	1997
6	*Os dez mandamentos*	1956
7	*Tubarão*	1975
8	*Doutor Jivago*	1965
9	*O exorcista*	1973
10	*Branca de Neve e os Sete Anões*	1937

Em termos abstratos, é difícil dizer muita coisa sobre qualidade. As particularidades são essenciais. Mas podemos afirmar que, no caso da música (e de tantas outras coisas), vale uma regra clássica: excesso de familiaridade entedia, e novidade demais afasta por incompreensão. Stephen King é um ótimo exemplo. Ele usa muitos truques já conhecidos, mas entrega sustos inesperados, além de uma combinação improvável de calor humano, melancolia e tensão. Em seus melhores momentos, ele é quase elegíaco.

Bob Dylan também é um exemplo disso. O artista nitidamente se inspirava em obras de terceiros e foi muitas vezes acusado de plágio. (A propósito, algo semelhante pode ser dito sobre Martin Luther King Jr.) Com Dylan, as pessoas escutam, de certa forma, o que já ouviram antes, mas ele acrescenta algo novo, desconcertante, até mesmo emocionante.

Vamos nos voltar agora para algumas particularidades. Qualquer seleção de casos terá, é claro, um alto grau de aleatoriedade. Começo com o caso da literatura romântica, simplesmente porque é um campo vívido e bem documentado. Em seguida, passo para uma seleção de obras e pessoas icônicas que particularmente admiro (*Star Wars*, Bob Dylan, Stan Lee, os Beatles) ou que me parecem especialmente marcantes e sobre as quais sei alguma coisa (Ayn Rand; Margery, a outrora famosa Bruxa de Lime Street). Ficará claro que minhas escolhas são arbitrárias, altamente pessoais, até mesmo idiossincráticas. Pelo visto, eu gosto disso.

Quer você goste ou não, espero que os exemplos ajudem a ilustrar os principais pontos que procuro defender aqui. Também torço para que meu entusiasmo por (na maior parte) meus escolhidos e seus talentos extraordinários não ofusque a compreensão do papel da serendipidade na ascensão dessas figuras aos lugares que vieram a ocupar. Em alguns momentos, vamos abrir essa caixa-preta e ver o que encontramos lá dentro.

PARTE 2

Ícones

Capítulo 5

"Roubadas, roubadas sejam suas maçãs"

Você já ouviu falar de Leigh Hunt? Eu me formei em Letras na faculdade, mas confesso que, até recentemente, não tinha ouvido falar dele. Foi um amigo que me chamou a atenção. Aqui está seu poema "Jenny Kiss'd Me" [Jenny me beijou]*:

> Jenny me beijou ao me encontrar,
> Saltando da cadeira em que estava;
> Tempo, ladrão, que gostas de roubar,
> Inclua este doce na tua jornada!
> Dize que estou esgotado, dize que estou triste,
> Dize que saúde e riqueza me escaparam;
> Dize que estou envelhecendo, mas acrescenta:
> Jenny me beijou.[1]

É bom, não é? É engraçado e animado, e diz algo verdadeiro sobre memória, amor e romance. Você pode estar esgotado e triste, doente, pobre e velho, mas se Jenny o beijou, então tudo bem. Aqui está outro poema de Hunt**, mais complicado e um pouco mais ousado:

---

* Jenny kiss'd me when we met,/Jumping from the chair she sat in;/Time, you thief, who love to get/Sweets into your list, put that in!/Say I'm weary, say I'm sad,/Say that health and wealth have miss'd me,/Say I'm growing old, but add,/ Jenny kiss'd me.

** We, the Fairies, blithe and antic,/Of dimensions not gigantic,/Though the moonshine mostly keep us,/Oft in orchards frisk and peep us.//Stolen sweets are always sweeter,/Stolen kisses much completer,/Stolen looks are nice in chapels,/

Nós, as Fadas, alegres e travessas,
De dimensões não gigantescas,
Embora a luz da lua nos conserve,
Muitas vezes nos pomares nos espreitamos.

Doces roubados são sempre mais doces,
Beijos roubados muito mais completos,
Olhares roubados são bonitos em capelas,
Roubadas, roubadas, sejam suas maçãs.

Quando o mundo está indo para a cama,
É a hora de roubar o pomar;
No entanto, as frutas não valem a pena ser descascadas,
Se não fosse por roubar, roubar.[2]

Isso é mais do que bom, não é? "Olhares roubados são bonitos em capelas" – essa não é a coisa mais óbvia a se dizer, e é um pouco surpreendente. (Romance e também uma pitada de sexo, em capelas?) Mas é verdade (não é?) que olhares roubados são realmente agradáveis em capelas. Em sua época, Hunt foi celebrado como um dos maiores poetas da língua inglesa. Ele era considerado muito melhor do que John Keats. O que aconteceu? Chegaremos lá.

Como as dinâmicas sociais podem ajudar a explicar o sucesso de figuras culturais? De poetas, romancistas e músicos? A aleatoriedade é importante? Para John Milton, William Wordsworth e Joni Mitchell? Caso seja, o que significa exatamente a aleatoriedade? Essas são perguntas difíceis de responder. Precisaríamos especificar as hipóteses que pretendemos testar e, em seguida, testá-las. Vimos que a categoria de influências sociais é ampla e diversificada. Inclui não apenas a popularidade inicial, mas críticos influentes, apoiadores conhecidos ou ricos, redes, fãs, identidade percebida (Os jovens gostam de *x* ou *y*? Os rebeldes gostam de *x* ou *y*?) e convenções de forma, que variam com o tempo e o lugar. Isso também

---

Stolen, stolen, be your apples.//When to bed the world are bobbing,/Then's the time for orchard-robbing;/Yet the fruit were scarce worth peeling,/Were it not for stealing, stealing.

inclui adequação ou desajuste com as preocupações e inquietações locais ou contemporâneas. Em um país, Milton, Wordsworth e Mitchell podem ter ressonância imediata, porque se baseiam em algo que é apreciado e familiar, ou talvez causem um choque intrigante. Em outra nação, um ou todos eles podem ser pouco inteligíveis.

O experimento do Music Lab conseguiu testar uma hipótese clara: a popularidade das músicas seria influenciada por fatores sociais, a ponto de as classificações por número de downloads variarem entre os subgrupos? Para realizar um teste comparável com escritores, poderíamos selecionar um conjunto de romancistas – por exemplo: Thomas Hardy, Charles Dickens, Jane Austen, James Joyce, George Orwell, A. S. Byatt, Joyce Carol Oates, Stephen King e Harlan Coben –, tratá-los como "músicas" e verificar se grupos distintos, sob condições semelhantes às do experimento original, produziriam classificações similares ou radicalmente diferentes. Aliás, algo assim seria perfeitamente viável com escritores desconhecidos.

Seria muito mais difícil fazer isso com romancistas famosos ou ver como eles poderiam ser comparados a romancistas menos conhecidos, seja em sua época, seja na nossa. Aqueles que já são famosos têm uma grande vantagem. A história não é um experimento controlado e aleatório; ela acontece apenas uma vez. Por essa razão, não é fácil saber como podemos testar o papel e a importância das influências sociais (e outros fatores) em relação a poetas, romancistas, músicos e afins bem conhecidos, ou mesmo especificar a hipótese que estamos testando (um ponto ao qual voltarei).

Ainda assim, o impressionante estudo de H. J. Jackson sobre reputação literária oferece pistas importantes e sugere fortemente que o acaso, a contingência, apoiadores influentes e a sorte desempenham um papel imenso.[3] Sua pesquisa pode ser vista como uma evidência robusta da tese de que mérito intrínseco não basta para garantir fama duradoura, nem mesmo ao longo de gerações. Também pode ser lida como uma refutação contundente à crença de Samuel Johnson no "teste do tempo" como garantia de valor. Aqueles que hoje mais celebramos no período romântico se beneficiaram de apoiadores póstumos, de cascatas de informação e da polarização de grupos. Aqueles que *não* celebramos não tiveram essa sorte (e é bem possível que sejam tão bons quanto os que exaltamos).

Jackson explora, entre outras coisas, as voltas e reviravoltas que levaram à canonização de William Wordsworth, John Keats, Jane Austen e William Blake, e as reputações comparativamente mais baixas (ou diminuídas) de George Crabbe, Robert Southey, Barry Cornwall, Leigh Hunt e Mary Brunton. Em certo sentido, a obra de Jackson pode ser lida como um argumento provocativo de que, em uma escala de tempo muito mais longa, Wordsworth, Keats, Austen e Blake foram como músicas bem-sucedidas no estudo do Music Lab, enquanto Crabbe, Southey, Cornwall, Hunt e Brunton foram como as menos escolhidas. Os Beatles são, em alguns aspectos, como Keats? Os Kinks são, em alguns aspectos, como Hunt? Chegaremos a esse ponto.

Em termos de qualidade percebida, Jackson conclui que, em vida, Keats, Cornwall e Hunt faziam parte do mesmo grupo. O mesmo se aplica a Wordsworth, Crabbe e Southey, e também a Austen e Brunton. Se alguém perguntasse a seus contemporâneos quais nomes, dentre esses oito, seriam mais famosos no século XXI, não haveria consenso em favor de Keats, Wordsworth e Austen. Em particular, Jackson observa que Keats pode muito bem ser considerado, aqui e agora, o poeta de língua inglesa mais amado de todos os tempos, mas, na época de sua morte, ele acreditava que havia fracassado totalmente em sua busca um tanto desesperada pela fama literária. Ele disse que "antes fracassar do que não estar entre os maiores".[4] Mas, em sua opinião, ele não havia chegado nem perto de ser bem-sucedido.

Keats abandonou seus poemas longos, embora acreditasse que apenas por meio deles poderia alcançar a fama duradoura. De fato, ele deixou instruções para que sua lápide não tivesse nome, mas apenas estas palavras patéticas: "Aqui jaz alguém cujo nome foi escrito na água".[5] Na época de Keats, Cornwall era muito mais bem-sucedido; ele era considerado o grande poeta, enquanto Keats era visto com algo próximo à indiferença ou à hostilidade.

Jackson propõe uma hipótese: se Cornwall tivesse morrido jovem (e ele teve saúde frágil durante boa parte da vida), e se Keats tivesse conseguido sobreviver, será que não estaríamos citando Cornwall ("Ó poder do amor, tão temível e tão justo"*) em vez de Keats

* "O power of love so fearful and so fair"

("Uma coisa bela é uma alegria eterna"*)? Jackson aponta para o enigma do sucesso de Barry Cornwall com o mesmo público que rejeitou Keats.[6]

Figura 5.1: John Keats

Fonte: John Keats. Gravura em madeira após W. Hilton, 1872 via Creative Commons Attribution 4.0. Cortesia da Biblioteca Wellcome, Londres.

Ao traçar a improvável ascensão de Keats à proeminência décadas após sua morte, Jackson escreve: "Parece que sua reputação dependia menos dos esforços de indivíduos específicos do que de grupos, redes sobrepostas de conhecidos com ideias semelhantes que começaram em pequena escala, a conversa coletiva que mais tarde se torna o burburinho da fama".[7] (Cascatas de informação, de reputação, efeitos de rede e polarização de grupo são todos relevantes aqui.) Várias coisas precisavam acontecer – e aconteceram.

---

* "A thing of beauty is a joy forever"

Nas décadas que se seguiram à sua morte, um pequeno número de amigos influentes, inclusive os próprios Hunt e Cornwall, atestaram a grandeza de Keats.[8] As pessoas começaram a gostar de poemas curtos, não apenas dos longos. Por acaso, sua obra foi parar em coletâneas e antologias. Na maioria desses volumes, Keats não aparecia com destaque. Porém em 1829, uma editora importante da França o posicionou ao lado de Shelley e Coleridge.[9]

Essa edição acabou sendo importante para a ascensão de Keats. Reimpressa nos Estados Unidos, atribuiu ao poeta uma reputação que não tinha na Inglaterra. Tennyson adorava Keats e, à medida que a fama de Tennyson crescia, a de Keats também aumentava.[10] De 1846 a 1880, um editor chamado Edward Moxon publicou volumes separados das *Obras poéticas* de Keats, com novas ilustrações e introduções. Em 1848, Moxon publicou uma biografia de Keats escrita por Richard Monckton Milnes. Essa obra teve um grande impacto na reputação de Keats.[11] Curiosamente, o biógrafo descreveu Keats como uma figura trágica, com grande potencial que nunca fora plenamente realizado. "Ninguém duvida", escreveu ele, "que um verdadeiro gênio foi subitamente detido, e aqueles que não permitem que ele ocupe seu lugar nas primeiras fileiras de poetas ingleses não negarão a promessa de sua candidatura."[12]

Ainda assim, Milnes caracterizou Keats como um "gênio original".[13] Ele forneceu uma narrativa envolvente de uma vida interrompida precocemente. A própria natureza de Keats – ele era sensível, frágil, efeminado? – gerou um tipo de fascínio que tem intrigado leitores por séculos. Sob a influência de Moxon e Milnes, sua obra conquistou maior espaço em coleções e antologias e, em 1857, Keats foi apontado na *Enciclopédia Britânica* como um dos dois ou três poetas mais populares de sua geração.[14] Em 1861, onze poemas de Keats foram incluídos no *The Golden Treasury** de Palgrave.[15]

---

* *The Golden Treasury*, compilado por Francis Turner Palgrave, é uma famosa antologia de poesia inglesa que reúne os melhores poemas líricos da língua, organizados cronologicamente. Amplamente usada em escolas e universidades, ajudou a consolidar a reputação de poetas como John Keats. [N.T.]

No final do século XIX, Keats havia se tornado uma figura icônica, com um escritor influente afirmando: "Todo crítico da poesia inglesa moderna é, necessariamente, um crítico de Keats".[16] Reflita sobre isso. No início do século XX, ele já fazia parte do panteão: tornara-se o *nosso* Keats.

Jackson não nega o gênio de Keats. Mas em termos de qualidade poética pura, ela insiste, as virtudes e os vícios de Cornwall se sobrepõem muito aos de Keats.[17] Sua conclusão – notável e bastante plausível – é a de que, "em termos de reputação, as diferenças entre eles são em grande parte pessoais e acidentais".[18] No mínimo, é inevitável encarar o "paradoxo de Barry Cornwall ter encantado o mesmo público que rejeitou Keats".[19]

E então há a questão de Leigh Hunt. Enquanto seus contemporâneos elevaram Cornwall muito acima de Keats, Hunt figurou como superior a ambos.[20] E, se considerarmos as opiniões profissionais, descobriremos que Wordsworth, Samuel Taylor Coleridge e Lord Byron consideravam Cornwall o melhor dos três.[21] Shelley, por sua vez, preferia Hunt.[22] Como Jackson afirma:

> Uma visão geral da história da recepção da obra de Wordsworth oferece pouco apoio à sua teoria do gênio autônomo e isolado que gera obras de grande mérito intrínseco e conquista os leitores um a um, até que o público esclarecido alcance uma massa crítica. Pelo contrário, ela revela um processo de reinterpretação constante que envolve, a todo momento, a iniciativa vital de outros agentes.[23]

Na verdade, Jackson oferece uma "lista de pontuação" que, segundo ela, ajuda a explicar a fama duradoura.[24] No topo estão quatro fatores:

- Limiar de qualidade
- Limiar de quantidade
- Propagadores (incluindo sociedades, descendentes, "guardiões da chama" e apoiadores individuais)
- Biografia

Para nossos propósitos aqui, os mais importantes são qualidade e propagadores. Os acréscimos de quantidade e biografia são intrigantes. Jackson também aponta para outros fatores, incluindo:

- O número de exemplares em circulação
- Tradição crítica
- Disponibilidade
- Localização (turismo e santuário, por exemplo)
- Adaptação
- Variedade de público
- Antologia
- Livros de referência
- Sistema educacional
- Ensino superior
- Polêmica
- Endosso de celebridades

É uma lista útil, que corrobora a ascensão e a queda de figuras literárias de Jackson. Mas temos que fazer duas observações de cautela. Primeiro: para avançar, seria necessário determinar o que, na lista, é essencial, o que é importante, o que é útil, e o que é importante ou útil, mas não essencial. Se soubéssemos disso, poderíamos simplificar o esquema de pontuação de Jackson de várias maneiras, destacando que muitos dos itens são meios pelos quais as cascatas podem ocorrer e se espalhar. Ainda assim, é importante reconhecer a heterogeneidade dos veículos envolvidos.

Segundo: cuidado ao selecionar com base na variável dependente! Muitas pessoas entram em antologias, mas não alcançam reconhecimento póstumo. Outras tantas se envolvem em controvérsias, mas a fama continua fora de alcance. Inúmeras recebem apoio de celebridades, porém, é tudo que conseguem. Qualidade e quantidade não bastam. É plausível pensar que Jackson apontou fatores que contribuem para a fama e até mesmo alguns que sejam necessários, ou quase isso (Qualidade? Apoiadores?), mas não há aqui um manual de instruções.[25]

O sistema não funcionou

É tentador, claro, dizer que a história deve ser vista como um mercado, e que o sucesso final veio para os melhores. Nessa visão, o sistema funcionou. Mas talvez não. Como saberíamos, exatamente? Jackson é crítica à ideia de que preferimos Wordsworth e Austen a Southey e Brunton porque "são escritores melhores, autores de obras-primas".[26] Segundo ela, "não é necessário mais do que um limiar de competência – um padrão relativamente baixo de mérito – para manter as obras de um escritor em alta".[27]

Enfatizando a rivalidade entre Cornwall, Hunt e Keats, ela observa que os primeiros "ocupavam posições muito mais altas na estima pública do que [Keats] em sua época".[28] Ao traçar a ascensão de Keats e a queda de Cornwall e Hunt, ela busca demonstrar "o quanto é pequeno o papel que o mérito desempenha no processo de reconhecimento e recompensa".[29] Em termos de reputações que mudam ao longo do tempo, Jackson dá particular destaque aos efeitos de "câmara de eco", que podem consolidar a imagem de um escritor.[30] A polarização de grupo foi extremamente importante para o sucesso de Keats.

Em 1811, Mary Brunton publicou o romance *Self-Control* [Autocontrole].[31] Nada menos que três edições foram publicadas naquele ano, e uma quarta seguiu em 1812.[32] O romance era enérgico e emocionante. A trama gira em torno de um amor fatal, em que a jovem Laura Montreville, de 17 anos, recusa a proposta dramática do rico e sedutor Coronel Hargrave, um típico libertino: fugir com ele e tornar-se sua amante. Hargrave acaba sequestrando Laura, que consegue escapar.

Acreditando tê-la levado à morte, ele se mata. Laura então se casa com um cavalheiro sério, correto e comedidamente apaixonado: alguém que, como o título, representa o autocontrole. A última frase do romance resume o tom moralizante: "As alegrias que brotam do afeto disciplinado, dos desejos moderados, do trabalho útil e da meditação devota precisam ser sentidas – não podem ser descritas".[33]

O romance funciona porque flerta com o escândalo e incentiva o leitor a se empolgar com ele, e então insiste pacientemente no compromisso com as alegrias de uma vida responsável e livre de escândalos.

Isso é que é ter a faca e o queijo na mão – e também comê-lo. E que título bom!

Self-Control foi um grande sucesso e Brunton rapidamente o seguiu com outro romance, *Discipline*, publicado em 1815, que também fez bastante sucesso.[34] Ela tinha uma série de planos para futuras obras, mas morreu em 1818, após dar à luz um filho natimorto.[35] Por quase meio século, Brunton continuou a ser lida e admirada e, por muitos critérios, era mais valorizada que Jane Austen, sua contemporânea. Em livros de referência sobre literatura inglesa, Brunton recebia mais atenção do que Austen.[36]

Mas, é claro, a obra de Brunton desapareceu na obscuridade, enquanto Austen se tornou gigante. Por que isso aconteceu? Segundo a análise de Jackson, Brunton enfrentou diversos desafios.[37] Ela e o marido não tiveram filhos. Sua obra não contou com um apoiador. Ela não tinha conexões com editoras. Sua obra era um pouco mais atrevida que a de Austen, o que a tornava menos acessível a crianças. A própria Brunton não buscava a fama, nem tentava cultivá-la. Por razões que permanecem um tanto misteriosas, nunca obteve apoio entusiástico de críticos ou editores. De certa forma, ela foi o Robert Johnson da literatura, mas ao contrário.

O intrigante é que, por volta de 1860, Brunton e Austen tinham carreiras similares. Brunton morreu em 1818, aos 40 anos; Austen, em 1817, aos 42. Austen escreveu mais, porém Brunton teve uma recepção melhor. As duas aprenderam muito com o trabalho uma da outra. Austen foi certamente influenciada por Brunton. Alguns leitores contemporâneos não conseguiam distingui-las.[38] Jackson argumenta, de forma plausível, que o que "aconteceu com Brunton – o gradual desaparecimento e a extinção de seu nome – poderia facilmente ter acontecido com Austen".[39] Se voltássemos à década de 1860, isso talvez até parecesse inevitável. Mas Austen, é claro, entrou para o panteão.

A razão está em sua extraordinária trajetória *póstuma*. Essa "carreira não é um relato organizado em torno de um único argumento abrangente".[40] Trata-se de uma narrativa fascinante, com temas divergentes e versões intrigantemente distintas de uma mesma figura: as múltiplas "Tias Jane". A tia alegre e piedosa, bondosa com todos. A romântica. A tradicionalista. A cínica em relação ao amor romântico.

A cronista do patriarcado. A conservadora convicta. A progressista implacável. A defensora feroz da independência feminina. A precursora de um feminismo *à la* girl power. A visão que cada coletividade tem de Jane Austen diz muito mais sobre o grupo do que sobre a autora. De todo modo, hoje ela é um nome presente em todos os lares, com reconhecimento maior do que qualquer outro autor inglês, exceto William Shakespeare".[41] No final do século XIX, já era conhecida como a Shakespeare da prosa.[42]

Figura 5.2: Jane Austen

Fonte: J. Austen, Johnson Wilson & Co. Publishers, 1873.

Como isso aconteceu? De acordo com o relato mais aceito, a reputação de Austen "foi construída quase inteiramente após sua morte, primeiro por seus irmãos, depois por descendentes da família e alguns críticos, por meio do que hoje chamaríamos de endossos de celebridades, de citações trocadas entre amigos influentes, fofocas literárias, esforços comerciais e atividades apaixonadas de fãs".[43] Existe um culto em torno de Austen? Sem dúvida. Na verdade, há vários.

Um momento-chave foi a publicação, em 1870, de *Uma memória de Jane Austen*, de James Austen-Leigh (sobrinho de Austen). O livro foi, de fato, uma produção familiar, envolvendo primos e outros parentes.[44] A primeira frase já estabelece o tom: "Mais de meio século se passou desde que eu, o mais jovem dos enlutados, acompanhei o funeral de minha querida tia Jane na Catedral de Winchester. Agora, na velhice, me pedem que veja se minha memória pode resgatar do esquecimento algum evento de sua vida ou traço de seu caráter, para satisfazer as indagações de uma geração de leitores que nasceram depois de sua morte".

Por razões que permanecem pouco claras, *Memória* vendeu bem e recebeu um grande número de resenhas. O livro deu um rosto à romancista, um vislumbre de sua personalidade, e, segundo Jackson, "fez dela objeto de idolatria", tornando-se "a origem do culto".[45] A obra também estava cheia de especulações e distorções, fazendo Austen parecer uma personagem de seus próprios romances. Na versão de Austen-Leigh, Austen era um gênio injustamente negligenciado – condição que não duraria muito tempo. Em 1832, os direitos autorais de seus seis romances foram comprados por Richard Bentley, um editor que, por décadas, passou a ser o guardião de seu legado.[46] No ano seguinte, Bentley publicou uma edição coletiva das obras, com dez ilustrações marcantes cujos exemplares circularam amplamente. Os livros foram frequentemente republicados e seu público leitor cresceu aos poucos, mas de forma constante.[47] Entre 1870 e 1893, a obra de Austen passou a receber muito mais atenção e aclamação, especialmente entre leitores jovens, para os quais seus livros eram considerados apropriados.

No final do século XIX, as editoras morderam a isca, com inúmeras ilustrações de cenas dos romances, permitindo que os leitores (e não leitores) visualizassem os personagens de Austen.[48] A partir da década de 1890 e possivelmente antes, as peças de Austen foram encenadas; sua obra tornou-se uma presença significativa nos palcos, atingindo seus níveis mais altos de sucesso comercial na década de 1930.[49] A Jane Austen Society foi fundada em 1940.[50] O resto é história.

Na visão de Jackson, "o processo pelo qual ela superou outros romancistas de sua época dependeu de fatores menos óbvios, a maioria deles alheios às próprias obras".[51] Brunton poderia ter um renascimento?

Jackson levanta a possibilidade de que "um filme de grande sucesso de bilheteria ou uma série de televisão de grande audiência poderia resolver isso".[52]

Um verdadeiro poeta

Você conhece William Blake? Seu poema "Jerusalém"* está gravado em minha alma. No Ensino Médio, cantávamos o poema toda semana:

> E esses pés, em tempos remotos,
> pisaram as montanhas verdes da Inglaterra?
> E foi visto o Santo Cordeiro de Deus
> nos amenos prados da Inglaterra?
>
> E brilhou a Divina Aparência
> sobre nossas colinas enevoadas?
> E foi construída Jerusalém
> aqui, entre esses moinhos satânicos?
>
> Traz-me o arco de ouro ardente!
> Traz-me as flechas de desejo!
> Traz-me a lança! Ó nuvens, desdobrem-se!
> Traz-me o carro de fogo!
>
> Não cessarei a luta mental,
> nem dormirá minha espada em minha mão,
> até que construamos Jerusalém
> na verde e amena terra da Inglaterra.[53]

---

* And did those feet in ancient time/Walk upon Englands mountains green:/And was the holy Lamb of God,/On Englands pleasant pastures seen!//And did the Countenance Divine,/Shine forth upon our clouded hills?/And was Jerusalem builded here,/Among these dark Satanic Mills?//Bring me my Bow of burning gold:/Bring me my arrows of desire:/Bring me my Spear: O clouds unfold!/Bring me my Chariot of fire!//I will not cease from Mental Fight,/Nor shall my sword sleep in my hand:/Till we have built Jerusalem,/In Englands green & pleasant Land.

Mesmo sem a música, ele é emocionante. E as crianças em idade escolar de muitos países conhecem este poema extremamente complicado*:

Tigre, tigre, a arder, brilhante,
nas florestas da noite,
que mão ou olho imortal
te deu tão terrível simetria?

Em que longínquas profundezas ou céus
ardeu o fogo de teus olhos?
Sobre que asas ousou elevar-se?
Que mão ousou tomar o fogo?

Que ombro e que arte
teceram as fibras do teu coração?
E quando ele começou a pulsar,
que mão terrível? que pés terríveis?

Que martelo? que corrente?
Que fornalha forjou teu cérebro?
Que bigorna? que mortal aperto
ousou conter teus terrores mortais?
Quando as estrelas lançaram suas lanças
e regaram o céu com lágrimas,
sorriu ele ao ver sua obra?
Quem fez o Cordeiro também te fez?

* Tyger Tyger, burning bright,/In the forests of the night;/What immortal hand or eye,/Could frame thy fearful symmetry?//In what distant deeps or skies./Burnt the fire of thine eyes?/On what wings dare he aspire?/What the hand, dare seize the fire?//And what shoulder, & what art,/Could twist the sinews of thy heart?/And when thy heart began to beat./What dread hand? & what dread feet?//What the hammer? what the chain,/In what furnace was thy brain?/What the anvil? what dread grasp./Dare its deadly terrors clasp?//When the stars threw down their spears/And water'd heaven with their tears:/Did he smile his work to see?/Did he who made the Lamb make thee?//Tyger Tyger burning bright,/In the forests of the night:/What immortal hand or eye,/Dare frame thy fearful symmetry?

Tigre, tigre, a arder, brilhante,
nas florestas da noite:
que mão ou olho imortal
ousou te dar tão terrível simetria?[54]

Blake tinha muito a dizer. Considere este Provérbio do Inferno: "Antes matar um bebê em seu berço do que nutrir desejos não realizados". Ou este: "O caminho do excesso leva ao palácio da sabedoria. A prudência é uma velha rica e feia cortejada pela Incapacidade. Aquele que deseja, mas não age, gera pestilência".

Aqui estão as palavras de Blake sobre o *Paraíso perdido* de Milton, o maior poema religioso da língua inglesa: "A razão pela qual Milton escreveu em grilhões quando escreveu sobre Anjos e Deus, e em liberdade quando falou sobre Demônios e Inferno, é porque ele era um verdadeiro poeta e do partido do Diabo sem saber disso". Ou considere esta observação sobre Sir Joshua Reynolds, que elogiava a generalização: "Generalizar é ser um idiota. Particularizar é a única distinção de mérito".

Blake explorou as profundezas da alma humana. Mas, em vida, ele era obscuro. Suas obras "eram quase desconhecidas de seus contemporâneos".[55] Se era conhecido por alguma coisa, era como gravurista.[56] Sua poesia pode ter sido conhecida por um punhado de pessoas. Após a morte de sua esposa em 1831, parecia que suas obras poderiam não sobreviver.[57] De 1827 a 1863, Blake recebeu pouca atenção. Ele chegou ao público trinta anos após sua morte, por meio de uma improvável biografia cujo subtítulo revelador era *Pictor Ignotus: The Unknown Painter* [O pintor desconhecido].[58] A biografia, escrita por Alexander Gilchrist e ainda amplamente admirada, celebrou Blake como artista e poeta. Gilchrist ofereceu citações extensas das obras de Blake, tornando-o beneficiário de um projeto de recuperação altamente improvável e complexo, que o resgatou por pouco do esquecimento literário.

O próprio Gilchrist expressou a situação da seguinte forma: "De quase todas as coletâneas de belezas dos 'Poetas Ingleses', tão amplas a ponto de incluir até méritos duvidosos, tão generosas com reputações extintas ou em extinção, um nome foi persistentemente exilado".[59]

Gilchrist quis trazer William Blake de volta do exílio. Ele parecia entusiasmado justamente com a impopularidade da obra que pretendia celebrar. Um segundo volume, organizado por ele e outros colaboradores, incluiu longos trechos da poesia de Blake. Aparentemente como resultado disso, o interesse por Blake cresceu, e novas edições de sua poesia começaram a surgir. Entre 1863 e a Primeira Guerra Mundial, Blake viveu uma recuperação espetacular.[60] E de 1940 a 1968, houve um segundo renascimento, quando Blake "foi ressuscitado como um ícone do radicalismo juvenil".[61]

Romance

Observei que o Efeito Mateus acaba por alterar o que gostamos e valorizamos. Soando muito como Samuel Johnson falando sobre Shakespeare, H. J. Jackson escreve: "O sucesso reforça e amplia o mérito. Com o tempo, os vencedores [...] mudam as regras. Eles se tornam referência. Suas próprias obras são examinadas minuciosamente, e a dos outros passa a ser medida com base nas qualidades de um punhado de poemas considerados os seus melhores".[62]

Por quais critérios avaliamos a literatura, a música ou a arte? A resposta pode muito bem ser: pelas próprias obras que se tornaram icônicas. Se testarmos Keats, Hunt e Cornwall com os critérios estabelecidos pela ascensão de Keats, é claro que vamos escolher Keats. Mas isso significa que Keats é melhor? Vale a pena refletir sobre esse ponto. Quem se torna dominante, talvez por mero acaso, passa a influenciar gostos e valores, e justamente por isso, sua posição no topo tende a se manter. Não necessariamente porque são melhores, mas porque o padrão foi definido pelo que fizeram. (É um pouco como o namoro. Na verdade, é bastante semelhante: se você ama alguém, os outros podem parecer insuficientes – não porque realmente sejam, mas porque estão sendo comparados aos padrões criados por quem veio antes.)

A conclusão de Jackson é que, apesar da "suposição comum de que, com o passar do tempo, os melhores escritores chegam ao topo, as histórias da recepção literária [...] mostram que a sobrevivência a longo prazo dependeu mais de circunstâncias externas e vantagens acidentais do que do valor literário intrínseco".[63] Em sua opinião, Keats não tem mais mérito intrínseco do que Hunt e Cornwall.[64] Talvez as figuras literárias mais famosas sejam, de fato, superiores às desconhecidas; tendemos fortemente a pensar assim. Como não pensaríamos? Crescemos com elas. Mas talvez estejamos errados. Uma sugestão modesta é que, com um pequeno empurrão, ou o equivalente de downloads no momento certo, o cânone literário poderia incluir Crabbe, Hunt e Brunton.[65] E aqui está Hunt mais uma vez:

> Doces roubados são sempre mais doces,
> Beijos roubados muito mais completos,
> Olhares roubados são bonitos em capelas,
> Roubadas, roubadas, sejam suas maçãs.[66]

Será que Keats escreveu versos melhores do que esses?

Capítulo 6

A Força

Logo de cara, *Star Wars* (hoje conhecido como *Star Wars: Uma nova esperança*) foi um sucesso espetacular. No dia de sua estreia, em 27 de maio de 1977, foi exibido em apenas 32 cinemas, mas quebrou recordes em nove deles, incluindo quatro dos cinco cinemas de Nova York onde foi exibido.[1] Mesmo estreando numa quarta-feira, arrecadou um total de US$ 254.809 em um único dia, o que equivale a US$ 8 mil por local.[2] No Mann's Chinese Theatre, em Hollywood, o total de arrecadação em um único dia foi de US$ 19.358, enquanto no Astor Plaza, em Manhattan, o total chegou a US$ 20.322.[3]

É verdade que *Star Wars* não ficou em primeiro lugar na bilheteria naquele fim de semana: esse posto foi de *Agarra-me se puderes* (*Smokey and the Bandit)*, que arrecadou US$ 2,7 milhões, contra os US$ 2,5 milhões de *Star Wars*.[4] Mas o imortal *Smokey* estava em exibição em 386 salas, enquanto *Star Wars* estreava em apenas 43: não havia muita chance.[5]

O filme continuou sendo um fenômeno durante todo o verão. Cidades inteiras se mobilizavam, praticamente em massa, para assisti-lo. Poucos meses após o lançamento, metade da população do condado de Benton, no Oregon, já tinha visto o filme.[6] À medida que o encantamento e a empolgação se espalhavam, sua popularidade só aumentava. O ápice foi em meados de agosto, quando estava sendo exibido em cerca de 1.100 cinemas por todo o país.[7] E o interesse se manteve. Em 42 salas, o filme foi exibido continuamente por mais de um ano.[8] Em todo os Estados Unidos, os cinemas tiveram que encomendar novas cópias porque as anteriores estavam se desgastando de tanto uso.[9]

Claro, *Star Wars* foi um sucesso financeiro estrondoso. Em setembro, já havia se tornado o filme mais lucrativo da história da Twentieth Century Fox.[10] Como resultado direto do desempenho do longa, as ações do estúdio dispararam: saltaram de US$ 6 para quase US$ 27 por ação logo após o lançamento.[11] Em poucos meses, *Star Wars* ultrapassou *Tubarão* e se tornou o filme de maior bilheteria de todos os tempos.[12] Quando sua primeira temporada nos cinemas finalmente terminou, ele havia faturado US$ 307 milhões.[13]

Isso representa 240% da arrecadação do segundo filme de maior bilheteria de 1977, *Contatos imediatos do terceiro grau*, que faturou US$ 128 milhões.[14] É também aproximadamente seis vezes a bilheteria do quinto colocado no ranking do ano, *Uma ponte longe demais*, com US$ 50,8 milhões, e cerca de dezoito vezes a arrecadação de *A maldição das aranhas*, que ficou em décimo lugar, com US$ 17 milhões.[15] Se considerarmos as reexibições e ajustarmos os valores pela inflação dos ingressos, estima-se que *Star Wars* tenha arrecadado cerca de US$ 1,63 bilhão nas bilheterias.[16]

A título de comparação, esse número supera os ganhos corrigidos de *Avatar* em mais de US$ 600 milhões.[17] Supera o PIB de Samoa em cerca de US$ 700 milhões.[18] Nos ganhos corrigidos pela inflação, apenas *...E o vento levou* supera *Star Wars*, e a diferença não é tão grande. *Uma nova esperança* está confortavelmente à frente de *A noviça rebelde*, *E.T.*, *Titanic*, *Os dez mandamentos* e *Tubarão*.

As cinco sequências (*sequels*) e prelúdios (*prequels*) dirigidos ou produzidos por George Lucas também alcançaram níveis impressionantes de sucesso. *O Império contra-ataca* arrecadou US$ 209 milhões durante sua primeira exibição nos cinemas, e todos os filmes posteriores de Lucas ultrapassaram US$ 200 milhões em suas estreias.[19] *A ameaça fantasma* é provavelmente o mais fraco da série, mas, entre as duas trilogias de Lucas, foi o que teve a maior bilheteria sem correção. Quando corrigida pela inflação (como deve ser), ainda ocupa uma impressionante 19ª posição na lista de maiores bilheterias de todos os tempos, apenas duas posições abaixo de *O retorno de Jedi* e seis abaixo de *O Império contra-ataca*.[20]

Claro, esses são apenas números. Em termos culturais, não chegam nem perto de mensurar o impacto da série. Em todo o mundo, presidentes a conhecem, assim como senadores, juízes de Suprema Corte, bem como seus filhos e seus pais. Se você quiser puxar papo com um desconhecido, tente falar sobre *Star Wars*. É muito melhor do que falar sobre o tempo, e as chances de funcionar são altas.

"Um monte de besteiras"

Mas aqui há uma ironia e um grande enigma. Nos estágios iniciais, segundo o próprio Lucas, "ninguém achava que aquilo seria um grande sucesso".[21] Quando *Star Wars* foi lançado, muitos membros da equipe interna achavam que tinham um fracasso nas mãos. Durante toda a produção, reinava "uma apatia em relação ao projeto dentro da Fox", e muitos executivos tinham "pouca fé no filme ou em seu diretor". [22]Inacreditável, mas verdadeiro: eles "muitas vezes torciam para que o projeto simplesmente desaparecesse".[23]

É revelador que, quando Lucas e sua equipe começaram a ficar sem dinheiro, o diretor teve que pagar do próprio bolso com o dinheiro que havia ganhado com seu filme anterior, *American Graffiti* (que também foi um sucesso totalmente inesperado).[24] Sem essa injeção de recursos pessoais, todo a produção poderia ter desmoronado. Além disso, o ceticismo quase universal não era apenas produto de receios sobre a natureza incomum do projeto. (Droides? A Força? Um velho chamado Obi-Wan? Interpretado por Alec Guinness? Sabres de luz?) Depois que a diretoria da Fox finalmente assistiu a uma versão preliminar do filme, não houve "nenhum aplauso, nem mesmo um sorriso. Ficamos realmente deprimidos".[25]

Mesmo nas etapas finais, o próprio Lucas "não achava que o filme seria um sucesso".[26] A maioria das pessoas no estúdio concordava. "A diretoria não tinha nenhuma fé no projeto."[27] Como evidência dessa falta de confiança, a Fox achou por bem exibir apenas um trailer do filme, no Natal. O material só foi visto pelo público novamente durante a Páscoa.

O estúdio parecia acreditar que o filme não valia nem o celuloide em que estava gravado – literalmente. Foram produzidas menos de cem cópias, o que causou um enorme problema quando as multidões começaram a exigir vê-lo.[28] Muito mais otimista do que a maioria, o próprio Lucas projetou que, talvez por agradar aos jovens, o filme poderia arrecadar US$ 16 milhões, aproximadamente o mesmo que um filme médio da Disney.[29] Ele afirmou que as chances de que ele se saísse muito melhor do que isso eram de "um zilhão para uma".[30]

Mesmo após o sucesso esmagador, Lucas afirmou: "Eu esperava apenas cobrir os custos, ainda não consigo entender".[31] Sua então esposa e colaboradora próxima, Marcia Lucas, achava que *New York, New York,* de Martin Scorsese (que ela também ajudou a editar), teria um desempenho melhor.[32]

Por sua vez, os cinemas, cujo negócio é prever o que o público vai gostar, reagiram com muita cautela. A Fox esperava garantias antecipadas de US$ 10 milhões, mas obteve apenas uma fração humilhante disso: US$ 1,5 milhão. O estúdio considerava que seu filme mais promissor do verão seria *O outro lado da meia-noite*, e, para forçar o interesse no filme de Lucas, advertiu que, se os cinemas não aceitassem *Star Wars*, também não teriam acesso ao outro.

Toda a estratégia de marketing poderia ter desmoronado se não fosse pelos esforços incansáveis de Charley Lippincott, amigo de Lucas e um dos poucos que acreditavam de verdade no filme. Lippincott promoveu *Star Wars* com agressividade e ajudou a garantir sua exibição naquelas meras 32 salas de cinema – entre elas, o prestigioso e espaçoso Coronet, em São Francisco. No fim das contas, o sucesso no Coronet foi decisivo.

Logo após a estreia de *Star Wars*, Lucas e sua esposa partiram de férias para o Havaí. Eles queriam estar longe não apenas porque precisavam de um descanso, mas, com a chegada das críticas, temiam que Lucas "tivesse acabado de lançar um fracasso".[33] No longínquo Havaí, poderiam escapar do que "Lucas tinha certeza de que seria um desastre".[34] Em 2015, ele relatou que até mesmo seus amigos "não botavam fé no filme. E a diretoria [do estúdio] também não [...] Ninguém gostou".[35]

Os atores concordavam. Anthony Daniels (C-3PO) disse: "Havia uma atmosfera geral no set de que estávamos fazendo um filme completamente ridículo".[36] Harrison Ford observou: "Havia um cara gigante com uma roupa de cachorro caminhando por ali. Era ridículo".[37] David Prowse, que interpretou Darth Vader (embora, é claro, James Earl Jones tenha feito sua voz importantíssima), observou: "A maioria de nós achava que estávamos filmando um monte de bobagens".[38] Mark Hamill observou: "Lembro-me de pensar 'é muito difícil manter a cara séria fazendo essas coisas'. Alec Guinness sentado ao lado de um Wookiee

– 'qual é a deste filme?'".[39] Anos depois, Carrie Fisher lembrou: "Não era pra acontecer assim. Esse tipo de coisa simplesmente não acontece".[40]

O designer de som, Ben Burtt, achava que o filme poderia fazer sucesso por algumas semanas: "O melhor que eu podia imaginar era que teríamos uma mesa na próxima convenção de *Star Trek*".[41] Mesmo após as enormes multidões na estreia, Lucas comentou: "Filmes de ficção científica atraem um pequeno grupo de fãs do gênero. Eles assistem a qualquer coisa na primeira semana. Espera só para ver".[42] Como resumiu um estudioso de cinema: "Ninguém previu" o impacto crítico e o fanatismo do público após o lançamento de *Star Wars*.[43]

Voltemos ao Music Lab. Por que ninguém previu o que estava por vir? Os estúdios de cinema e os especialistas que trabalham neles não deveriam ser bons nesse tipo de coisa?

Qualidade

Após o lançamento, *Star Wars* foi, naturalmente, reconhecido imediatamente como algo especial. Nenhuma explicação para seu sucesso pode ignorar esse fato. Na verdade, algumas pessoas já gostavam do filme antes de sua estreia. Apesar do ceticismo geral dos executivos da Fox, um deles, Gareth Wigan, chorou durante uma exibição privada e afirmou que *Star Wars* era "o melhor filme que [ele] já havia visto".[44] Poucas semanas depois, em uma pré-estreia, Steven Spielberg foi categórico: "O melhor filme de todos os tempos".[45]

O interesse do público explodiu desde o início, indicando que a apreciação por sua genialidade, e não apenas as influências sociais, foi a faísca inicial. Na primeira exibição pública, a plateia começou a aplaudir logo no início e só parou quando os créditos finais apareceram.[46] No Coronet, onde Lippincott trabalhara tanto para garantir a exibição, as filas davam voltas no quarteirão. O gerente descreveu a cena assim: "Pessoas idosas, jovens, crianças, hare krishnas... Jogam baralho enquanto esperam na fila. Temos jogadores de damas, de xadrez; pessoas com a cara pintada e purpurina no rosto. Macrobióticos como nunca tinha visto antes, gente chapada de maconha e LSD".[47]

No Avco Theater, em Los Angeles, o gerente relatou que precisou dispensar 5 mil pessoas no fim de semana do feriado do Memorial

Day. E antes mesmo de os interessados conseguirem enfrentar as filas, frequentemente tinham que lidar com engarrafamentos ao redor dos cinemas de rua, que tornavam impossível chegar de carro à sessão.[48]

De modo geral, as críticas iniciais foram extremamente positivas e, em alguns casos, eufóricas. O influente crítico de cinema do *New York Times,* Vincent Canby, classificou o filme como "a série de filmes mais elaborada, mais cara e mais bonita já feita".[49] Uma resenha espetacular do *San Francisco Chronicle* o descreveu como "a obra visualmente mais impressionante" desde *2001: Uma odisseia no espaço*, elogiando-o também como "intrigantemente humano em seu escopo e limites".[50] Joseph Gelmis, do *Newsday*, foi ainda mais longe, coroando *Star Wars* como "um dos maiores filmes de aventura já feitos" e uma "obra-prima do entretenimento".[51]

Revistas populares publicaram matérias não apenas sobre o filme, mas sobre o fenômeno cultural que se tornara. "Todos os programas de notícias da TV fizeram reportagens sobre as multidões que aguardavam para ver este filme incrível".[52] No Oscar daquele ano, *Star Wars* foi indicado em nada menos que onze categorias, incluindo Melhor Filme, e venceu sete delas.[53] Décadas depois, vários diretores se lembram de seu encantamento ao assistir ao filme.

Figura 6.1: Yoda

Fonte: Fonte de Yoda, via Creative Commons Attribution-ShareAlike 2.0. Cortesia de SW77 no FLICKR.

Ridley Scott disse que se sentiu "tão inspirado que queria estourar os miolos"*.[54] Peter Jackson afirmou: "Assistir a *Star Wars* foi uma das experiências mais emocionantes que já tive na vida".[55] Saul Zaentz, um distinto produtor de cinema que viria a ganhar três Oscars, talvez tenha sido o mais impactado. Em uma página da *Variety*, escreveu uma carta aberta a Lucas e sua equipe, parabenizando-os por "dar vida a um filme perfeito. O mundo inteiro se alegrará com vocês".[56]

Para uma geração, Jonathan Lethem expressa bem esse sentimento:

> No verão de 1987, assisti a *Star Wars* – o original, que é o único sobre o qual quero falar aqui – 21 vezes... Mas o que realmente aconteceu dentro dos parênteses secretos dessa experiência? Que emoções habitam esse templo absurdo de horas? Que diabos eu estava pensando?... Eu já era, desde sempre, fanático por *Star Wars*.[57]

É difícil superar Lethem, mas é exatamente o que Todd Hansen faz aqui:

> Era tão claro quanto o dia, um truísmo que nem precisava ser justificado, um fato axiomático da natureza, que *Star Wars* era melhor do que qualquer outra coisa que você já tivesse encontrado antes. Era simplesmente óbvio, os jovens nem precisavam dizer isso uns aos outros. Simplesmente era Sabido, era Compreendido. E não apenas melhor, mas muito melhor: dez, vinte vezes mais incrível do que a coisa mais incrível que já tínhamos visto [...] Ele ofuscava o que quer que estivesse em segundo lugar – você nem conseguia ver o segundo lugar. O segundo lugar estava em algum lugar fora da página.[58]

Então, talvez o filme estivesse destinado ao sucesso, afinal. Lembre-se da condição de "julgamento independente" do experimento do

---

* Em seguida, completou: "Meu maior elogio pode ser [ficar] verde de inveja e muito mal-humorado. Aquele maldito George, filho da puta. Eu sou muito competitivo...". [N.T.]

Music Lab, em que as pessoas tomavam suas decisões sem consultar a opinião dos outros. Se vissem os filmes de forma isolada, sem saber o que os outros pensavam, nem ler críticas, há uma boa chance de que *Star Wars* ainda assim seria um grande sucesso.

É verdade que teríamos de perguntar: nessas circunstâncias, como as pessoas descobririam o filme, para começar? Mas indivíduos razoáveis poderiam argumentar que *Star Wars* é muito semelhante às músicas que chegaram ao topo no experimento do Music Lab, no sentido de que, independentemente do que acontecesse nas etapas iniciais, ele estava destinado a se destacar. Simplesmente era original demais, incrível demais, fantástico demais.

Famoso por ser famoso

É possível que sim, mas consideremos outra perspectiva. Algumas pessoas, como Duncan Watts, da Universidade da Pensilvânia (e coautor dos estudos do Music Lab), acreditam que essencialmente nada está destinado a ser um sucesso. Mesmo as maiores obras precisam se beneficiar de circunstâncias fortuitas, incluindo aquelas que geram influências sociais favoráveis. Sim, isso inclui Shakespeare e da Vinci.

No caso de *Star Wars*, houve uma cascata de informações, em grande escala, e uma cascata de reputação também, e os efeitos de rede ajudaram muito. A mídia pode impulsionar essas cascatas, e certamente fez isso por George Lucas. No mesmo dia em que o filme estreou, a crítica do *Washington Post* previu que seria um "sucesso de público esmagador", que poderia "se aproximar da fenomenal popularidade de *Tubarão*", que era, segundo alguns critérios, o filme mais bem-sucedido até então.[59] Apenas cinco dias após o lançamento, a revista *Time* já o classificava como "o melhor filme do ano".[60]

Seu sucesso acabou sendo autoalimentado. Desde o fim de semana de estreia, matérias sobre a popularidade de *Star Wars* e as filas imensas que atraiu saíram em veículos de imprensa de todo o país.[61] Em junho, a *Variety* publicou um artigo relatando que operadores de telefonia estavam sobrecarregados com solicitações de contato de cinemas que exibiam *Star Wars*.[62] Esses operadores, segundo a *Variety*, foram obrigados a memorizar o número de telefone dos cinemas ao se verem lidando com cem chamadas por hora.[63]

Star Wars se beneficiou e continua se beneficiando dos efeitos de rede: é um dos vários bens culturais que as pessoas acham que devem conhecer. Independentemente de seus méritos intrínsecos, é útil saber sobre ele, para poder conversar com outros indivíduos. Pode não ser muito divertido ficar com cara de paisagem quando alguém faz uma referência a Luke Skywalker ou a Darth Vader, ou mesmo a Obi-Wan Kenobi. Se você percebe que as pessoas gostam de *Star Wars* e focam nisso, pode acabar se juntando a elas por um motivo principal: você não quer ficar de fora. Quer fazer parte do grupo.

Arion Berger observa que "é divertido participar de um surto cultural", e foi exatamente isso que *Star Wars* se tornou.[64] Ann Friedman resume: "No final das contas, percebi que estava indo ver *O despertar da força* porque todos os meus amigos iam, e os amigos de todo mundo fariam o mesmo. Eu estava nas garras de um fenômeno cada vez mais raro: um verdadeiro evento cultural de massa".[65] Como Berger aponta, *Star Wars* é "simultaneamente um artefato cult e um fenômeno incrivelmente popular".[66] Em uma era de fragmentação cultural, isso é um feito notável e socialmente precioso. Em tempos assim, as pessoas gostam disso. Talvez até precisem disso.

Houve efeitos de rede literais. O âncora do *CBS News*, Walter Cronkite – a voz da nação, o homem mais confiável dos Estados Unidos –, normalmente não falava sobre filmes, muito menos sobre aqueles que tratavam de Corrida de *Kessel* e Cavaleiros Jedi. Mas ele dedicou tempo a *Star Wars* nas primeiras semanas daquele verão.[67] Assim como no Music Lab, a popularidade inicial despertou ainda mais interesse.

De acordo com J. W. Rinzler, a pessoa que mais se aproxima de um biógrafo oficial da série, as filas gigantescas que continuaram a se formar para *Star Wars* durante o verão foram "alimentadas em grande parte pelo boca a boca".[68] Em uma análise instigante e sucinta, Chris Taylor observa que, enquanto o "boca a boca na comunidade de ficção científica" atraiu os fãs na primeira semana e as "críticas entusiasmadas" trouxeram espectadores na segunda e terceira semanas, "as reportagens sobre o tamanho das filas trouxeram o público após o feriado do Memorial Day*".[69] Essa é uma descrição clássica de uma cascata.

Como Taylor coloca, *Star Wars* foi "mais do que a soma de sua bilheteria. Era famoso por ser famoso".[70] Ele cataloga os efeitos de rede iniciais, que facilmente dariam um livro. As pessoas que assistiram ao filme "estavam familiarizadas com nomes engraçados e bordões". Elas "haviam entrado para um clube exclusivo que conhecia 'a Força', mesmo que cada um tivesse uma teoria diferente sobre o que ela realmente era".[71]

Stephen Colbert relatou que, depois de assistir a *Star Wars*, ele e seus amigos voltaram para a escola conscientes de que "agora tudo era diferente".[72] Ann Friedman acrescenta mais uma vez: "[O filme] oferece a públicos fragmentados a chance de se lembrarem de como é fazer parte de algo grandioso que ultrapassa linhas culturais e geracionais [...] É bom sair de sua bolha e experimentar o que é verdadeiramente universal de vez em quando".[73]

O Zeitgeist

Será que *Star Wars* se conectou ao Zeitgeist? Ele teve uma ressonância especial com o espírito de sua época? Lucas, deliberadamente ou por acaso, produziu exatamente o que o público mais queria naquele momento? Essa é a verdadeira razão para o sucesso de *Star Wars*?

Muita gente acha que sim. Alguns avaliam que o filme chegou em um momento em que o público americano, traumatizado por uma série de eventos desmoralizantes, tinha uma necessidade aguda de algum tipo de mitologia edificante. O crítico de cinema A. O. Scott expressa uma opinião amplamente compartilhada ao afirmar que o sucesso do filme "representou o que parece ser o produto inevitável de forças demográficas e sociais".[74] Taylor também observa que, no dia do lançamento de *Star Wars*, o índice Dow Jones estava em seu nível mais baixo em dezesseis meses, o presidente Richard Nixon estava sendo entrevistado por David Frost e as "impressões digitais da guerra

---

* Feriado nacional nos Estados Unidos que acontece anualmente na última segunda-feira de maio. [N.E.]

[do Vietnã] estavam por toda parte".[75] Por sua vez, o teólogo David Wilkinson aponta para fatores como o declínio da economia nacional, preocupações ecológicas emergentes, as memórias recentes do Vietnã, os perigos persistentes da Guerra Fria, o escândalo de Watergate e a estagnação do programa espacial como elementos que criaram um clima propício para o sucesso de *Star Wars*.[76]

No documentário *Star Wars: O legado revelado*, a jornalista Linda Ellerbee observa que "não era uma época de esperança nos Estados Unidos. Estávamos cínicos, frustrados, o preço do petróleo, nas alturas, [e] nosso governo havia nos decepcionado".[77] Nas palavras de Newt Gingrich, "o país estava buscando desesperadamente uma mudança real. *Star Wars* surgiu e reafirmou uma mitologia central: a de que existe o bem e o mal, e que o mal precisa ser derrotado".[78] De fato, em uma época em que o presidente Jimmy Carter discursava para incentivar os americanos a "fazer sacrifícios" e "viver de forma frugal", era de se esperar que os americanos dessem as boas-vindas a uma aventura fantástica ocorrida há muito tempo em uma galáxia muito, muito distante.[79]

Mas talvez não. A explicação cultural, que enfatiza o Zeitgeist, pode ser apenas uma forma de tentar justificar o inexplicável. Para entender por que esse pode ser o caso, considere um pequeno exercício: "Dada a situação única dos Estados Unidos no final de maio de 1977, *Star Wars* estava destinado a ser um sucesso porque [complete aqui]".

Você poderia apontar para a economia: o mercado de ações, a inflação, o desemprego. Ou pensar na situação internacional: a Guerra Fria, a União Soviética, a China ou Cuba. Talvez citasse o escândalo Watergate e suas consequências. Ou o movimento pelos direitos civis. Quem sabe, algo sobre tecnologia – acerca do entusiasmo e das opiniões divididas em relação a ela. Há quem afirme que *Star Wars* dialogou com todas essas questões de uma só vez e, por essa razão, estava destinado ao sucesso.

Nenhuma dessas explicações pode ser refutada ou comprovada – faltam provas para ambos os casos.

Para entender o problema, suponha que *Star Wars*, ou algo muito parecido, com ajustes apropriados ao estado da produção cinematográfica da época, tivesse sido lançado em 1959, 1969, 1989, 1999, 2009, 2019 ou 2029. Seria um sucesso ou um fracasso? Suponha que fosse um sucesso. Nesse caso, pessoas inteligentes poderiam se sair muito bem neste concurso de redação: "Dada a situação única dos Estados Unidos no final de maio de [preencha o ano], *Star Wars* estava destinado ao sucesso porque [preencha aqui]". Qualquer que fosse o Zeitgeist – dentro de certos limites razoáveis –, *Star Wars* poderia facilmente ter se tornado um sucesso esmagador.

A conclusão: sempre que dizemos que um produto foi bem-sucedido por causa de seu excelente *timing*, podemos estar certos ou apenas contando uma história, sem realmente explicar nada. O risco das explicações baseadas em "o momento foi perfeito" é ainda maior no caso de livros, músicas e filmes, onde não há experimentos controlados randomizados, e é fácil atribuir o sucesso a uma recessão econômica, a um período de crescimento, a um protesto pelos direitos civis ou a um ataque terrorista. Fácil, mas será que é correto?

Star Wars recebeu muita ajuda inicial. Logo após seu lançamento, tornou-se "famoso por ser famoso", e as pessoas queriam assistir ao filme porque parecia que todo mundo também estava vendo. Desde 1977, essa tem sido sua grande sorte. *Star Wars* é um pouco como a *Mona Lisa:* realmente célebre, muito mais do que apenas bom, mas beneficiário de uma norma cultural ("você tem que ver isso") que estava longe de ser inevitável. Claro, é uma obra fantástica. Sem dúvida, reverberou com a cultura do final dos anos 1970. Mas precisou das influências sociais para alcançar tamanho triunfo.

Capítulo 7

O irresistível Stan Lee

O Universo Marvel é um fenômeno mercadológico global. É quase inacreditável. Nada menos que seis filmes do Homem-Aranha ultrapassaram a marca de US$ 300 milhões em bilheteria.[1] Quatro filmes dos Vingadores alcançaram o mesmo feito.[2] Foi também o caso de dois filmes do Pantera Negra, dois do Thor e três do Homem de Ferro.[3]

É impressionante pensar que todos esses personagens surgiram, pelo menos em parte, da mente de uma única pessoa: Stan Lee. E, embora Lee fosse extraordinário, assim como a Marvel era e ainda é, existe aqui um claro Efeito Mateus, em uma versão super-heroica.

Para entender o feito de Lee, precisamos voltar ao início dos anos 1960, quando o mundo dos quadrinhos era dominado por duas grandes editoras. A primeira era a DC Comics, que produzia Superman, Batman, Mulher-Maravilha e Flash. A segunda era a Marvel, casa de Homem-Aranha, Thor, Homem de Ferro, Quarteto Fantástico, Hulk e X-Men.

Os super-heróis da DC eram sérios, certinhos e rígidos, muitas vezes soando sisudos e monótonos. Gostavam de clichês e frases feitas. "Isso parece um trabalho para o Superman", proclamava o Homem de Aço. Ele também gostava de dizer "Para o alto e avante" (logo antes de começar a voar). Os heróis da DC entravam em cena e resgatavam pessoas.

Por outro lado, os heróis da Marvel eram irreverentes, espirituosos, inseguros, problemáticos, irônicos e brincalhões. O Homem-Aranha se autodenominava "Seu Amigão da Vizinhança". Seu apelido era "Spidey". Ben Grimm, também conhecido como o Coisa, gostava de anunciar "Tá na hora do pau!" (antes de partir para a briga). A DC era

Dwight Eisenhower; a Marvel, John F. Kennedy. A DC era Bing Crosby; a Marvel, os Rolling Stones. A DC era Apolo; a Marvel, Dionísio.

Lee, que faleceu em 2018 aos 95 anos, foi o espírito-guia da Marvel e seu roteirista mais importante.[4] Ele ajudou a criar um número impressionante de figuras icônicas da editora: Homem-Aranha, Os Vingadores, Quarteto Fantástico, Hulk, X-Men, Pantera Negra, Thor, Demolidor (o Demolidor!), Doutor Estranho, Viúva Negra, Surfista Prateado e Homem-Formiga.[5] E muitos outros.

É possível dizer que Lee definiu a marca Marvel. Ele fez com que os leitores se sentissem parte de um clube exclusivo com os "garotos descolados": espertos, irreverentes, com seu próprio vocabulário secreto: "Face Forward!", "Excelsior!", "Nuff said!"*. Já mencionei que Lee literalmente criou um fã-clube, conhecido como *Merry Marvel Marching Society*?[6] Ele adorava aliterações e entendia muito sobre cascatas de informação, de reputação, efeitos de rede e polarização de grupos. O criador de tantos personagens deu vida às próprias câmaras de eco.

Além de terem superpoderes, os personagens de Lee eram vulneráveis. Isso fazia com que nos identificássemos, torcêssemos por eles e sentíssemos suas dores. Um deles era cego (Demolidor); outro estava confinado a uma cadeira de rodas (Professor Xavier). Ao criar super-heróis que enfrentavam problemas do mundo real (românticos ou não), Lee canalizou as inseguranças de seus jovens leitores. Como ele mesmo disse: "A ideia que eu tinha, o tema subjacente, era que o fato de alguém ser diferente não o torna melhor".[7] E deu a essa ideia um tom político: "Esse parece ser o pior traço da natureza humana: tendemos a não gostar de pessoas que são diferentes de nós".[8]

A DC simbolizava o passado, enquanto a Marvel era o futuro, sobretudo por sua exuberância, senso de diversão e energia subversiva. Os leitores da Marvel sentiam que estavam surfando uma onda. Consumir aquelas histórias os tornava descolados. Eles *eram* uma rede, em parte porque se uniam e em parte porque Lee facilitava esse processo.

Uma confissão pessoal: Stan Lee me ensinou a ler. Quando eu era garoto, no início dos anos 1960, devorava todos os quadrinhos

* Respectivamente: "Fique ligado!", ("Excelsior!" não costumava ser traduzido) e "Sem mais!". [N.T.]

da Marvel que conseguia encontrar. Muitos pais proibiam os filhos de consumir quadrinhos, alegando que não eram "livros de verdade". Mas os meus achavam que, desde que o filho estivesse lendo, não importava muito o que fosse. Minha mãe, em particular, incentivava meu hábito. Quando Thor exclamava "A VINGANÇA É MINHA!"... Uau. A chegada da primeira edição de *Demolidor – O homem sem medo!* foi um dos pontos altos da minha infância.

Em termos de impacto cultural, Lee foi o escritor mais importante dos últimos sessenta anos? É possível argumentar nesse sentido. Seus personagens deram origem não apenas a vários filmes, mas a programas de televisão, peças de teatro e romances. Inúmeras crianças, e não poucos adultos, se identificavam com Bruce Banner, alter ego do Hulk, que advertia: "Sr. McGee, não me irrite. Você não vai gostar de me ver irritado".

E, seja qual for o nosso papel na vida, muitos de nós nunca esqueceram a frase de Stan Lee na primeira história do Homem-Aranha: "Com grandes poderes vêm grandes responsabilidades". Se, como disse Shelley, "os poetas são os legisladores não reconhecidos do mundo", então Lee, o poeta, foi responsável por mais do que algumas leis.[9]

Ainda assim, o alcance de Lee foi bastante limitado por um longo tempo. Quando eu tinha 12 anos, nos anos 1960, tinha um amigo chamado Robert Levinson. Nós adorávamos a Marvel. Rob teve uma ideia: por que não criar filmes sobre nossos heróis dos quadrinhos? Todos poderiam protagonizar a própria película: Homem-Aranha, Capitão América, Hulk, até os Vingadores. Na época, a ideia de Robert me pareceu maluca. Um filme sobre o Homem-Aranha? Heróis de histórias em quadrinhos no cinema? É claro que Rob estava certo. Mas como tudo isso aconteceu?[10]

Uma revista poderosa

No final dos anos 1950 e início dos anos 1960, a Marvel era uma empresa insignificante. Consistia em apenas uma sala, um pequeno escritório em Nova York. A empresa pertencia a Martin Goodman e era administrada por Stan Lee, seu único funcionário de verdade, que aspirava a ser romancista. Seus quadrinhos, focados em guerra, romance e monstros, não iam bem.[11] Em 1957, a DC se ofereceu para comprar os personagens da Marvel, tais como eram, do rabugento Goodman, que considerou a oferta, mas a recusou. Como diz Reed Tucker, cronista da rivalidade entre a DC e a Marvel: "Imagine como o mundo seria diferente hoje se o negócio tivesse sido fechado. Nunca saberemos".[12]

Tudo começou, na verdade, no verão de 1961. Nascido em 1922, Lee não era mais um jovem: ele estava na empresa que se tornaria a Marvel desde 1939. Ainda adolescente, Lee fora contratado para cumprir tarefas simples, revisar textos e buscar café. Em 1941, foi promovido a editor. Agora, com quase 40 anos, Lee era um homem sem sucesso, e a indústria de quadrinhos como um todo estava em declínio. Envergonhado de seu trabalho, Lee dizia às pessoas que atuava no ramo de "publicações" quando perguntavam como ganhava a vida.

Diante da turbulência econômica, Goodman informou a Lee que ele poderia continuar como editor-chefe do que então se chamava Atlas Comics, mas teria que demitir toda a sua equipe. Lee desabafou com um colega: "É como um navio afundando, e somos os ratos. Precisamos pular fora".[13] Mas Lee não tinha outras oportunidades e não podia se dar ao luxo de ficar desempregado.

Certa tarde, Goodman teve uma nova ideia: Lee deveria criar uma nova equipe de super-heróis, copiando o que a DC fazia na época, ao reunir Superman, Batman, Mulher-Maravilha e Flash em uma nova série chamada *Liga da Justiça*. Como Goodman disse: "Ei, talvez ainda haja mercado para super-heróis. Por que você não cria uma equipe como a Liga da Justiça?".[14] Goodman até sugeriu um nome: Liga Justa (*Righteous League*). Parece derivativo e sem graça, não? Bem mecânico, quase como se feito por obrigação.

Lee detestou a ideia: além de não ter uma boa opinião sobre a DC, não queria imitá-la. Contou à esposa, Joanie, que estava pensando em desistir de vez. Ela sugeriu que, em vez disso, ele pensasse grande. "Se o Martin quer que crie um novo grupo de super-heróis, esta pode ser sua chance de fazer isso do jeito que sempre quis".[15] Ela continuou: "Você poderia criar histórias com mais profundidade e substância, e personagens com personalidades interessantes, que falem como pessoas de verdade". E acrescentou: "Você já está pensando em desistir, então, qual é o risco?".

Lee mordeu a isca. Nunca fora fã do Super-Homem ("Para o alto e avante!") e não queria criar super-heróis que fossem "uniformes em sua bondade sem graça". Não gostava de protagonistas que "tinham apenas uma configuração simples: voar, salvar o dia, recuar, repetir".[16] Também acreditava que mulheres deveriam ter um papel mais central, e não como exceções, a exemplo da Mulher-Maravilha, mas parte da equipe. Com sua grandiosidade característica, decidiu criar "um grupo como o mundo dos quadrinhos jamais vira".[17] Queria que fossem "falíveis e temperamentais e, mais importante, que dentro de suas botas coloridas e fantasias heroicas, ainda tivessem pés de barro".[18]

Era uma ideia ousada, mas Lee estava esperançoso. Ele chamou Jack Kirby, um de seus artistas mais brilhantes (hoje um ícone por mérito próprio), para ajudá-lo a criar um novo tipo de história em quadrinhos, com heróis imperfeitos, disputas internas e muitos bordões espirituosos.

Lee e Kirby criaram algo genuinamente novo: o Quarteto Fantástico. Reed Richards, o cientista tagarela, também conhecido como Sr. Fantástico, que podia alongar seu corpo; Ben Grimm, o bem-humorado e irônico Coisa, feito de pedra, feio e absurdamente forte; Susan Storm, inteligente e sensata, conhecida como Garota Invisível, porque podia desaparecer; e Johnny Storm, o impetuoso irmão de Sue, também conhecido como Tocha Humana porque era capaz de incendiar o próprio corpo. (Podemos fazer uma breve pausa para notar que o superpoder do protagonista masculino era a habilidade de se expandir, enquanto o da protagonista feminina era o de desaparecer.) Na capa da primeira edição, o chamativo texto de Lee anunciava: "Juntos pela primeira vez em uma revista poderosa!".

Mesmo assim, Lee não tinha grandes expectativas. Depois de escrever a história, ele se preocupou com a possibilidade de ser demitido. A esposa o consolou dizendo que, pelo menos, pusera sua ideia em prática e colocara aquilo para fora.[19] Mas, por razões que continuam pouco claras, a equipe rapidamente encontrou um público amplo e encantado, com cartas de fãs chegando em avalanche. Foi como a Beatlemania. Décadas depois, Alan Moore, o aclamado escritor de quadrinhos, descreveu o impacto assim: "Duvido que você consiga imaginar o impacto que aquela história em quadrinhos única causou nas terras arrasadas de 1961".[20] Na capa da terceira edição, Lee decidiu incluir um slogan triunfante, característico de seu estilo: "A maior revista em quadrinhos do mundo!".

Por que, exatamente, o Quarteto Fantástico explodiu em popularidade? A resposta real é que não sabemos ao certo. Ajudou o fato de a história ser energética e inovadora: os super-heróis eram engraçados, humanos e viviam discutindo. O novo quadrinho era ao mesmo tempo familiar e diferente. Também era inteligente. Mas, como vimos, isso não basta. Muitas coisas precisaram dar certo para desencadear as vendas extraordinárias. Foi preciso que algo como os downloads iniciais do Music Lab ocorresse: a garotada tinha que saber não apenas que outros estavam comprando o *Quarteto Fantástico*, mas estavam gostando. É sensato pensar que os leitores – na maioria entre 8 e 18 anos – se sentiam membros de uma espécie de clube. Isso apelava para o senso de identidade, a busca por pertencimento e, claro, a ideia de serem mais *descolados* que os outros.

Devido às vendas espetaculares, Goodman pediu mais histórias a Lee. O que se seguiu foi um período de criatividade impressionante, com a criação de uma série de personagens agora icônicos, muitos deles desenvolvidos em apenas dois anos: 1962 e 1963. Após o sucesso do Quarteto Fantástico, Goodman queria outra equipe de heróis que fossem briguentos, mas adoráveis. Talvez a Liga Justa dessa vez? Mas Lee não queria se repetir. Sua resposta foi o Hulk, uma variação de Dr. Jekyll e Mr. Hyde, em que o super-herói se revela um monstro. Seu lema? "HULK ESMAGA!" (Lee tinha um ótimo senso de humor.) O apelo do personagem é simples: todo ser humano tem um Hulk dentro de si, e controlar esse monstro pode ser um verdadeiro desafio.

Quando Lee apresentou a ideia do Homem-Aranha – um adolescente mordido por uma aranha radioativa –, recebeu um veto categórico. Goodman argumentou, com certa lógica, que as pessoas odeiam insetos. Além disso, super-heróis deveriam ser adultos, não adolescentes. Mas Lee persistiu; ele se recusou a desistir. Sem a aprovação de Goodman, conseguiu inserir o Homem-Aranha no que parecia ser uma aparição única em uma série chamada *Amazing Fantasy*. Ele escolheu o agora lendário Steve Ditko como artista, e Lee apresentou o personagem com uma piscadela: "Gosta de heróis fantasiados? Nos bastidores do ramo das revistas em quadrinhos, nós os chamamos de 'personagens de *collant*'! E, como você sabe, tem um em cada esquina! Mas talvez o nosso Homem-Aranha seja um pouco... diferente!". Observe as reticências dramáticas e repare no caráter "confidencial" da revelação de Lee. Ele era um mestre em fazer com que os leitores se sentissem parte de um grupo exclusivo, como se fossem confidentes privilegiados.

A estreia do *Homem-Aranha* não foi apenas bem-sucedida: acabou sendo o quadrinho mais vendido da década. Impressionado com os números, Goodman invadiu o escritório de Lee, dizendo: "Stan, lembra aquela ideia do *Homem-Aranha* que gostei tanto? Por que não a transformamos em uma série?".[21]

Lee também ajudou a criar os X-Men: um grupo de jovens dotados de poderes especiais graças aos seus genes mutantes. A história era explícita e intencionalmente sobre um grupo minoritário, desprezado por ser "diferente". O professor Charles Xavier, líder dos X-Men, buscava a paz e o entendimento com os humanos comuns. Seu nêmesis era Magneto, líder da Irmandade dos Mutantes Malignos, o vilão da série. Mas será que era mesmo? De acordo com Lee, Magneto "só revidava o preconceito e o racismo. Ele defendia os mutantes e decidiu ensinar uma lição à sociedade, já que não eram tratados de forma justa. Eu nunca o considerei um vilão".[22] É plausível argumentar que o Professor Xavier pode ser visto como uma versão quadrinesca de Martin Luther King Jr., enquanto Magneto representa a figura de Malcolm X.

Bem na linha

Por que Lee teve tanto sucesso? Antes de tudo: ele era engraçado e sensacional, ainda mais depois que encontrou seu ritmo, no início dos anos 1960. Mas isso, por si só, não era suficiente. É tentador compreender sua carreira – em especial sua criatividade espetacular e o sucesso daquele período – em termos geracionais. Lee conseguiu capturar alguns dos compromissos e aspirações mais profundos da década. Enquanto a DC permanecia presa aos anos 1950, Lee simbolizava uma nova era. Ele parecia captar o Zeitgeist, e talvez seja por isso que tenha prosperado. A política pode ter ajudado. No editorial de um de seus quadrinhos, ele escreveu:

> Vamos deixar bem claro. A intolerância e o racismo estão entre os males sociais mais mortais que assolam o mundo hoje. Mas, ao contrário de uma equipe de supervilões fantasiados, eles não podem ser detidos com um soco na fuça ou um raio laser. A única maneira de destruí-los é expô-los, revelar os males insidiosos que eles realmente são. O intolerante é um odiador irracional, alguém que odeia cegamente, fanaticamente, indiscriminadamente.[23]

Para aqueles céticos em relação à presença de mensagens políticas nos quadrinhos, Lee acrescentou: "Parece-me que uma história sem uma mensagem, por mais subliminar que seja, é como um homem sem alma. Na verdade, até mesmo a literatura mais escapista de todas – contos de fadas antigos e lendas heroicas – continham pontos de vista morais e filosóficos".[24] Lee conectou-se diretamente à cultura de sua época. Durante os protestos contra a Guerra do Vietnã e o movimento pelos direitos civis, o espírito de rebeldia estava no ar, e os super-heróis desafiadores e sarcásticos de Lee pareciam exatamente o que o momento pedia. Como Tucker observa: "Lee e seus colaboradores, seja por bom senso ou pura sorte, conseguiram apresentar um tipo diferente de herói em um momento em que os Estados Unidos estavam entrando em um período de agitação social histórica".[25]

No entanto, Lee raramente era didático; pelo contrário, era brincalhão e cheio de humor. Para além da política, Lee canalizava e, de certa forma, alimentava a desconfiança da época em relação a chavões, bem como seu dinamismo e sua pura exuberância. Na minha opinião, foi isso que o tornou especial. Já deve estar claro que isso não foi suficiente para seu sucesso; ele também precisou da magia das influências sociais (que parecia entender intuitivamente de maneira notável; falaremos mais sobre isso em breve). Mas a exuberância de Lee era o que o tornava único.

O herói de mil faces

Alguns argumentam que os heróis de Stan Lee podem ser vistos como "personagens moldados pelas angústias de judeus americanos de primeira geração, que haviam lutado na Segunda Guerra Mundial, testemunhado o Holocausto e que refletiam – consciente ou inconscientemente – sobre as obrigações morais e as complicações da vida após Auschwitz".[26] Embora não seja simples interpretar o trabalho de Lee dessa maneira, há elementos que sustentam essa perspectiva. O nome de nascimento de Lee era Stanley Lieber. Seu pai, Jack, perdera o emprego durante a Grande Depressão, passando muito tempo desempregado. Aos 17 anos, Stanley conseguiu, por meio de conexões familiares, uma entrevista com Goodman, também judeu, que tinha abandonado os estudos na quinta série e agora dirigia uma editora de quadrinhos. Como já vimos, Lee foi contratado por Goodman como "office-boy".

A maioria dos artistas e roteiristas de lá eram judeus, contratados porque não conseguiam emprego em outros lugares e porque a maioria das editoras de quadrinhos era de origem judaica. Jack Kirby, nascido Jacob Kurtzberg, ajudou a criar o Capitão América em 1941, um super-herói obcecado em derrotar os nazistas. Em 1942, o próprio Lee se alistou no exército. Não há dúvida de que a guerra contra Hitler ocupava um espaço importante em sua imaginação.

Ainda assim, não há muitas evidências de que as histórias de Lee tenham sido fortemente influenciadas por sua herança judaica ou que tenha se inspirado nela ao criar seus personagens e enredos. É verdade que sua família frequentava a sinagoga e ele teve uma cerimônia de *bar mitzvah*. No entanto, toda tradição religiosa oferece temas amplos e duradouros, envolvendo despertar moral, responsabilidade pessoal, o bem e o mal dentro de nós, tentação e redenção. Lee conseguiu explorar esses temas, o que ajuda a dar aos seus personagens um apelo atemporal.

Nesse aspecto, Lee tinha muito em comum com George Lucas, que também foi capaz de oferecer variações de temas universais. Como vimos, Lucas foi profundamente influenciado por Joseph Campbell e seu livro *O herói de mil faces*, que argumentava que muitos heróis, em diversos mitos e religiões, seguem um arco semelhante (o chamado "monomito").[27] Lembre-se de que o arco possui muitos elementos, mas, como Campbell resumiu: "Um herói parte do mundo cotidiano para uma região de maravilhas sobrenaturais: forças fabulosas são encontradas e uma vitória decisiva é conquistada. O herói retorna dessa aventura misteriosa com o poder de conceder benefícios a seus semelhantes".[28]

Pelo que sei, não há evidências de que Lee tenha lido Campbell, mas a vida de muitos dos super-heróis da Marvel incluía elementos importantes do monomito, conferindo a eles um apelo duradouro e transcultural, além de tocar algo profundo no espírito humano. Naturalmente, contribuía o fato de Lee ser um contador de histórias incrível e inventivo, com uma visão inovadora que insistia em mostrar vulnerabilidade, carência e doçura em super-heróis (o Homem-Aranha, afinal, era apenas um adolescente tímido e desajeitado com as garotas).

A sorte grande

Mas mais uma vez: esse não era o ingrediente secreto de Lee. Seu diferencial estava na exuberância: contagiante, alegre, desafiadora e irresistível. Quando Peter Parker encontrou pela primeira vez a deslumbrante Mary Jane Watson, o amor de sua vida, ouviu dela: "Encare, Tigrão... Você tirou a sorte grande!". Durante décadas, uma das palavras favoritas de Lee fora "Excelsior!". Em 2010, ele ofereceu uma definição (no Twitter, ainda por cima): "Ao alto e adiante para a glória maior".[29]

Essas são, claro, curiosidades sobre Lee e o que o tornava único como escritor. Mas, de forma crucial, ele também provou ser um extraordinário marqueteiro e comunicador. Lee deu aos seus leitores, naqueles empolgantes anos 1960, a sensação de que faziam parte de um clube: um grupo de rebeldes e *insiders*, cheio de piadas internas e piscadelas. Na sua narrativa, os leitores da Marvel eram insurgentes, mais *descolados* que o resto, e compartilhavam um segredo. Todos eram, de certa forma, Holden Caulfield (do clássico de J.D. Salinger, *O apanhador no campo de centeio*).

Lee publicava cartas de leitores em suas histórias em quadrinhos; elas também eram engraçadas e exuberantes, celebrando a Marvel. Lee acrescentou colunas, chamadas "Bullpen Bulletins" e "Stan's Soapbox". Essas colunas ofereciam aos leitores uma visão dos bastidores, revelando o trabalho de roteiristas e artistas e criando um senso de comunidade. Um vislumbre:

> Para aqueles que acompanham tais minúcias, já se passaram cerca de dez anos desde que a Era Marvel dos Quadrinhos explodiu na cena literária. Agora enfrentamos a tarefa de provar que nosso sucesso passado não foi apenas um fenômeno passageiro; de mostrar que podemos reacender a empolgação, o maravilhamento e o dinamismo deslumbrante que tornaram a Marvel um nome conhecido onde quer que revistas sejam lidas.[30]

O final é característico de Stan Lee, com o aliterativo "dinamismo deslumbrante" e o tom exagerado, meio irônico, mas cheio de aspiração, sugerindo que a Marvel se tornara um nome conhecido.

Lee também estabeleceu grupos de *insiders* e *outsiders*. Ele apelidava a DC de "Branch-Echh" (uma paródia de "Brand X", usada por publicitários para se referir a produtos concorrentes) e criava laços com seus próprios colaboradores, dando-lhes apelidos. Jack Kirby era Jack "King" Kirby; Steve Ditko, "Smilin'" Steve Ditko. Como ele mesmo explicou: "Coloquei o nome de todo mundo, até do letrista. Queria que os leitores soubessem quem éramos e se tornassem nossos fãs. Queria personalizar as coisas".

Ele buscava criar um ambiente acolhedor, como se todos fossem parte de um grupo unido que curtia o que fazia e se conhecia bem.[31] Os leitores adoraram. Quando a Marvel vendeu quase 8 milhões de revistas a mais em 1964 do que em 1960, ficou claro que a abordagem de Lee estava funcionando.[32]

Agora podemos compreender que o sucesso de Lee dependia de uma dinâmica única e brilhante, como explorado no capítulo 3. A Marvel se beneficiou – e continua – de cascatas de informação, visíveis em todos os personagens icônicos de Lee, como Homem-Aranha, Hulk, Homem de Ferro, Pantera Negra e Thor. Nos anos 1960, também estavam em ação as cascatas de reputação: em certos círculos, um garoto de 10 anos que não soubesse o nome dos integrantes do Quarteto Fantástico era considerado completamente "por fora". Destaquei que a Marvel se tornou uma rede. Mas, acima de tudo, Lee conseguiu criar um senso de clube, o que favoreceu a polarização de grupo. As crianças formavam espontaneamente suas próprias comunidades para celebrar as novas edições, discutir os acontecimentos mais recentes e especular sobre o que viria a seguir.

A exuberância de Lee era, e ainda é, contagiante. Sobre a postura de sua equipe em relação ao trabalho, ele comentou: "Muitos de vocês, heróis anônimos, nos escreveram perguntando como realmente nos sentimos em relação às nossas revistas. Vocês querem saber se as levamos a sério ou se as tratamos apenas como uma brincadeira sem propósito". E respondeu com entusiasmo: "Bom, só para constar, Charlie, nós ACREDITAMOS nos nossos super-heróis sensacionais!".

E eles acreditavam mesmo. E, só para constar, Charlie, nós também.

Capítulo 8

Bob Dylan e a habituação

Os seres humanos se habituam.[1] Se você compra um carro novo, provavelmente vai curti-lo muito enquanto durar a sensação de novidade. Porém, depois de um tempo, será apenas um carro. As primeiras semanas em uma cidade desconhecida podem ser fascinantes, mas, passado certo período, a rotina se estabelece. Se você se mudar para um lugar com clima frio, notará menos o frio no quarto dia do que no primeiro e, ao final de um mês, talvez não o perceba mais. Cores vivas tendem a se tornar cinza. Na verdade, isso é literalmente real: se você olhar fixamente para certas imagens coloridas por tempo suficiente sem mover a cabeça, as cores começarão a desaparecer.[2]

A música, em particular, e a arte, em geral, muitas vezes têm um efeito *desabituante*: fazem com que "movamos a cabeça". Se elas se tornarem familiares demais, você verá apenas cinza. As obras dos músicos e artistas mais bem-sucedidos são suficientemente desconhecidas para serem interessantes, mas familiares o bastante para serem compreensíveis e produzirem aquele "clique" de reconhecimento. Os maiores inovadores também são plagiadores? Pode apostar que sim.

Devemos ter cuidado aqui. Algumas músicas e obras de arte não são desabituantes de forma alguma: são familiares. Por esse motivo, podem trazer conforto, e essa sensação vende. Em um certo momento, os Rolling Stones foram desabituantes (basta ouvir "Get Off of My Cloud"), mas, por décadas, tocaram o que o público parecia querer: seus sucessos conhecidos de tempos atrás. O design do MacBook Air foi frequentemente descrito como icônico, e essa estética permaneceu inalterada por muitos anos. Ainda assim, as obras de maior sucesso e mais duradouras, na arte e nos negócios, oferecem um choque inicial.

Muitas pesquisas sobre bem-estar enfatizam dois valores: prazer e propósito.[3] Um dia é repleto de prazer quando inclui experiências divertidas e felizes: programas de TV que você adora, um filme empolgante, refeições incríveis. Algumas empresas ganham muito dinheiro porque oferecem a promessa de momentos assim. Um dia é cheio de propósito quando inclui experiências gratificantes: trabalho produtivo, ajudar os outros, cuidar dos pais ou dos filhos, uma sensação de realização ou conquista. Certas corporações lucram bastante porque prometem proporcionar um senso de propósito, seja para os funcionários, seja para os clientes. Porém, a pesquisa psicológica também destacou algo diferente de prazer e propósito: uma "vida psicologicamente rica", que envolve variedade e diversidade de experiências.[4]

Uma vida psicologicamente rica, com uma ampla variedade de experiências, pode ou não ser prazerosa ou muito divertida. É fácil imaginar um mês psicologicamente rico que sacrifica o prazer em prol da riqueza psicológica. Você pode passar férias em um lugar interessante, até mesmo fascinante, mas que tenha uma comida horrível, um trânsito caótico e camas desconfortáveis. Pode não ser um período feliz. Ainda assim, talvez fique satisfeito, ou até entusiasmado, pelo menos em retrospecto, por essa vivência.

Muitas pessoas que passaram por experiências militares as valorizam porque trouxeram tanto significado quanto riqueza psicológica. Porém, uma vida psicologicamente rica, repleta de diversas vivências, não necessariamente acarreta senso de propósito. É viável imaginar um mês psicologicamente rico que sacrifique o propósito ou o significado em prol dessa riqueza. Você pode passar uma semana em uma praia deslumbrante, cercado por vistas e sons incríveis. Os sete dias podem não ser tão marcantes, mas talvez acrescentassem muito à sua vida. Muitas pessoas valorizam a riqueza psicológica em si mesma e estão dispostas a sacrificar prazer e propósito para alcançá-la.[5]

Uma razão pode muito bem ser o fato de que as pessoas se habituam tanto ao prazer quanto ao propósito. Por definição, elas não se habituarão à diversidade e à variedade que constituem a riqueza psicológica.

Os loucos

Em 1957, Jack Kerouac escreveu uma frase que, por um tempo, estampou cartazes em escolas secundárias e universidades por todos os Estados Unidos: "As únicas pessoas que me interessam são os loucos, aqueles que são loucos por viver, loucos para falar, loucos para serem salvos, desejosos de tudo ao mesmo tempo, aqueles que nunca bocejam ou dizem algo banal, mas queimam, queimam, queimam como fabulosos fogos de artifício amarelos explodindo como aranhas através das estrelas...".[6] Essa frase se beneficiou de um efeito cascata de informação. Mais de quarenta anos depois, Bob Dylan a citou quase literalmente em uma entrevista, ao falar de seu tempo morando no Greenwich Village:

> Eu caí naquela atmosfera de tudo o que Kerouac dizia sobre o mundo ser completamente louco, e as únicas pessoas interessantes para ele serem "os loucos, os que eram loucos para viver, loucos para falar, loucos para serem salvos, desejosos de tudo ao mesmo tempo, os que nunca bocejam", todos esses loucos, e senti que me encaixava direitinho nessa turma.[7]

A frase de Kerouac opõe pessoas que bocejam e dizem coisas banais àquelas que são "desejosas de tudo ao mesmo tempo" e que "queimam, queimam, queimam".[8] Eis algo que Bob Dylan disse em uma entrevista com Nat Hentoff:

> A música *folk* é um bando de gente gorda. Tenho de pensar em tudo isso como música tradicional. A música tradicional é baseada em hexagramas. Ela surge de lendas, Bíblias, pragas e gira em torno de vegetais e da morte. Ninguém vai matar a música tradicional. Todas essas canções sobre rosas crescendo no cérebro das pessoas e amantes que na verdade são gansos e cisnes que se transformam em anjos, elas não vão morrer. São todas essas pessoas paranoicas que acham que alguém vai chegar e levar seu papel higiênico, essas, sim, vão morrer. Músicas como "Which Side Are You On?" e "I Love You, Porgy", não são canções *folk*; são políticas. Elas *já* estão mortas.[9]

Observe a distinção fundamental aqui. De um lado, temos "canções sobre rosas crescendo no cérebro das pessoas e amantes que na verdade são gansos". Essas canções são tradicionais. Giram em torno de "vegetais e morte" (e, portanto, estão vivas). Do outro lado, temos "um bando de gente gorda" e "canções políticas." A música tradicional é imortal. As canções políticas são escritas por pessoas que têm medo de que alguém vá levar seu papel higiênico. (Pense um momento sobre isso.) Elas já estão mortas. Dylan também disse: "Museus são vulgares. Eles são todos contra o sexo".[10]

Por que Dylan alcançou o sucesso? Podemos construir uma narrativa, mas sabemos o bastante para reconhecer que não há respostas simples para essa pergunta. Lev Tolstói começou *Anna Kariênina* com esta famosa frase: "Todas as famílias felizes se parecem. Cada família infeliz é infeliz à sua maneira". Isso está errado, é claro. As famílias felizes não são todas iguais, cada uma é feliz à sua própria maneira. Cada artista de sucesso alcança seu êxito de forma única. O mesmo vale para aqueles que fracassam.

Ainda assim, os efeitos de rede desempenharam um papel significativo no sucesso de Dylan, assim como a polarização de grupo. Em abril de 2023, dei uma palestra na conferência "World of Bob Dylan", na Universidade de Tulsa, em Oklahoma, promovida pelo Instituto de Estudos Bob Dylan da instituição. Centenas de pessoas estavam presentes, todas especialistas em Dylan. O evento parecia uma espécie de peregrinação. Durante o meu discurso, fiquei surpreso ao perceber que os presentes na plateia pareciam entender cada referência a Dylan, por mais obscura que fosse.

Para minha surpresa, encontrei um amigo de Washington, DC, um professor de Direito no alto escalão do Departamento de Justiça. Perguntei: "Você também vai palestrar?". Ele respondeu: "Não, de forma alguma. Só vim assistir".

"Me juntar a Little Richard"

Nascido e criado em Hibbing, Minnesota, Robert Zimmerman se tornou, ainda no Ensino Médio, um entusiasta do rock 'n' roll. Seu objetivo no anuário escolar: "Me juntar a Little Richard".[11] Robert

Zimmerman poderia ter se tornado uma estrela do rock, tipo Elvis Presley? Certamente seu nome de batismo não era promissor. Isso poderia ser mudado – e foi. Mas será que ele tinha o talento, o estilo ou a aparência? Talvez o talento, mas provavelmente não o estilo, nem a aparência, ao menos não no início. No verão de 1959, ele tocou piano, brevemente, com grupos de rock de sucesso moderado em Fargo, Dakota do Norte, mas acabou dispensado.[12] Zimmerman voltou para Hibbing e, no outono, se matriculou na Universidade de Minnesota. Lá, descobriu Dinkytown, um pequeno distrito comercial com sebos, bares – e música *folk*.[13]

Figura 8.1: O jovem Bob Dylan com Joan Baez

Fonte: Rowland Scherman, Marcha dos Direitos Civis em Washington, D.C. [Entretenimento: visão em close dos cantores Joan Baez e Bob Dylan], 28 ago. 1963.

Zimmerman se apaixonou. A música *folk* tocava em algo profundo dentro dele: "Havia ótimas frases de efeito e ritmos pulsantes [no rock], mas as músicas não eram sérias nem refletiam a vida de maneira realista. Eu sabia, quando entrei na música *folk*, que era algo mais sério. As músicas têm mais desespero, tristeza, triunfo, fé no sobrenatural e sentimentos muito mais profundos".[14] (Será que sua passagem para a música *folk* também foi uma mudança de carreira? É possível. Mais tarde, ele insistiu que sim.)

Zimmerman trocou sua guitarra por um violão. Mudou seu nome: primeiro para Robert Allyn, depois para Bob Dylan.[15] Por quê? Ninguém sabe ao certo. Queria parecer menos judeu? Ele deu várias explicações. Eis uma evasiva, uma boa evasiva: "Algumas pessoas, sabe, nascem com o nome errado, os pais errados. Quero dizer, isso acontece. Você se chama como quiser se chamar. Esta é a terra da liberdade".[16] O sentimento aqui é bem próximo ao de uma passagem de *Chronicles, Volume 1*, ao falar sobre a leitura de Rimbaud: "Deparei-me com uma de suas cartas chamada 'Je est un autre', que se traduz como 'Eu é um outro'. Quando li essas palavras, os sinos tocaram. Fez perfeito sentido. Gostaria que alguém tivesse mencionado isso para mim antes".[17]

Segue uma explicação mais específica sobre por que ele mudou seu nome:

> Quero dizer, não teria funcionado se eu tivesse mudado meu nome para Bob Levy. Ou Bob Neuwirth. Ou Bob Doughnut. Muitas pessoas acham que os judeus são apenas agiotas e comerciantes. Muitos pensam que todos os judeus são assim. Bem, costumavam pensar porque era tudo o que lhes era permitido fazer. Isso era tudo o que eles podiam fazer.[18]

Paremos para refletir sobre isso. Dylan acreditava que não poderia ter tido sucesso mantendo um nome judaico. Um cantor e compositor chamado Bob Dylan, é claro, não estava destinado ao sucesso. Mas um cantor e compositor chamado Bob Zimmerman estava, ironicamente, destinado ao fracasso. Curiosamente, um dos heróis de Dylan era um incrível cantor *folk* chamado Ramblin' Jack Elliott [algo como O Errante Jack Elliot] (Ouça sua versão de "If I Were a Carpenter", é a melhor que existe.) Ramblin' Jack parecia e se vestia como um caubói. Ele era do Texas? De Oklahoma? Na verdade, ele nasceu no Brooklyn, e seu nome era Elliott Charles Adnopoz. Seu pai, Abraham Adnopoz, era médico. Quando jovem, Elliott não andou muito na "errância".

Encantado pela música *folk*, Dylan tocava nos cafés de Dinkytown e se tornou bom – não ótimo, mas bom. Em janeiro de 1961, mudou-se para Nova York, em parte para visitar o grande Woody Guthrie, a quem de fato visitou e com quem, até certo ponto, fez amizade.[19] Guthrie gostava de Dylan: "Pete Seeger é um cantor de canções *folk*, não um cantor *folk*. Bobby Dylan é um cantor *folk*".[20]

No Greenwich Village, Dylan conheceu e aprendeu com os mestres locais, inclusive Dave Van Ronk, conhecido como Prefeito da Rua MacDougal.[21] Depois de um período imitando Guthrie no palco de pequenos clubes da região (Cafe Wha, Gaslight, Gerde's Folk City), ele se tornou um cantor *folk* de fato, compondo as próprias músicas.

Essa foi uma inovação cuja importância não pode ser subestimada. No mundo da música *folk* da época, era considerado impróprio e até mesmo um sacrilégio escrever novas canções. O propósito da música *folk* era cantar as canções conhecidas pelo povo. (Connie Converse também escreveu músicas autorais antes de Dylan, mas, como vimos, ninguém sabia disso.)

Porém, Dylan acreditava que tinha algo a dizer. E, muitas décadas depois, ele conectou o velho ao novo: "Essas canções não surgiram do nada. Eu não as criei do zero. Tudo veio da música tradicional", incluindo a música *folk* tradicional. Ele acrescentou: "Se você cantasse 'John Henry' tantas vezes quanto eu, também teria escrito 'Quantas estradas um homem deve percorrer?'".[22]

No início dos anos 1960, os mestres locais da música *folk* no Village não gravavam álbuns, em parte porque pareciam algo comercial e impuro, mas também por falta de oportunidade. De alguma forma, Dylan teve sua chance, e não a desperdiçou. Em 14 de setembro de 1961, ele encontrou John Hammond, o lendário caçador de talentos da Columbia Records.[23] Nascido em 1910, Hammond ajudou a descobrir ou promover nomes como Benny Goodman, Billie Holiday, Count Basie, Pete Seeger e muitos outros.[24] Vale a pena perguntar: sem John Hammond, o que teria acontecido a Dylan?

Hammond ouviu Dylan pela primeira vez enquanto ele tocava gaita em uma sessão no apartamento de Carolyn Hester, uma proeminente cantora *folk*.[25] Hammond contou que decidiu assinar com Dylan na hora. Independentemente de isso ter acontecido ou não, as sessões de gravação de Dylan não foram fáceis. De acordo com Hammond, "Bobby estourava todos os *P*, assobiava todos os *S* e frequentemente se afastava do microfone. Ainda mais frustrante, ele se recusava a aprender com os erros. Na época, me ocorreu que nunca tinha trabalhado com alguém tão indisciplinado".[26] O álbum resultante, intitulado *Bob Dylan*, foi lançado em 1962. Continha apenas duas canções originais, recebeu pouca atenção da crítica e vendeu mal. Na Columbia, ficou amplamente conhecido como "a mancada de Hammond".[27]

Em vista dessa estreia pouco promissora, os executivos da empresa sugeriram que Dylan fosse dispensado, mas Hammond o defendeu vigorosamente.[28] De abril de 1962 a abril de 1963, Dylan gravou um novo álbum, uma mudança radical em relação ao seu primeiro lançamento, e talvez ainda seja o seu melhor. (Apesar de seu título excruciante, inspirado, quem sabe, em Ramblin' Jack Elliott: *The Freewheelin' Bob Dylan*.) Na época, Dylan estava namorando Suze Rotolo, que tinha um forte engajamento político.[29] Sob sua influência, Dylan produziu várias canções com fortes conotações políticas: "Masters of War", "A Hard Rain's A-Gonna Fall", "Oxford Town" e "Talkin' World War III Blues". Surpreendentemente, as gravações descartadas desse álbum, lançadas em 1991 e também com tons políticos, podem rivalizar com as melhores canções incluídas: "Let Me Die in My Footsteps", "Hero Blues", "Ballad of Hollis Brown", "The Death of Emmett Till" e "Walls of Red Wing".

Entre 1963 e 1965, Dylan compôs um número impressionante de canções *folk* agora clássicas, incluindo "All I Really Want to Do", "It Ain't Me Babe", "Chimes of Freedom", "Mr. Tambourine Man", "It's All Over Now, Baby Blue" e "The Times They Are A-Changin'". (Essas eram realmente canções *folk*? Uma pergunta válida.) Para sua grande frustração, Dylan foi rotulado como um "cantor de protesto" e visto como "a voz de sua geração". Em uma coletiva de imprensa em 1965, houve a seguinte troca:[30]

> *Entrevistador:* Entre as pessoas que trabalham no mesmo campo musical que você, quantas são cantores de protesto, isto é, que usam as músicas para protestar contra o estado social em que vivemos? Há tantas assim?
> *Dylan:* Sim, 136, você poderia dizer.
> *Entrevistador:* Você quer dizer exatamente 136?
> *Dylan:* Ah, bem, talvez sejam 132.

Perguntado sobre o que "a palavra protesto significa", ele respondeu: "Cantar contra seus próprios desejos". E acrescentou: "Eu canto canções de amor".[31]

Em março de 1965, "Dylan plugou a guitarra".[32] No auge de sua popularidade, ele mudou de rumo. Para o desgosto de inúmeros fãs, que se sentiram traídos, Dylan abandonou a música *folk*. Ele contratou uma banda barulhenta e fantástica, com o lendário Mike Bloomfield na guitarra solo.[33] Ele passou a cantar rock 'n' roll. Ficou famoso por ter sido vaiado no Newport Folk Festival, onde era um herói, uma espécie de deus.[34] Escreveu "Like a Rolling Stone", talvez a maior canção popular de todos os tempos. Escreveu "Desolation Row", "Tombstone Blues", "Ballad of a Thin Man", "Highway 61 Revisited", "Visions of Johanna" e "I Want You". Em junho de 1966, sofreu um acidente de motocicleta, com ferimentos de gravidade incerta. Exausto e desgostoso, ficou vários anos sem fazer turnês.[35]

Dylan retornou em 1967 e 1969 com algo totalmente novo e diferente; não exatamente rock, mais próximo da música *folk*, mas com um forte toque country. *Nashville Skyline*, lançado em 1969, soava como música country. Em 1975, produziu *Blood on the Tracks*, que muitos consideram sua obra-prima. Reflita sobre o título, se puder; é um trocadilho brilhante.* O álbum nasce da ruína do casamento de Dylan, e há muito sangue nesses "trilhos". O álbum também marca um retorno ao rock 'n' roll, ou algo próximo disso. Ouça "Idiot Wind", "Tangled Up in Blue", a grandiosa "Shelter from the Storm" e a suave e alegre "Buckets of Rain".

Pouco tempo depois, Dylan se tornou um cristão renascido, ou assim parecia. Entre 1979 e 1983, lançou quatro álbuns gospel. Um se chamava *Saved*; outro, *Infidels*. Ele permaneceu ativo, mas sem grandes realizações até 1989, quando produziu *Oh Mercy*, que muitos consideraram um retorno à sua melhor forma.

---

* O título *Blood on the Tracks* combina o sentido literal de "sangue nos trilhos" (como um símbolo de tragédia ou sacrifício) com o significado metafórico de "tracks" como *faixas* de um álbum musical, sugerindo que as emoções e experiências dolorosas de Dylan estão impregnadas em cada canção do disco. [N.T.]

Entre 1997 e 2003, Dylan voltou ao rock com o que muitos consideram sua grande trilogia de fim de carreira. Em 2009, lançou um álbum de Natal, seguido por três álbuns de covers de clássicos pop, em grande parte da geração anterior à sua (Frank Sinatra, Dean Martin, Bing Crosby). Em 2020, lançou *Rough and Rowdy Ways*, que alcançou o primeiro lugar em diversos países; desse álbum, o single "Murder Most Foul" se tornou a primeira música de Dylan a alcançar o primeiro lugar em qualquer parada da *Billboard*.[36]

Esta é uma síntese extremamente breve e seletiva da carreira de Dylan. Embora sua grandeza seja inquestionável, é interessante observar alguns eventos iniciais que foram fundamentais para seu sucesso: o fracasso em Fargo, a proximidade de Dinkytown, o encontro com Woody Guthrie, a mentoria no Greenwich Village, sua conexão com John Hammond e o relacionamento com Suze Rotolo.

Ocupado em nascer

"Quem não está ocupado em nascer está ocupado em morrer", canta Dylan em "It's Alright, Ma (I'm Only Bleeding)". Essas palavras têm sido repetidas com tanta frequência que se tornaram um lugar-comum e, portanto, um pouco desgastadas, embora isso não seja culpa de Dylan.

A arte, incluindo a música, muitas vezes tem como ponto central a *desabituação*: o poder de retirar ouvintes, espectadores e leitores de sua rotina e mundanidade, revelando que o ordinário, na verdade, pode ser extraordinário, dependendo de como o percebemos. Considere este diálogo:[37]

> *Entrevistador:* Você está apaixonado no momento?
> *Dylan:* Estou *sempre* apaixonado.

Por natureza, estar apaixonado é um estado de desabituação. Em outra entrevista, Dylan afirmou: "Eu não me considero feliz nem infeliz. Nunca pensei na vida em termos de felicidade ou infelicidade. Isso nunca me ocorreu".[38] E, em "Maggie's Farm", ele diz: "Eles cantam enquanto você trabalha, e eu apenas fico entediado".

Dylan é, e sempre foi, um mestre da *desabituação*. Um exemplo claro disso está em "Desolation Row" [Rua da Desolação], em especial na última estrofe, que funciona como uma revelação, a chave para tudo o que veio antes. Ele menciona uma carta que recebeu no dia anterior, "mais ou menos na hora em que a maçaneta quebrou". Ele diz: "Quando você perguntou como eu estava indo, isso foi algum tipo de piada?". Ele também faz referência a pessoas mencionadas pelo mesmo "você", que considera "bem fajutas", o que o levou a "rearranjar seus rostos e dar a todos outro nome". Por fim, ele pede "nenhuma carta mais, a menos que sejam enviadas de Desolation Row".

Do que trata essa estrofe? Ela é uma ruptura radical com o que veio antes (em uma canção muito longa). Até então, a letra era uma sucessão de imagens oníricas e personagens excêntricos: o comissário cego, Cinderela enfiando as mãos nos bolsos traseiros ao estilo Bette Davis, Romeu se lamentando, Caim e Abel, o Corcunda de Notre Dame, o Bom Samaritano se vestindo para o show, Ofélia já uma solteirona aos 22 anos, Einstein disfarçado de Robin Hood tocando violino elétrico, Dr. Filth e sua enfermeira, o Fantasma da Ópera, Casanova, Ezra Pound e T. S. Eliot brigando na torre do capitão. (Desolation Row revela-se, ironicamente, o oposto de desolação. Está repleta de vida, não exatamente desolada.)

A partir dessa fantasmagoria, de repente, a canção muda para a primeira pessoa, introduzindo o mundano (e o desolado). Será que o cantor perdeu a sanidade? Ou acordou de um sonho?

A carta, possivelmente de sua mãe, chegou "mais ou menos na hora em que a maçaneta quebrou". Na carta ou numa ligação, ela perguntou como ele estava. Para essa pergunta, ele não tem paciência: "Isso foi algum tipo de piada?" (Existe algo mais vazio do que a pergunta abstrata: "Como você está?") A carta menciona "essas pessoas", talvez familiares ou amigos, que o cantor acha "bem fajutas". Ele diz que precisou rearranjar seus rostos e lhes dar novos nomes. Será que se tornaram os próprios personagens descritos na música? Provavelmente. De qualquer forma, o cantor não quer mais cartas, a menos que sejam enviadas a partir de Desolation Row.

A canção estabelece uma oposição. De um lado, temos a selvageria e a vitalidade das pessoas do circo. "Desolation Row" está repleta de surpresas, cores e vida. É habitada por figuras que vêm de lendas, da Bíblia e de pragas, girando em torno de vegetais e da morte. Por outro lado, há o cinza entorpecente da carta do "como você está?". A música estabelece a regra: nada mais sobre o momento em que a maçaneta da porta quebrou.

Sob essa perspectiva, a reação distanciada e ocasionalmente brutal de Dylan aos movimentos de protesto dos anos 1960 é compreendida. Essas mobilizações tornaram-se rotineiras, mecânicas, entorpecentes – o oposto da arte. Nesse sentido, suas canções definitivamente não são de protesto (não realmente). Nas palavras dele: "Agora há muita gente escrevendo músicas sobre temas de protesto. Mas nas que ouvi, existe um vazio que é como uma canção que diz: 'Vamos dar as mãos e tudo será maravilhoso'. Não vejo nada além disso. Só porque alguém menciona a palavra 'bomba', não vou gritar 'Aalee!' e começar a bater palmas".[39]

Em sua visão, "a palavra 'protesto' foi inventada para pessoas que estão passando por cirurgia. É uma palavra de parque de diversões. A palavra 'mensagem' me soa como uma hérnia. É como a palavra 'delicioso'. Também a palavra 'maravilhoso'".[40] Em 1962, ao apresentar "Blowin' in the Wind", Dylan disse: "Essa aqui não é uma música de protesto, nem nada disso, porque não escrevo músicas de protesto".[41]

Quando perguntado, em 1965, se "The Times They Are A-Changin" tratava de conflito entre gerações, respondeu: "Não era isso que eu estava dizendo. Talvez tenha acontecido de essas serem as únicas palavras que encontrei para separar o que está vivo do que está morto. Não tem nada a ver com idade".[42] A filosofia da música moderna, segundo ele, é sua interpretação de Keats: "A verdade é o caos. Talvez a beleza seja o caos".[43] (Isso é bem mais interessante do que "*beleza é verdade, verdade é beleza*", de Keats, por ser menos previsível e menos moralista. E também mais verdadeiro.) Dylan também afirmou: "Ganância e luxúria eu consigo entender, mas não compreendo os valores da definição e do confinamento. Definir destrói".[44] Em 1984,

Dylan disse o seguinte: "Se eu não tivesse nada de diferente para falar às pessoas, qual seria o sentido disso? Quero dizer... Eu poderia fazer um álbum das Ronettes!".[45]

Mais jovem agora

Considere, nesse contexto, os famosos versos de "My Back Pages": "Ah, mas eu era tão mais velho então/Agora sou mais jovem do que isso". Essa declaração de juventude é feita em um contexto particular, um lamento pelas máximas que seu eu mais jovem/mais velho seguia. Por exemplo: "Igualdade, eu disse a palavra/Como se fosse um voto matrimonial". Um voto matrimonial é, claro, uma declaração de compromisso. (E quem gostaria de se casar com um ideal político?) A canção revisita essa declaração – e também o grito "Acabe com todo o ódio" – como algo ressequido e sem vida. Em um discurso improvisado (e controverso) em 1963, Dylan declarou: "Demorou muito para eu me tornar jovem, e agora me considero jovem. E tenho orgulho disso. Tenho orgulho de ser jovem".[46]

Quando questionado sobre ter mudado para a música eletrônica, Dylan respondeu:

> Eu estava indo bem, cantando e tocando meu violão. Era algo seguro, sabe, algo garantido. Mas estava me deixando muito entediado. Não conseguia mais sair e tocar daquele jeito. Estava pensando em desistir. Ali na frente do palco, era algo garantido. Eu sabia o que a plateia faria, como reagiria. Era muito automático. Sua mente simplesmente divaga, a menos que consiga encontrar uma maneira de estar e permanecer completamente ali.[47]

Essa é uma descrição inequívoca de habituação, de um mundo dormente, no qual tudo é previsível e automático, a ponto de alguém mal se sentir presente. A antipatia de Dylan pelo que "já está morto" ajuda a explicar suas muitas mudanças: de cantor *folk* para músico de rock, de músico de rock para cantor country, de cantor country para cantor gospel e zelote religioso, e de cantor gospel para intérprete de canções tradicionais (entre outras coisas). Perguntado se as músicas de Woody Guthrie o impactaram, ele disse: "Ah, sim. Porque eram originais, tinham uma marca de autenticidade; bem, pelo menos as letras tinham".[48] Dylan foi influenciado por John Jacob Niles, sobre quem disse o seguinte: "Um personagem mefistofélico [do estado] da Carolina, ele martelava um instrumento parecido com uma harpa e cantava com uma voz de soprano de arrepiar os ossos. Niles era sinistro e ilógico, incrivelmente intenso e causava arrepios".[49]

Em "All I Really Want to Do", Dylan se dirige a uma amante ou a um público, ou a ambos:

> Não estou querendo bloquear você
> Chocar, bater ou trancar você
> Analisar você, categorizar você
> Finalizar você ou anunciar você*

A canção não trata apenas do que o cantor diz ao outro; fala também sobre o que espera ou deseja dos outros. A amizade não envolve análise ou categorização, muito menos finalização ou propaganda. O mesmo sentimento aparece de forma mais romântica (e muito mais sexy) em "Isis":

> Ela disse: "Onde você esteve?"
> Eu disse: "Em nenhum lugar especial"
> Ela disse: "Você está diferente"
> Eu disse: "Bem, talvez"
> Ela disse: "Você esteve fora"
> Eu disse: "Isso é natural"
> Ela disse: "Você vai ficar?"
> Eu disse: "Se você quiser, sim"**

---

* I ain't lookin' to block you up/Shock or knock or lock you up/Analyze you, categorize you/Finalize you or advertise you.

** She said, "Where ya been?" I said, "No place special"/She said, "You look different." I said, "Well, I guess"/She said, "You been gone." I said, "That's only natural"/She said, "You gonna stay?" I said, "If you want me to, yes"

Dylan certa vez descreveu "Like a Rolling Stone" assim: "Eu me vi escrevendo essa história, esse longo vômito, com vinte páginas. Era só uma coisa rítmica no papel, todo o meu ódio inabalável direcionado a algo que fosse honesto... disso eu tirei 'Like a Rolling Stone'".[50] Se você ler a letra da música, conseguirá entender as origens no "ódio inabalável":

> Agora você não fala tão alto
> Agora você não parece tão orgulhoso
> De ter que se virar para conseguir sua próxima refeição*

Isso é pesado. Mas, ao ouvir Dylan cantá-las, percebe-se que a grandeza da canção não vem de demonstrar prazer ou alegria com a queda de alguém que um dia esteve no topo. Isso seria pobre e sem vida. ("Positively 4th Street" segue esse caminho e, embora seja excelente à sua maneira, é um pouco pobre e vazia para Dylan.) O que torna "Like a Rolling Stone" uma obra-prima, um novo hino nacional, é ser uma música sobre desacorrentamento, também conhecido como liberdade:

> Qual é a sensação, ah, qual é a sensação?
> Estar por conta própria, sem um lar para voltar
> Como um completo desconhecido, como uma pedra rolando**

É claro que essas palavras podem ser, e já foram, cantadas de muitas maneiras diferentes. Porém, do jeito que Dylan as canta, o ódio inabalável, direcionado a algo honesto, não está exatamente ausente. Ele é transformado em celebração ("ah, qual é a sensação"), vindo de um lugar honesto, uma celebração exaltante do caos, das lendas, da imprevisibilidade, das mudanças, dos loucos, das pragas e de estar ocupado em nascer.

---

* Now you don't talk so loud/Now you don't seem so proud/About having to be scrounging your next meal.

** How does it feel, ah how does it feel?/To be on your own, with no direction home/Like a complete unknown, like a rolling stone.

Questionado se pensa na vida "em termos de crescimento", Dylan respondeu: "Não! Nunca penso em termos de crescimento. Vou te contar o que penso: que você nunca para em lugar algum, não existe lugar para parar. Você sabe, aqueles lugares ao lado da estrada onde dá pra parar são apenas uma ilusão".[51] Perguntado se se via "simplesmente seguindo em frente", Dylan respondeu: "Vejo todos assim, vejo o mundo inteiro assim. Aquilo que não faz isso é algo que está... que está simplesmente morto".[52]

Falando sobre o cânone ocidental, Harold Bloom escreveu que "o desejo de escrever grandiosamente é o de estar em outro lugar, em um tempo e espaço próprios, em uma originalidade que deve se combinar com a herança, com a angústia da influência".[53] Isso captura algo essencial sobre Bob Dylan.

Voltemos a "Isis", a ode de Dylan à desabituação. Os primeiros versos falam claramente sobre seguir em frente:

> Eu me casei com Isis no quinto dia de maio
> Mas não consegui mantê-la por muito tempo.
> Então cortei meu cabelo e fui logo embora
> Para o país selvagem e desconhecido onde eu não poderia errar.*

Aqui estão novamente os versos mais românticos que Dylan já escreveu, com a palavra final da estrofe lembrando o fim de *Ulisses*, de Joyce (mas agora ditos por um homem, e não por Molly Bloom):

> Ela disse: "Onde você esteve?"
> Eu disse: "Em nenhum lugar especial"
> Ela disse: "Você está diferente."
> Eu disse: "Bem, talvez"
> Ela disse: "Você esteve fora."
> Eu disse: "Isso é natural"

---

* I married Isis on the fifth day of May/But I could not hold on to her very long./ So I cut off my hair and I rode straight away/For the wild unknown country where I could not go wrong.

Ela disse: "Você vai ficar?"
Eu disse: "Se você quiser, sim"

E então o final da canção, a chave para tudo o que veio antes:

Ainda posso me lembrar do jeito que você sorriu
No quinto dia de maio na chuva fina.*

* I still can remember the way that you smiled/On the fifth day of May in the drizzlin' rain.

Capítulo 9

O maior desafio de Houdini

Qual foi o maior embate da história dos Estados Unidos? No boxe, você poderia apontar Muhammad Ali contra Joe Frazier, ou talvez Jack Dempsey contra Gene Tunney. No xadrez, seria Bobby Fischer contra Boris Spassky. Na política, poderia ser John F. Kennedy contra Richard Nixon ou, quem sabe, Abraham Lincoln contra Stephen Douglas. Mas, em termos de puro drama humano, há fortes alegações de que todos esses foram superados pela acirrada batalha, tanto pessoal quanto intelectual, entre Harry Houdini, o grande desmascarador de autoproclamados médiuns, e Mina Crandon, a mais intrigante médium do século XX. Ambos eram incrivelmente famosos – Houdini porque, bem, era Houdini, e Crandon porque alegava possuir poderes sobrenaturais. Destacada com frequência nos principais jornais do país, Crandon foi o caso mais difícil de Houdini e sua maior adversária. Aliás, é possível que os dois estivessem apaixonados um pelo outro.

Nos anos 1920, alguns dos maiores pensadores do mundo estavam convencidos de que era possível falar com os mortos. Sir Arthur Conan Doyle criou Sherlock Holmes, o detetive icônico que sempre conseguia enxergar por trás de farsas e artifícios. Porém, depois de perder um filho na Primeira Guerra, Doyle também era um "espírita convicto", que considerava a morte "uma coisa um tanto desnecessária".[1] Em seu popular livro de 1918, *A nova revelação*, argumentou vigorosamente a favor do espiritismo. Sua dedicatória: "Para todos os homens e mulheres corajosos, humildes ou eruditos, que tiveram a coragem moral durante setenta anos de enfrentar o escárnio ou as desvantagens mundanas para testemunhar uma verdade de suma importância".[2] De 1919 a 1930, Doyle escreveu mais quinze livros sobre o mesmo tema.[3]

Um dos aliados de Doyle foi o eminente físico britânico Sir Oliver Lodge, que realizou trabalhos importantes sobre descarga elétrica, raios X e sinais de rádio.[4] Lodge alegava que estava em contato com Raymond, seu filho falecido, e escreveu um livro sobre a comunicação entre eles e a ciência por trás dela.[5] Como presidente da Sociedade Britânica de Pesquisas Psíquicas (originalmente liderada por Henry Sidgwick, de Cambridge, provavelmente o maior filósofo de sua época), Lodge buscou fazer um estudo sério do assunto.[6] Charles Richet, professor do Collège de France e vencedor do Prêmio Nobel de Fisiologia, cunhou o termo "ectoplasma" para a matéria a partir da qual as aparições fantasmagóricas se formavam.[7] Thomas Edison não era espírita, mas anunciou sua intenção de trabalhar em um mecanismo para se comunicar com pessoas que haviam partido para o outro lado.[8]

O cético mais influente da época? Harry Houdini. Nascido Ehrich Weiss, Houdini ficou famoso como artista de fuga, mas começou sua carreira como mágico e médium.[9] Para ganhar a vida em tempos difíceis, ele atuou como "o celebrado Clarividente Psicométrico", alegando ter o poder de se comunicar com "o outro lado".[10] Embora fosse um médium bastante convincente, descobriu que tinha um talento único, quase um tipo de genialidade: escapar do que parecia ser inescapável. Como escreve David Jaher:

> Trancaram-no em um temido furgão prisional da Sibéria, engarrafaram-no em um latão de leite, enterraram-no em um bloco de gelo na Holanda. Algemaram-no a um moinho de vento, ao chassi de um automóvel, ao cano de um canhão carregado. Puseram-no em um saco de correspondência dos correios dos Estados Unidos com cadeado, amarraram-no à viga do vigésimo andar de um arranha-céu em construção, selaram-no em um enorme envelope e o alojaram em uma caixa bem pregada que foi jogada no Porto de Nova York. Ele emergia triunfante e sorridente.[11]

O talento de Houdini tinha muito a ver com suas extraordinárias habilidades físicas. Ele era forte como um touro e treinou para usar os dedos dos pés da mesma forma que a maioria das pessoas usa os das mãos.[12] Mas também descobriu que possuía uma capacidade quase sherlockiana de se engajar em trabalhos de detetive. Preso em uma armadilha, tinha a habilidade de visualizar, quase instantaneamente, os múltiplos passos necessários para encontrar a saída.

À medida que a fama de Houdini crescia, ele mantinha um interesse cético, mas aguçado, pela comunicação com os espíritos, intensificado pela devastação causada pela morte de sua adorada mãe (o grande amor de sua vida).[13] Ele e Doyle eram bons amigos e tiveram muitas discussões sobre o assunto, com Houdini admitindo seu desejo de ser convencido de que Doyle estava certo. No entanto, todos que encontrava eram fraudes, e ele se tornou o maior especialista mundial em desmascarar truques, desvendando alguns dos casos mais desafiadores. O próprio Thomas Edison, por exemplo, acreditava que um famoso "mentalista", chamado Bert Reiss, era de fato clarividente. Houdini demonstrou facilmente que se tratava de um impostor.[14] Devido ao evidente drama do confronto entre Houdini e os chamados mentalistas (leia-se: vigaristas habilidosos), o público ficou fascinado.

Na década de 1920, assim como hoje, a revista *Scientific American* era uma publicação altamente respeitada, dedicada à disseminação de descobertas científicas. Em 1922, Doyle desafiou a revista e seu editor-chefe, Orson Munn, a realizar uma investigação séria sobre fenômenos sensitivos.[15] James Malcolm Bird, editor da revista (e anteriormente professor de matemática na Universidade Columbia), ficou intrigado.[16] Em novembro, a revista lançou um concurso amplamente divulgado, oferecendo um prêmio de US$ 5 mil a quem conseguisse apresentar provas conclusivas de "manifestações físicas", como fazer objetos voarem pela sala. A revista anunciou, com sobriedade, que até aquele momento era "incapaz de chegar a uma conclusão definitiva sobre a validade das alegações sobrenaturais".[17] O concurso estava fadado a se tornar uma sensação pública, tanto pela influência da *Scientific American,* quanto pela natureza intrigante do assunto. Será que algumas pessoas eram de fato médiuns?

Figura 9.1: Harry Houdini

Fonte: Campbell-Gray, Ltd., Harry Handcuff Houdini, 1913.

Cinco juízes foram escolhidos. O mais eminente era William McDougall, chefe do Departamento de Psicologia de Harvard e presidente da Sociedade Americana de Pesquisa Paranormal.[18] (William James fora seu antecessor em ambos os cargos.) Daniel Frost Comstock, um físico e engenheiro respeitado, lecionara no Instituto de Tecnologia de Massachusetts (MIT).[19] Doutor pela Universidade Yale, Walter Franklin Prince explorara vários eventos supostamente sobrenaturais, sempre conseguindo oferecer explicações naturais.[20] Hereward Carrington, autor prolífico e ex-mágico, especializou-se em expor farsantes.[21] Para completar o comitê, a revista acrescentou Houdini, autor de um livro em vias de publicação sobre o desmascaramento de médiuns.[22] O concurso capturou a imaginação do público. O jornal *New York Times* o chamou de "teste ácido do espiritismo".[23]

Todos os candidatos iniciais foram desmascarados pelo comitê. Nesse meio-tempo, uma mulher chamada Mina Crandon atraía atenção em Boston.[24] Seu marido, rico, bonito e bem mais velho, era um proeminente ginecologista formado em Harvard, já casado duas vezes antes.[25] No início da década de 1920, o Dr. Crandon assistiu a uma das palestras de Sir Oliver Lodge sobre espiritismo e os dois conversaram longamente naquela noite. Crandon ficou intrigado: "Eu não conseguia entender. Não se encaixava em nenhum padrão que eu conhecia sobre cientistas".[26] Ele ficou obcecado. Segundo um amigo, "aderiu ao movimento de pesquisa psíquica como um judeu ao marxismo".[27] (Uma formulação interessante.)

Sua esposa era espirituosa, calorosa, travessa, divertida e linda. Um amigo, falando por muitos, descreveu-a como uma "garota muito, muito bonita" e "provavelmente a mulher mais absolutamente encantadora que já conheci".[28] A Sra. Crandon desprezava o interesse do marido pelo espiritismo, brincando que, como ginecologista, "naturalmente, ele estava interessado em explorar o submundo".[29] No entanto, achou que "uma sessão espírita parecia ser muito divertida" e, por isso, decidiu, de brincadeira, participar de uma. [30] O médium, um pastor local, afirmou ter contatado o espírito do irmão de Mina, Walter, que morrera em um trágico acidente aos 28 anos.[31] O pastor também disse que "ela possuía poderes raros e que logo todos saberiam disso".[32]

Pouco tempo depois, os Crandon organizaram uma festa incomum em sua casa na Lime Street, em Boston. O objetivo da festa? Encontrar um fantasma. A Sra. Crandon achou tudo isso absurdo: "Eles estavam todos tão solenes que não pude deixar de rir".[33] No entanto, quando os participantes deram as mãos formando um círculo sobre a mesa, o objeto começou a vibrar, até eventualmente tombar no chão.[34] Para descobrir qual membro do círculo era um médium, cada um se revezou saindo da sala. Quando a Sra. Crandon saiu, as vibrações cessaram. Seus amigos aplaudiram quando ela retornou.[35]

Com o mesmo grupo e algumas outras pessoas, os Crandon continuaram seus experimentos. Todos os presentes testemunharam alguns eventos notáveis, incluindo ruídos de batidas e movimentos da mesa.[36] Seis dias depois, a Sra. Crandon pareceu possuída pelo espírito de seu irmão, falando em uma voz gutural que não podia ser reconhecida sua, de modo engraçado e extremamente animado (além de irresistivelmente vulgar e profano).[37]

Sua fama começou a se espalhar em Boston. Com isso, membros da comunidade de Harvard tentaram desmascará-la. Um conhecido do Dr. Crandon, um psicólogo chamado Dr. Roback, suspeitava de "farsa espiritual", mas não conseguiu encontrar uma explicação para o que observou.[38] Ele convidou McDougall para ajudá-lo a solucionar o mistério. Participando das sessões de Mina, ambos os psicólogos ficaram perplexos. Outro visitante da época afirmou que "esteve presente muitas vezes quando a voz de Walter era tão clara quanto a de qualquer pessoa no círculo" e também "próxima ao meu ouvido, sussurrando algum comentário muito pessoal sobre mim ou minha família".[39]

Figura 9.2: Mina Crandon/Margery

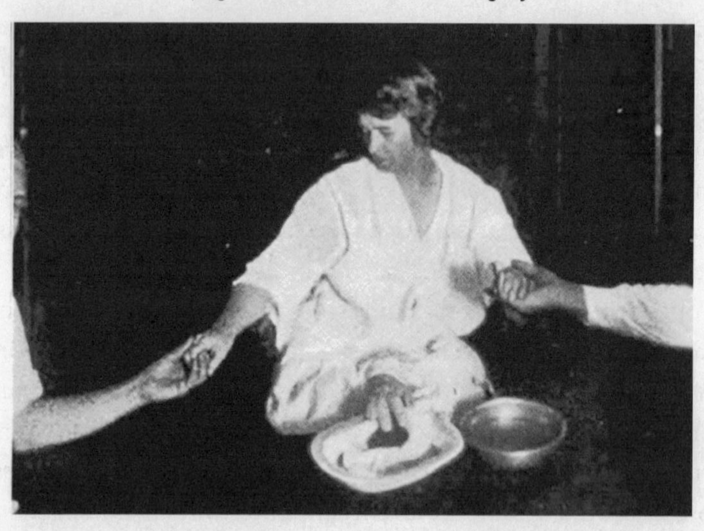

Fonte: Stanley De Brath, A mão materializada de Mina Crandon, 1930.

Em dezembro, Crandon e a esposa viajaram para Paris e Londres para demonstrar as habilidades dela. Foi um sucesso. Em Londres, ela se apresentou diante de vários investigadores, aparentemente fazendo uma mesa se levantar e flutuar.[40] Os Crandon tornaram-se amigos de Conan Doyle, que atestou a veracidade e a extensão dos poderes de Mina. Lodge dizia a colegas que, ao visitarem os Estados Unidos, havia apenas duas coisas que deveriam ver: as Cataratas do Niágara e a Sra. Crandon.[41]

Intrigado pela publicidade, Bird decidiu visitar os Crandon em Boston. Foi imediatamente surpreendido pela aparente sinceridade de Mina, sua elegância e seu senso de humor aguçado, que descreveu como "mordaz".[42] Parece justo dizer que ficou encantado com ela. Bird também ficou impressionado com o que viu nas sessões, incluindo clarões, batidas, assobios e brisas frias.[43] Ele contou a Orson Munn que "uma guerra havia ocorrido entre os Crandon e os cientistas de Harvard". Munn perguntou: "Quem venceu?". "A médium venceu", respondeu Bird. Ele a convidou para participar do concurso da revista.[44]

Aceitando o desafio, ela se apresentou repetidamente diante de Bird e vários membros do comitê, movendo objetos, produzindo sons em diferentes locais e canalizando Walter. No primeiro semestre de 1924, Bird visitou a casa da Lime Street quase sessenta vezes.[45] Ele estava convencido de que as habilidades da Sra. Crandon eram genuínas. Comstock, que participou de 56 sessões, não conseguiu encontrar nada suspeito.[46] McDougall tentou durante meses descobrir fraudes e a acusou repetidamente de enganação, mas não conseguiu encontrar evidências de truques, e "ela respondia à incredulidade dele com sagacidade".[47] Carrington inicialmente achou os relatos difíceis de acreditar, mas, após mais de quarenta visitas, não conseguiu explicar o que tinha visto.[48]

Parecia que McDougall, Comstock e Carrington endossariam a Sra. Crandon. Embora cético por natureza, Prince também parecia impressionado.[49] Na edição de julho de 1924 da *Scientific American*, Bird escreveu sobre ela, preservando sua identidade sob o nome "Margery". Ele afirmou que "a probabilidade inicial de autenticidade [é] muito maior do que em qualquer caso anterior tratado pelo Comitê".[50] O artigo de Bird gerou ampla discussão. O tema era irresistível. Uma manchete do *New York Times* dizia: "Margery passa em todos os testes mediúnicos".[51] O *Boston Herald* exclamou: "Quatro dos cinco homens escolhidos para conceder o prêmio estão certos de que ela é cem por cento genuína".[52]

Ao ler tudo isso, Houdini, que não tinha tido a oportunidade de ver a famosa Margery em ação, explodiu. Viajou de imediato para Nova York e perguntou a Bird se ela receberia o prêmio. Bird respondeu: "Com toda certeza".[53] Houdini insistiu que seria injusto conceder o prêmio a ela sem que ele tivesse a chance de investigá-la. Bird concordou, mas o Dr. Crandon não ficou feliz. Em uma carta a Conan Doyle antes do encontro, Crandon escreveu: "Meu grande pesar é que este judeu mesquinho tenha algum direito sobre a palavra 'americano'"; ele descreveu o encontro que estava por vir como uma "guerra até o fim".[54]

A reação da Sra. Crandon foi muito mais positiva. Houdini era uma estrela desde que ela era criança, e estava orgulhosa de recebê-lo. Ela o considerou cortês, curioso, respeitável, até mesmo cativante. Na noite em que ele chegou, ela apresentou um de seus números habituais, aparentemente impressionando a todos com um armário que se movia sozinho, uma vitrola que parava lentamente e voltava a funcionar e uma caixa de sinetas que parecia tocar por conta própria.[55] Durante o trajeto de volta ao hotel, enquanto Bird levava Munn e Houdini, Munn perguntou a Houdini o que ele achava. Ele respondeu sem hesitação: "Tudo fraude, cada detalhe".[56]

Apesar desse julgamento, Houdini e a Sra. Crandon mantiveram um excelente relacionamento. Ele parecia encantado por ela e, naquela noite, anotou em seu diário um comentário sobre sua beleza. No dia seguinte, alguém tirou uma fotografia, que a Sra. Crandon pediu a Houdini que mantivesse privada, na qual Houdini, geralmente formal com mulheres, aparece inclinado muito próximo a ela. Ele "segura sua mão e sorri afetuosamente para ela, enquanto ela se volta para ele como se esperasse um beijo".[57] Após a visita, eles mantiveram uma correspondência calorosa. "Fico feliz em poder dizer que conheço 'O Grande Houdini'", escreveu ela.[58]

Observando-a atentamente em várias ocasiões, Houdini começou a desvendar exatamente como produzia seus efeitos. Com evidente admiração, ele relatou que a Sra. Crandon executara "o truque mais 'elegante' que já detectei, e isso converteu todos os céticos".[59] Ele acrescentou: "Foram necessários meus trinta anos de experiência para identificar seus diversos movimentos".[60]

Em novembro, Houdini escreveu um extenso folhetim, rematado com desenhos das sessões, especificando exatamente como a Sra. Crandon conseguia, no escuro, manobrar os pés, braços, ombros e a cabeça para produzir os diversos efeitos. "Como ela é excepcionalmente forte e tem um corpo atlético", escreveu ele, "ela pode pressionar os pulsos com tanta força contra os braços da cadeira que consegue mover o corpo e balançá-lo à vontade."[61] Ele concluiu que a Sra. Crandon é "uma mulher astuta, engenhosa ao extremo".[62]

Os inúmeros defensores da Sra. Crandon não se convenceram e retrataram Houdini como uma mente irremediavelmente fechada a novas ideias, ele próprio um trapaceiro. Conan Doyle denunciou Houdini como preconceituoso e desonesto, o que acabou destruindo a amizade dos dois. A *Scientific American* emitiu o veredicto oficial em 12 de fevereiro de 1925: Houdini estava correto. Prince e McDougall resumiram o consenso com as seguintes palavras: "Não observamos fenômenos que possamos afirmar que não poderiam ter sido produzidos por meios naturais".[63] O único dissidente, Carrington, declarou que estava "convencido de que fenômenos genuínos ocorreram aqui".[64]

Para Margery, no entanto, aquilo estava longe de ser o fim. Bird prontamente saiu em sua defesa, descrevendo Houdini como um mentiroso e ignorante.[65] Ela continuou a realizar sessões espíritas, brincando que, 150 anos antes, teria sido executada como bruxa, mas "agora eles enviam comitês de professores de Harvard para me estudar. Isso representa algum progresso, não é mesmo?".[66] Nem Houdini foi capaz de explicar algumas de suas novas façanhas, admitindo: "A senhora é sutil".[67] A revista *Life* afirmou que ela era "quase tão difícil de enterrar quanto a Liga das Nações".[68]

Mas com o passar dos meses e anos, sua atuação parecia cada vez menos crível. Um novo grupo de pesquisadores de Harvard realizou uma investigação de seis meses e encontrou fortes evidências de trapaça.[69] Em 1930, o sempre leal Bird, que trabalhou para desacreditar o estudo de Harvard, confessou que, para enganar Houdini, Margery solicitara sua ajuda na produção de alguns de seus efeitos. Apesar de continuar acreditando que ela era genuína, Bird reconheceu que, ao se ver "em uma situação em que pensava que teria de escolher entre a fraude e uma sessão sem aparições, [a Sra. Crandon] escolhia a fraude".[70] O mais condenatório foi a exposição de um de seus efeitos mais bizarros, no qual "Walter" parecia fazer sua própria impressão digital aparecer na cera. A impressão revelou-se idêntica à do dentista da Sra. Crandon.[71]

Acontece que muitas coisas estavam acontecendo na casa da Lime Street, número 10, em meados da década de 1920. No final da vida, a Sra. Crandon falou com carinho de seu caso com Carrington, seu único defensor no comitê.[72] (Talvez ele realmente apreciasse afirmar que "fenômenos genuínos ocorreram aqui.") Bird também alegou ter tido um romance com ela, embora isso talvez fosse fruto de sua imaginação: ela o descreveu como "repugnante".[73] Tanto McDougall quanto Prince relataram que ela tentou seduzi-los.[74]

Houdini disse algo semelhante, acrescentando: "Quando entrei na sala de sessão e vi aquela bela loira, suas tolices não significaram nada para mim. Eu não caio no conto do vigário".[75] Porém, ao longo do tempo, ela sempre falou bem dele: "Respeito Houdini mais do que qualquer outro. Ele sempre teve os pés no chão".[76] Ela também expressou genuína tristeza por sua morte, destacando sua virilidade, determinação e coragem.

Em certo nível de abstração, a fama da Sra. Crandon não é muito difícil de explicar. Na época, pensadores respeitados estavam intrigados com a ideia de fenômenos sobrenaturais e contato com os mortos. Parte disso era uma genuína incerteza, parte era fruto de uma ilusão esperançosa. A Sra. Crandon era extremamente astuta e conseguia enganar pessoas treinadas para detectar fraudes. Sua beleza e charme também contribuíram. Nessas circunstâncias, não é surpreendente que tenha surgido uma cascata de informação em seu favor. Além disso, a pequena equipe encarregada de avaliar sua veracidade parecia ter sido vítima de polarização de grupo – até Houdini entrar em cena e arruinar tudo.

Um mistério psicológico permanece: o que levou a Sra. Crandon a fazer o que fez? Aqui está um palpite. Em 1923, seu casamento enfrentava dificuldades. Dr. Crandon era depressivo, extremamente dedicado ao trabalho e obcecado por espiritualismo. Brincalhona, engenhosa e competitiva, sua esposa inicialmente se dispôs a se divertir com o tema. Mas, conforme descobriu, tinha um talento excepcional, uma habilidade natural para o ilusionismo, e seu talento atuava precisamente no domínio que mais interessava ao marido. À medida que ganhava notoriedade, as coisas começaram a sair do controle. O que começou como uma brincadeira entre amigos transformou-se em notícia internacional. Quando isso aconteceu, ela recrutou o marido, Carrington, Bird e, sem dúvida, outros como cúmplices. Importante destacar que seu papel como Margery também criou uma espécie de cola conjugal. Ela ficou presa nesse papel.

Por que tantas pessoas acreditavam que Margery não era uma farsa? Elas eram irracionais? Na verdade, não. Já vimos que muitas pessoas acreditavam na possibilidade de contato com os mortos. Elas *queriam* acreditar nisso. É verdade que muitas eram céticas, mas pensar que Margery poderia ter poderes sobrenaturais era fascinante. E qual a probabilidade de uma jovem dona de casa, sem motivos financeiros aparentes, ter o desejo e as habilidades para fazer o que a Sra. Crandon fazia? Mover móveis, produzir barulhos de batidas, tocar sinos e emitir uma voz aparentemente masculina, totalmente diferente da sua? Por mais improvável que pudesse parecer o contato com o "outro lado", a complexidade, a sofisticação e a evidente credibilidade da suposta fraude poderiam parecer ainda menos prováveis.

Esse pequeno relato, em grande parte perdido na história, pode ser facilmente descartado como mera curiosidade, um reflexo de tempos em que cidadãos altamente instruídos de um Estados Unidos pouco reconhecível, recém-ingressado na modernidade, estavam dispostos a acreditar em coisas absurdas. No entanto, qualquer despojamento desse tipo seria um erro. Em todo o mundo, as pessoas continuam a acreditar em magia, milagres, médiuns e espíritos, e muitas são altamente instruídas. Há quem desconfie da ciência ou do consenso científico, preferindo confiar no que veem e nas pessoas em quem acreditam. Eles pensam o que preferem pensar. Gostam de ver mágica. São cativados por suas próprias Margerys, que podem ter um talento extraordinário: a habilidade definidora de um mágico, que é dirigir a atenção do público exatamente para onde querem. (Muitos dos melhores políticos têm essa mesma capacidade.) Isso pode resultar em cascatas, efeitos de rede, polarização de grupos e, claro, fama.

Considere um pequeno relato de Henry McComas, psicólogo de Princeton e um dos investigadores de Margery, que descreveu suas proezas sobrenaturais a Houdini com grande admiração, insistindo que testemunhara cada uma delas com seus próprios olhos. McComas declarou que, para o resto da vida, nunca esqueceria o desprezo com que Houdini recebeu suas palavras: "Você diz que *viu*. Mas você não viu nada. O que vê agora?".[77] Nesse momento, Houdini bateu uma moeda entre a palma das mãos, fazendo-a desaparecer instantaneamente.

Sua grande adversária nunca confessou. Em seus últimos dias, um pesquisador sugeriu a uma debilitada Margery, viúva havia dois anos, que morreria mais feliz se finalmente confessasse e revelasse ao mundo seus métodos. Para sua surpresa, o antigo brilho de diversão retornou aos olhos dela. Rindo baixinho, respondeu: "Por que você não tenta adivinhar?".[78]

Capítulo 10

O culto a Ayn Rand

Quando adolescente, me apaixonei por Ayn Rand. Mais precisamente, me apaixonei por seus romances. Ao ler *A nascente,* aos 14 anos, fiquei impressionado com a intensidade apaixonada dos personagens heroicos de Rand. Quem poderia esquecer o indomável Howard Roark? "Sua face era como uma lei da natureza – algo que não se podia questionar, alterar ou implorar. Tinha maçãs do rosto salientes sobre bochechas encovadas e magras; olhos cinzentos, frios e firmes; uma boca desdenhosa, bem fechada, como a de um carrasco ou de um santo."[1] Roark era definido por sua feroz independência: "Não reconheço o direito de ninguém a um minuto de minha vida. Nem a qualquer parte de minha energia. Nem a qualquer realização minha. Não importa quem faça a reivindicação, quantos sejam ou quão grande seja sua necessidade".[2]

Como inúmeros adolescentes, eu queria ser como Roark. E achava a heroína de Rand, Dominique Francon, irresistível. Não era apenas impossivelmente bela, mas brilhante, elegante, imperiosa e cruel. "Ela parecia um desenho estilizado de uma mulher e fazia as proporções corretas de um ser normal parecerem pesadas e desajeitadas ao seu lado."[3]

Nos contos operísticos de Rand, o mundo é dividido em dois tipos de pessoas: criadores e parasitas. O criador é "autossuficiente, automotivado, autogerado".[4] Sua única necessidade é a independência. Ele vive para si mesmo. Em contraste, a vida do parasita é de "segunda mão", e ele depende de outras pessoas.[5] O parasita "prega o altruísmo" – algo degradante – e "exige que o homem viva para os outros".[6]

Inicialmente, as narrativas de Rand me encantaram: parasitas traiçoeiros tentavam a todo custo domesticar ou enfraquecer os criadores, que, no fim, encontravam um modo de vencer, traçando seus próprios caminhos. Rand parecia revelar segredos, oferecer um passe de entrada exclusivo. Ela virava o mundo de cabeça para baixo. No entanto, após algumas semanas de empolgação, seus livros começaram a me causar repulsa.

Com um desdém pela maior parte da humanidade, implacável com as fraquezas humanas e constantemente martelando sobre os males morais da redistribuição, as obras de Rand geravam uma sensação sufocante. Faltavam humor e leveza. Não que eu tenha identificado uma falha lógica em seus argumentos e, por isso, decidido abraçar o altruísmo ou passado a gostar do New Deal e do estado de bem-estar social. Foi mais visceral do que isso. Ler e refletir sobre seus romances era como estar preso em um elevador com alguém que falava alto demais e repetia a mesma coisa sem se calar.

Décadas depois, um mistério ainda me intriga. Embora Rand não apresente sequer um argumento interessante, seus romances continuam a reverberar. Muito tempo após sua morte, permanece amplamente conhecida. Seus livros venderam dezenas de milhões de cópias. Rand muda normas. Ela transforma a percepção das pessoas sobre o que é normal e, nesse processo, muda vidas. Ela toca diretamente em uma parte essencial da alma humana. Como isso acontece?

Donald Trump, grande admirador de Ayn Rand, afirmou identificar-se com Howard Roark. Segundo ele, *A nascente* "tem a ver com os negócios, a beleza, a vida e as emoções interiores. Esse livro tem a ver com... tudo".[7] Se quisermos compreender o desprezo generalizado pelos "perdedores", talvez devêssemos focar em Rand, cujo "semblante sombrio", como escreve a crítica cultural Lisa Duggan, "preside o espírito do nosso tempo".[8] Rand "tornou o capitalismo aquisitivo uma coisa sexy. Ela lançou milhares de libidos adolescentes no mundo da política reacionária em uma onda de excitação vibrante".[9]

Desde sua publicação, em 1943, *A nascente* vendeu mais de 9 milhões de exemplares em todo o mundo.[10] *A revolta de Atlas*, geralmente considerado o livro mais influente de Rand, teve ainda mais sucesso, com vendas superiores a 10 milhões.[11] Ela é muito popular entre pessoas bem-sucedidas no mundo dos negócios. Steve Jobs, Peter Thiel e Jeff Bezos já se declararam fãs.[12] Políticos proeminentes também expressam admiração por sua obra. O ex-secretário de Estado

Mike Pompeo disse que *A revolta de Atlas* "teve um impacto real sobre mim".[13] Paul Ryan, ex-presidente da Câmara dos Deputados, declarou certa vez: "A razão pela qual me envolvi no serviço público, em grande parte, se tivesse que creditar a um pensador, uma pessoa, seria Ayn Rand".[14] Como coloca sua biógrafa Jennifer Burns, "Por mais de meio século, Rand tem sido a porta de entrada definitiva para a vida na direita.[15] Muitos veem seus livros como uma espécie de escritura".[16] A política americana e o Partido Republicano contemporâneo devem muito a Ayn Rand.

Como isso aconteceu?

Ela nasceu como Alissa Zinovievna Rosenbaum, em 1905, na cidade russa de São Petersburgo, em uma próspera família judia.[17] Aos 13 anos, declarou-se ateia.[18] (Como afirmou mais tarde, rejeitou a ideia de que Deus era "a maior entidade do universo. Isso tornava o homem inferior, e eu ressentia a ideia de que o homem fosse inferior a qualquer coisa".[19]) Em 1917, a Revolução Bolchevique atingiu duramente sua família. A farmácia de seu pai foi confiscada e nacionalizada.[20] O ódio de Rand pelos bolcheviques ajudou a moldar seu pensamento sobre capitalismo e redistribuição. "Eu tinha 12 anos quando ouvi o slogan de que o homem deve viver para o Estado", escreveu ela mais tarde, "e pensei, naquele momento, que essa ideia era maligna e a raiz de todos os outros males que víamos ao nosso redor. Eu já era uma individualista."[21]

O governo bolchevique também moldou o curso futuro de sua vida ao expô-la ao cinema. Os bolcheviques deram grande apoio à indústria cinematográfica, e Rand ficou fascinada pelo potencial do cinema e pelo que pôde ver dos filmes de Hollywood.[22] Em 1924, matriculou-se em um instituto estatal para aprender a escrever roteiros e decidiu ir para os Estados Unidos na esperança de se tornar roteirista e romancista.[23] Solicitou e obteve um passaporte. Também conseguiu um visto americano, dizendo falsamente a um funcionário consular dos Estados Unidos que estava noiva de um homem russo e que, sem dúvida, retornaria. Em 1926, deixou a Rússia Soviética. Nunca mais viria seus pais.[24]

Pouco tempo depois de chegar a Nova York, mudou seu nome para Ayn Rand.[25] Como ela escolheu esse nome específico? Há muita especulação, mas nenhuma resposta definitiva. Traços de Bob Dylan!

Observe também que talvez Alissa Zinovievna Rosenbaum não tivesse se tornado uma escritora famosa nos Estados Unidos.

Logo ela se mudou para Hollywood e rapidamente conseguiu conhecer seu diretor favorito, Cecil B. DeMille (não está claro como); ele a contratou como roteirista júnior.[26] Ela também conheceu Frank O'Connor, um ator de uma beleza desoladora, elegante, pouco intelectual e, na maior parte do tempo, sem sucesso, sobre quem disse: "Olhei para ele e, sabe como é, Frank tem o tipo físico de todos os meus heróis. Eu me apaixonei instantaneamente".[27] Leitor, ela o *perseguiu*. Rand e O'Connor se casaram em 1929. Moravam na Califórnia, e ela continuou a trabalhar como roteirista. Desde o início, ela foi a principal provedora da família.[28]

A carreira literária de Rand ganhou algum impulso nos anos 1930, quando publicou seus dois primeiros romances, *Nós que vivemos* e *Cântico*.[29] (Os entusiastas de Rand consideram ambos clássicos.) Descontente com as políticas do presidente Franklin Delano Roosevelt e com o que via como tendências coletivistas na vida americana, ela lia avidamente os detratores de FDR, como Albert Jay Nock e H. L. Mencken, que se autodenominavam "libertários" (entendidos como defensores entusiásticos dos mercados livres e céticos em relação ao poder estatal, movimento que, por fim, deu origem a uma corrente intelectual que influenciou significativamente a política americana).[30] Ela começou a escrever em defesa do capitalismo. Em 1941, produziu uma declaração de princípios, "The Individualist Manifesto" [O manifesto individualista], que pretendia ser uma alternativa ao *Manifesto comunista*.[31] Os princípios ecoaram em seu trabalho pelo resto da vida. Um exemplo:

> O direito à liberdade significa o direito do homem à ação individual, à escolha individual, à iniciativa individual e à propriedade individual. Sem o direito à propriedade privada, nenhuma ação independente é possível.
>
> O direito à busca da felicidade significa o direito do homem de viver para si mesmo, de escolher o que constitui sua própria felicidade pessoal e privada e de trabalhar para alcançá-la. Cada indivíduo é o único e último juiz dessa escolha. A felicidade de

um homem não pode ser prescrita por outro homem ou por qualquer número de outros homens.[32]

Escrito sob a influência do manifesto e principalmente em um surto de criatividade que durou um ano, *A nascente* foi publicado em 1943.[33] Tornou-se uma sensação, principalmente por meio do boca a boca: uma cascata de informações extremamente rápida. Leitores descreveram suas reações com palavras como "despertar" e "revelação".[34] A "Nascentemania" era como uma religião (e, assim veremos, acabou se transformando em algo muito semelhante). Rand tornou-se uma celebridade quase da noite para o dia.

As pessoas queriam conhecê-la. Em especial, os homens queriam conhecê-la. Não está claro se seu relacionamento com algum desses homens se tornou sexual, mas houve flertes sérios e, aparentemente, sentimentos românticos.[35] A carreira de ator de seu marido ia mal, e ele era financeiramente dependente da esposa; de muitas maneiras, o casamento deles representava uma inversão dos papéis tradicionais de gênero. Rand não vivia a adoração ao homem descrita em seus romances.

Após a Segunda Guerra Mundial, Rand tornou-se uma combatente anticomunista da Guerra Fria, testemunhando perante o Comitê de Atividades Antiamericanas da Câmara sobre a infiltração comunista na indústria cinematográfica e em filmes populares.[36] Em 1944, começou a escrever *A revolta de Atlas*; levou treze anos para terminar.[37] Nesse período, Rand se afastou do debate político e passou a focar em um pequeno círculo social, uma espécie de máquina de polarização de grupo criada para ela por seu seguidor mais fiel, Nathan Blumenthal.[38] Ele era um canadense charmoso e vibrante, que a idolatrava havia muito tempo (e trabalhava meio período como psicólogo usando os princípios de Rand).[39] Vinte e cinco anos mais jovem que Rand, ele lera e relera *A nascente* aos 14 anos, memorizando passagens inteiras.[40] No Ensino Médio e depois como estudante da Universidade da Califórnia em Los Angeles, ele escreveu cartas para Rand.[41] Após ignorá-las inicialmente, em 1950 ela convidou o jovem de 19 anos para uma visita.[42]

Quando Rand e Blumenthal se encontraram pela primeira vez, pelo menos segundo o relato dele, voaram faíscas. "Senti como se a realidade comum tivesse ficado para trás, em algum lugar", ele escreveu mais tarde, "e eu estivesse entrando na dimensão do meu desejo mais apaixonado."[43] Eles conversaram sobre filosofia das oito horas daquela noite até as 5h30 da manhã seguinte, enquanto Frank permanecia sentado em silêncio. Blumenthal descreve-se como "intoxicado", "duas almas... eletrizadas pelo reconhecimento mútuo". [44]

Poucas horas após o encontro, ainda de manhã cedo, ele foi ao apartamento de Barbara Weidman, sua namorada, também entusiasta de Rand. Estava extasiado. "Ela é fascinante", disse a Weidman. "Ela é a Senhora Lógica."[45] Uma semana depois, Blumenthal voltou à casa de Rand, dessa vez com Weidman, que relatou que Rand "não era uma mulher atraente da forma convencional, mas na notável combinação de perspicácia e sensualidade, de inteligência e intensidade apaixonada que projetava".[46]

Logo Blumenthal e Rand estavam conversando quase todas as noites, às vezes por horas. Os dois casais – Ayn e Frank, Nathan e Barbara – tornaram-se próximos, até mesmo íntimos.[47] Em 1951, Nathan e Barbara mudaram-se para Nova York para estudar na NYU.[48] Ayn e Frank se juntaram a eles alguns meses depois.[49]

Esses foram os membros fundadores do movimento filosófico de Rand, que ela chamou de Objetivismo. Esse movimento, que continua a existir, foi fundamental para a fama duradoura de Rand. As coisas definitivamente ficaram estranhas e começaram a adquirir aspectos de um culto de personalidade. Nathan Blumenthal, com o endosso de Rand, decidiu mudar seu nome para Nathaniel Branden, exclamando: "Por que deveríamos ficar presos à escolha de nome de outra pessoa?".[50] Em janeiro de 1953, ele se casou com Barbara Weidman, tendo Rand como madrinha e Frank como padrinho.[51] Barbara também adotou o sobrenome inventado.

Em setembro de 1954, Rand e Nathaniel declararam a seus cônjuges que haviam se apaixonado um pelo outro, e Rand, a autoproclamada apóstola da razão, informou calmamente a Barbara e Frank que era racional que eles próprios se apaixonassem. Como Rand explicou: "Se Nathaniel e eu somos quem somos, se vemos o que vemos um no outro, se realmente defendemos os valores que professamos, como podemos não estar apaixonados?".[52] Mas prometeu que, apesar de seus sentimentos, o relacionamento entre os dois não seria físico. "Não temos futuro, exceto como amigos", disse ela a Barbara e Frank.[53] Como era de se esperar, mesmo assim, o relacionamento deles acabou se tornando sexual.[54] No entanto, Ayn e Frank permaneceram casados, assim como Barbara e Nathaniel. Durante esse período, Rand trabalhou intensamente em *A revolta de Atlas*; Frank e ambos os Branden leram vários rascunhos.

Com mais de mil páginas, o livro é uma ficção científica distópica em que um governo imaginário dos Estados Unidos impôs um controle regulatório quase completo sobre o setor privado. Sua primeira linha sinaliza um mistério: "Quem é John Galt?". Os criadores divinos da sociedade (inventores, cientistas, pensadores, arquitetos e outros que fazem e criam coisas), liderados por Galt, um herói ao estilo de Roark, decidem entrar em greve. Eles se retiram da sociedade e assistem enquanto parasitas e saqueadores se destroem. Por fim, o governo entra em colapso, e Galt planeja criar uma nova sociedade, baseada em princípios de individualismo. A frase final de *A revolta de Atlas* captura Galt em um momento de maestria: "Levantou a mão e por sobre a terra desolada desenhou no ar um cifrão".

Rand dedicou seu livro a duas pessoas: seu marido e Nathaniel Branden. Sobre Branden, ela escreveu:

> Quando escrevi *A nascente*, eu me dirigia a um leitor ideal, uma mente tão racional e independente quanto eu poderia conceber. Encontrei esse leitor por meio de uma carta que ele me escreveu sobre *A nascente* quando tinha 19 anos. Ele é meu herdeiro intelectual. Seu nome é Nathaniel Branden.[55]

Rand previu que *A revolta de Atlas* seria "o livro mais controverso deste século; serei odiada, vilipendiada, caluniada, difamada de todas as formas possíveis".[56] Devido ao sucesso de *A nascente* e ao fato de Rand ser, de certa forma, uma líder de culto em virtude desse sucesso, era inevitável que *A revolta de Atlas* recebesse muita atenção. Esse é um exemplo clássico do Efeito Mateus. A afirmação de que seria "o livro mais controverso deste século" reflete a presunção típica de Rand, mas, ainda assim, havia um fundo de verdade.

As primeiras resenhas corresponderam às expectativas de Rand. A mais severa veio da revista de centro-direita *National Review*, onde Whittaker Chambers, ex-comunista e herói conservador, deplorou seu ateísmo e proclamou: "Em uma vida inteira de leitura, não consigo me lembrar de outro livro em que um tom de arrogância tão predominante seja sustentado de maneira tão implacável [...] Em quase todas as páginas de *A revolta de Atlas*, pode-se ouvir uma voz, vinda de dolorosa necessidade, ordenando: 'Para a câmara de gás – já!'".[57]

O livro se tornou um fenômeno nacional, mas Rand ficou profundamente abalada. Ela desejava reconhecimento não do público comum, mas de intelectuais de destaque, incluindo acadêmicos, e isso ela não obteve. Entrou em profunda depressão, dizendo aos Branden: "John Galt não se sentiria assim".[58] (Isso não foi uma tentativa de fazer piada. Rand não era dada a autodepreciação.) Ela nunca mais escreveu ficção.

Mesmo assim, sua influência continuou a crescer. Nathaniel Branden tornou-se um incansável promotor de sua causa, organizando o Objetivismo em diversas séries de palestras e, em 1961, fundando o Nathaniel Branden Institute (NBI) em homenagem a Rand.[59] O NBI desempenhou um papel crucial na expansão do legado dela e tornou-se um poderoso instrumento de polarização de grupo.

Quatro anos mais tarde, os Branden se separaram como casal, mas continuaram a trabalhar juntos como, nas palavras de Barbara, "companheiros de armas".[60] Eles conseguiram criar algo próximo a um movimento organizado, com 3.500 alunos em cinquenta cidades até 1967.[61] O NBI, assim como o círculo social de Rand, girava em torno do que ela chamava de Coletivo, um pequeno grupo de devotos que incluía Alan Greenspan, que mais tarde se tornaria presidente do Conselho do Banco Central dos Estados Unidos.[62] O grupo era, sem dúvida, uma câmara de eco, dedicada à celebração de Ayn Rand.

Mas havia algo de podre no reino do NBI. Havia segredo: a organização era liderada por Rand e Branden, cujo relacionamento apaixonado e turbulento era conhecido por seus cônjuges, mas escondido de todos os outros. Havia uma ortodoxia rigorosamente imposta. Dentro do Coletivo e do NBI, Rand e Branden não toleravam o menor dissenso. Como Branden escreveu em suas memórias, com uma espécie de humor mordaz, os alunos aprendiam o seguinte:

- Ayn Rand é o maior ser humano que já existiu.
- *A revolta de Atlas* é a maior realização humana na história do mundo.
- Ayn Rand, em virtude de seu gênio filosófico, é a árbitra suprema em qualquer questão relativa ao que é racional, moral ou apropriado para a vida do homem na Terra.[63]

Em 1968, tudo desmoronou. Rand rompeu abruptamente com os Branden, declarando o seguinte em uma carta pública bizarra e desequilibrada: "Por meio desta, retiro meu endosso a eles e a seus futuros trabalhos e atividades. Repudio ambos, total e permanentemente, como porta-vozes meus ou do Objetivismo".[64] Embora tenha mencionado várias impropriedades financeiras e pessoais, não revelou os verdadeiros motivos do rompimento. Ambos os Branden também responderam com cartas públicas.[65]

Nenhum deles revelou a verdade, que era intensamente pessoal. Enquanto trabalhava de perto com Rand e continuava proclamando seu amor por ela, Nathaniel encerrara o relacionamento sexual deles, citando supostos problemas psicológicos (para os quais ela o "aconselhava").[66] Durante todo esse tempo, ele mantinha um caso amoroso secreto com outra mulher. Ele revelou esse relacionamento a Barbara já em 1966; após repetidos pedidos de Rand, perguntando o que, afinal, havia de errado com Nathaniel, Barbara contou a verdade.[67]

Rand ficou arrasada. Branden, disse ela a Barbara, havia lhe tirado "esta terra".[68] Ela mergulhou em uma fúria implacável, que durou o resto da vida. Nunca mais falou com Nathaniel Branden, para quem Barbara resumiu a situação assim: "Ayn quer te ver morto".[69] Entre outras coisas, Rand ordenou a remoção de sua dedicada homenagem a Nathaniel nas edições subsequentes *A revolta de Atlas*.

Apesar de sua devastação emocional, Rand continuou a trabalhar e a escrever. Fez palestras em universidades e deu entrevistas na televisão, onde muitas vezes era envolvente, charmosa e até engraçada. Escreveu longos ensaios para a revista *The Objectivist* e para *The Ayn Rand Letter*.[70]

Na década de 1970, sua saúde se deteriorou. Fumante por toda a vida, recebeu o diagnóstico de câncer de pulmão em 1974.[71]

Cinco anos depois, Frank O'Connor morreu, o que a abalou novamente.[72] A própria Rand morreu em 1982.[73] A essa altura, havia afastado ou rejeitado a maioria de seus amigos.

Rand influenciou profundamente o pensamento político contemporâneo, não tanto por suas ideias, mas porque ofereceu, em *A nascente* e *A revolta de Atlas*, relatos heroicos sobre o capitalismo e os capitalistas, que ela opunha aos perdedores, aproveitadores e "dependentes" que buscavam roubá-los por meio de impostos e regulamentações. Ela deu voz a uma objeção especificamente moral à redistribuição de riqueza e à interferência nos direitos de propriedade e nas regras de mercado, ajudando a fomentar essa perspectiva. Essa objeção ressoa fortemente no empresariado e no Partido Republicano. De certo modo, Rand capturou uma parte do espírito da época; ela pegou uma onda e a tornou maior.

Rand foi uma pensadora séria? Isso é questionável. Ela não defendia suas conclusões tanto quanto as impunha veementemente. (*A nascente* definiu "liberdade" como: "Não pedir nada. Não esperar nada. Não depender de nada".[74]) Ainda assim, ela escreveu bastante para tentar justificar o Objetivismo em termos estritamente filosóficos. Robert Nozick, o influente filósofo libertário, pareceu levá-la a sério, e a Sociedade Ayn Rand, afiliada à Sociedade Filosófica Americana, produz artigos e livros focados em sua obra.[75] Mas qualquer pessoa interessada em mercados livres, liberdade de contrato e a importância da propriedade privada faria muito melhor em ler Friedrich Hayek, Milton Friedman ou o próprio Nozick.

A fama e a influência duradoura de Rand vêm das reações quase de culto dos leitores à sua ficção: da resposta deles à sua capacidade de transmitir o êxtase absoluto da rebeldia pessoal, da independência humana e da liberdade de todas as amarras. Ela desencadeou efeitos de cascata e se beneficiou de forma extraordinária da polarização de grupo. Como resultado, tocou e legitimou as raízes psicológicas de uma importante vertente do pensamento político de direita. Um cético diante dos planos ambiciosos de Roark faz-lhe esta pergunta: "Meu caro, quem permitirá isso?". A resposta de Roark: "A questão não é essa. A questão é: quem vai me impedir?".[76]

Esse diálogo captura o que muitos nos Estados Unidos consideram não apenas errado, mas maligno, sobre o New Deal de Roosevelt, o Affordable Care Act, o Bureau de Proteção Financeira ao Consumidor, a Lei do Ar Limpo e até mesmo a Lei dos Direitos Civis de 1964. Pode-se chamar isso de "Capitalismo do Quem-Vai-Me-Impedir". Ele repercute especialmente entre adolescentes, mas seu apelo é muito mais amplo. O problema é que aqueles que sentem a necessidade de idolatrar homens com "uma boca desdenhosa, bem fechada, como a de um carrasco ou de um santo" tendem a ter pavor de alguma coisa.[77] O altruísmo é verdadeiramente bom. A redistribuição para aqueles que precisam de ajuda não é uma violação dos direitos humanos.

Rand tinha um talento único para transformar as convicções políticas das pessoas por meio de histórias de heróis e heroínas indomáveis, romance e sexo. Seus romances foram descritos como "máquinas de conversão movidas a luxúria".[78] Décadas após a morte de Rand, Branden parecia concordar. "Não apenas Ayn e eu", escreveu ele, "mas todos nós, éramos viciados em ecstasy. Não falávamos nesses termos, mas esse era o segredo."[79]

Capítulo 11

John, Paul, George e Ringo

Quando trabalhei para o presidente Obama na Casa Branca, lembro-me de ouvi-lo refletir: "Os CEOs acham que os odeio. Mas não os odeio. Nem um pouco. De jeito nenhum". Então ele fez uma pausa e disse: "O que sei é que eles têm sorte de estar onde estão. Podem ser fantásticos, mas, ainda assim, têm sorte de estar onde estão. Tiveram muitas boas oportunidades". Ele pausou novamente e acrescentou: "Alguns deles parecem não saber disso. Mas é verdade. Olhe para mim. Espero estar fazendo um bom trabalho, mas tive muita sorte".

Voltemos agora à hipótese do filme *Yesterday*: a qualidade intrínseca das músicas dos Beatles torna a Beatlemania inevitável. Se alguém ouvisse pela primeira vez "I Saw Her Standing There", "Let It Be" ou "Hey Jude" hoje, reconheceria imediatamente algo extraordinário. Não faria diferença se essas músicas fossem ouvidas em 1954, 1964, 1974, 1984, 1994, 2004 ou 2044. Tampouco importaria se fossem ouvidas individualmente, em casa, sem qualquer interferência social, ou em grupos predispostos, por qualquer razão, a apreciá-las.

Por outro lado, uma visão alternativa sugere que a hipótese de *Yesterday* é simplista demais: as influências sociais, em especial os efeitos de cascata, desempenharam um papel fundamental no fenômeno da Beatlemania. Contudo, essa ideia alternativa, sozinha, é ampla demais para ser testada; pode assumir formas diferentes. Na sua versão mais frágil (e talvez mais trivial), o sucesso dos Beatles era de fato inevitável, graças ao seu talento, mas o modo como isso aconteceu e a velocidade com que se espalhou sofreram influência de algo equivalente a um grande número de downloads iniciais.

Sob essa perspectiva, há mundos alternativos plausíveis nos quais os Beatles também se tornaram famosos, mas em velocidades diferentes e de maneiras intrigantemente distintas. Essa afirmação é um tanto trivial, e a razão é fácil de compreender. De fato, é consistente com o que chamei de hipótese de *Yesterday*.

Já outra versão mais contundente é muito mais ousada e está longe de ser trivial. Nessa visão, há um mundo alternativo no qual os Beatles não conseguiram o equivalente a um grande número de downloads iniciais e acabaram desistindo. Nesse mundo alternativo, os Beatles podem ter sido o equivalente à canção "Trapped in an Orange Peel", em maior escala. Esse contexto seria algo parecido com o do filme *Yesterday*. Na verdade, poderia *ser* o mundo de *Yesterday* (que nunca explica por que, exatamente, os Beatles nunca chegaram lá). Nesse caso, o mistério do longa-metragem pode ser formulado de maneira simples, ainda que difícil de resolver: por que as músicas dos Beatles fariam tanto sucesso agora, se o grupo fracassou nos anos 1960?

A plausibilidade dessa versão mais ousada é difícil de testar, porque (repito) a história só ocorre uma vez. Antes de investigá-la, consideremos as palavras notáveis de um dos melhores biógrafos de Paul McCartney: "Os Beatles não foram apenas a maior banda pop da história; talvez tenham sido também a mais sortuda".[1] Segundo essa visão, os Beatles tiveram ao menos dois golpes de sorte incríveis, sem os quais não teriam alcançado o sucesso. O primeiro foi a chegada de Brian Epstein como empresário. O segundo foi o encontro casual de Epstein com George Martin, que se tornou seu produtor. Esses foram, de fato, momentos essenciais de sorte, mas estão longe de esgotar os muitos acontecimentos fortuitos, grandes e pequenos, que transformaram a banda nos icônicos Beatles.

No caso do quarteto, não temos nada parecido com um experimento controlado randomizado ou múltiplos mundos alternativos. A melhor e, talvez, única maneira de avaliar se e em que sentido o sucesso do grupo era inevitável é por meio de uma investigação minuciosa da história real (a única que temos) em busca de pistas. Existem muitas investigações desse tipo. Prestarei atenção a várias delas, em especial à detalhada discussão de Mark Lewisohn, cujo excelente livro captura uma série de eventos fortuitos que tornaram o sucesso do grupo possível e aponta para mundos alternativos em que a Beatlemania nunca teria surgido.[2] Em certo sentido, podemos ler o relato de Lewisohn sobre a ascensão dos Beatles como uma versão temporalmente comprimida do estudo de Jackson sobre reputação literária.

Conforme Lewisohn e outros descrevem em detalhe (e, curiosamente, os relatos não são exatamente idênticos), no começo o jovem grupo tornou-se bastante popular em clubes locais de Liverpool, mas enfrentou dificuldades para atrair um interesse mais amplo.[3] Influências sociais e outros fatores não estavam (suficientemente) a seu favor. Sem um empresário e com perspectivas apenas modestas, chegaram muito perto de se separar em 1961, já que, provavelmente, não fariam sucesso.[4] Por fim, pediram a duas jovens secretárias, que ajudavam a administrar o fã-clube deles em Liverpool, que gerenciassem o grupo. Mas as secretárias tiveram dificuldade em marcar shows para eles.

Figura 11.1: Jovens Beatles

Fonte: Bernard Gotfryd, The Beatles, The Ed Sullivan Show [Nova York], 1964.

A primeira oportunidade do grupo veio quando Brian Epstein, aos 27 anos e, então, gerente de uma loja de discos em Liverpool, calhou de assisti-los durante o horário de almoço em uma sessão num clube. Epstein ficou encantado com eles e decidiu que seriam "maiores do que Elvis".[5] De maneira improvável, ele se ofereceu para ser seu empresário, mesmo sem experiência relevante e apesar de os Beatles terem se tornado impopulares entre os promotores, sendo descritos, nas palavras de Lewisohn, como "malquistos", conhecidos por serem "inconfiáveis, impontuais, arrogantes".[6]

No início, os esforços de Epstein foram em vão. A EMI, uma gravadora de destaque no Reino Unido, recusou-se a oferecer um contrato para os Beatles. Epstein conseguiu agendar um teste para eles na Decca, concorrente da EMI. No estúdio, fizeram uma boa apresentação, mas os representantes da gravadora acharam que faltava foco à banda. Além disso, o fato de serem de Liverpool, longe de Londres, não ajudava.[7] "Os garotos não vão vingar", informaram a Epstein.[8]

Em vez de contratar os Beatles, a Decca optou por um açougueiro de Londres, Brian Poole, e sua banda, chamada The Tremeloes.[9]

Os Beatles ficaram arrasados com a rejeição da Decca. John Lennon afirmou que pensaram que "era o fim".[10] Nas palavras de Paul McCartney: "Foi aquele papo de, 'caramba, e agora, o que a gente vai fazer?'".[11] Epstein acabou procurando todas as gravadoras possíveis, e *todas elas se recusaram a assinar com os Beatles*. Quando dizia que seu grupo seria maior do que Elvis, os executivos achavam que ele era maluco. Um deles, apontando para uma das lojas de eletrodomésticos da família Epstein, sugeriu: "Você já tem um bom negócio, senhor Epstein. Por que não continua com ele?".[12]

Em um ato quase desesperado, Epstein voltou à EMI, onde tocou uma fita dos Beatles para o produtor George Martin, que não ficou impressionado. Martin viu "uma banda bastante crua" com "uma fita bem ruim" e "canções nada boas".[13] Isso poderia ter encerrado a história, não fosse a intervenção de duas pessoas, Kim Bennett e Sid Colman, que trabalhavam para uma das distribuidoras da EMI. Epstein havia mostrado algumas músicas dos Beatles para Bennett e Colman, que gostaram do que ouviram. Num gesto bastante incomum, Colman se ofereceu para cobrir os custos de gravação de um disco dos Beatles. Mas a sessão resultante, supervisionada por um desanimado Martin, não foi bem, e ele decidiu não lançar nenhuma das músicas. Anos depois, confessou: "Eu não achava que os Beatles tinham músicas de qualidade. Eles não me deram nenhuma razão para acreditar que poderiam compor material de sucesso".[14]

Quando o grupo voltou ao estúdio, George Martin continuava não muito impressionado, mas concluiu, com relutância, que "Love Me Do" poderia ser lançada como um single. Ao fazer isso, Martin tomou uma decisão notável, que talvez nenhum outro produtor britânico tivesse tomado: optou por gravar músicas originais de Lennon-McCartney, em vez de covers.[15] Ainda assim, ele não tinha muita confiança em "Love Me Do" e, quando mencionou o bizarro nome do grupo para os colegas da EMI, eles caíram na gargalhada.

A EMI se recusou a apoiar a canção. Praticamente todos os líderes da empresa acharam a música confusa.[16] Eles pensaram que se tratava de um disco de comédia. Nas palavras de Martin: "Ninguém acreditava naquilo".[17] Quando o single estreou, quase não recebeu promoção. Os DJs que a tocaram pensaram que só poderia ser uma piada, achando que um grupo chamado "The Beatles" não poderia ser levado a sério. Mesmo em Liverpool, os fãs do grupo ficaram decepcionados, achando que a música não parecia combinar com a personalidade deles no palco.

"Love Me Do" poderia ter afundado como uma pedra, levando junto as perspectivas da banda, se não fosse pela insistência incansável de Epstein. Ele contratou uma equipe própria de relações públicas com o objetivo específico de promover a música, tirando dinheiro do próprio bolso para isso.[18] Uma parte importante da equipe era Tony Calder, de apenas 19 anos, que gostou da música e insistiu em distribuir cópias promocionais gratuitas para as principais redes de salões de baile da Inglaterra: Top Rank e Mecca.[19] Segundo relatos, o próprio Epstein comprou 10 mil cópias do disco para garantir que entrasse no Top 20.[20]

O próprio Lennon sempre afirmou que isso nunca aconteceu, e pode muito bem ser verdade que o boca a boca tenha sido o responsável pelo sucesso. A base de fãs entusiasmada do grupo em Liverpool acabou comprando o disco e iniciou um efeito de cascata de informação. Apesar das críticas mistas, a estratégia de Calder funcionou: inicialmente, a música não teve grande destaque no rádio ou na televisão, mas encontrou espaço nas pistas de dança. Com o tempo, a insistência de Epstein ajudou a transformar a música em um sucesso inesperado. Ela passou a ser vista como uma canção pop, não como um single cômico, e alcançou a 17ª posição nas paradas.[21] Com isso, os Beatles começaram a receber novos convites. Foram chamados para se apresentar em programas de televisão regionais e também na rádio nacional BBC.[22]

Nesse momento, Martin, o cético original, decidiu aproveitar a modesta fama do grupo. Para a sequência, ele pediu que gravassem um novo single, "Please Please Me", acelerando a balada original, no estilo de Roy Orbison, transformando-a em uma verdadeira música de rock ("Whoa yeah!"). Após a primeira gravação, Martin disse a eles que tinham seu primeiro disco número 1.[23] Será que ele estava certo?

Epstein trabalhou incansavelmente para posicionar o grupo diante do público. Como disse um dos biógrafos de Lennon: "Tudo o que diferenciava os Beatles de outras centenas de bandas pop com meio hit", naquela fase, "era a dedicação incansável e a absoluta audácia de seu empresário".[24] Epstein conseguiu agendar a banda em um popular programa de sábado chamado *Thank Your Lucky Stars* [Agradeça a suas estrelas da sorte] (um bom nome, não?), onde tocaram "Please Please Me". Coincidentemente, a apresentação ocorreu durante uma das nevascas mais intensas em quase cem anos, o que significava que muitos adolescentes estavam em casa assistindo à TV.[25] Em dois meses, a música de fato alcançou o primeiro lugar.

Pouco tempo depois, Martin tomou uma decisão surpreendente. Ele resolveu pedir aos Beatles que gravassem um álbum completo, composto principalmente por canções de Lennon-McCartney. O nome do álbum, claro, foi *Please Please Me*. Ele incluía músicas como "I Saw Her Standing There", "P.S. I Love You" e "Do You Want to Know a Secret?". Ainda assim, Martin enfrentava um problema. A EMI, que não havia se convencido em relação aos Beatles, não estava disposta a gastar muito dinheiro com o projeto. No entanto, Martin revelou-se, como se sabe, um produtor brilhante, perfeitamente adequado ao grupo iniciante. Não foi um caminho sem obstáculos a partir dali, mas o grupo estava, para todos os efeitos, lançado.

Existem muitos caminhos para o sucesso e, em uma infinidade de mundos alternativos, os Beatles poderiam ter encontrado o seu, mesmo sem Epstein, Bennett, Colman e Martin. O próprio Lennon acreditava nisso, insistindo que os Beatles eram a melhor banda do mundo (usando palavrões antes de "melhor" e "mundo"). "Acreditar nisso foi o que nos fez o que éramos", ele disse. "Era apenas uma questão de tempo até que todo mundo percebesse."[26] Talvez ele estivesse certo. Evidentemente, John concordava com a hipótese de *Yesterday*.

Mas é muito fácil dizer isso hoje em dia. Os melhores relatos sobre o período crucial, quando o destino dos Beatles parecia altamente incerto, revelam a possibilidade de mundos alternativos radicalmente diferentes, sugerindo que o sucesso do grupo estava longe de ser algo predestinado. E, como vimos, a palavra "predestinado" levanta muitos enigmas. É necessário saber o que conservamos e o que alteramos nesses mundos alternativos. Por exemplo: e se Paul tivesse conhecido John em outro momento? E se John estivesse de mau humor no dia fatídico? E se John tivesse decidido que não tinha interesse no jovem amigo de Paul, George? E se Brian Epstein não tivesse ido assisti-los quando foi? E se George Martin tivesse se mantido inflexível durante aqueles primeiros dias de ceticismo?

É importante enfatizar que alguns dos fatores fortuitos não tinham nada a ver com influências sociais. O envolvimento e o entusiasmo de Epstein podem ter sido essenciais. De fato, acho que foram. É difícil ver como o grupo teria encontrado um caminho sem ele. Mas seria um exagero ver isso como o equivalente funcional dos downloads iniciais do experimento Music Lab. Também foi crucial, ao que parece, o envolvimento de Bennett e Colman. Mesmo assim, e notavelmente, o fracasso em obter popularidade inicial (suficiente) em 1961 quase condenou os Beatles. Quão perto chegaram disso? Não sabemos. Além disso, algo muito parecido com um grande número de downloads iniciais de "Love Me Do" em 1963 fez toda a diferença. Isso foi essencial para o sucesso dos Beatles? Se "Love Me Do" tivesse *flopado*, eles teriam fracassado? Também não sabemos isso.

Seria possível, sob esse prisma, imaginar um mundo alternativo em que os Beatles não tivessem feito sucesso? Uma realidade paralela sem os Beatles e, em vez disso, com outras "manias" musicais, digamos, Kinksmania ou Holliesmania?

Essas perguntas podem parecer descabidas. O sucesso duradouro dos Beatles – sua redescoberta por sucessivas gerações, seu sucesso espetacular ao longo dos anos, muito depois de terem se separado – pode ser considerado uma evidência de que eram únicos e que sua singularidade tornou o sucesso essencialmente inevitável. Há a questão da qualidade pura e simples, que certamente é relevante. Aqui, vale nos lembrarmos da lista de pontuação de H. J. Jackson (no capítulo 5). Sem dúvida, Ray Davies, do The Kinks, é inventivo e original (basta considerar "Lola"), e Graham Nash, originalmente dos Hollies, é mais do que "bom" (lembre-se de "Our House"), mas nenhum deles poderia ser colocado na mesma categoria de Lennon ou McCartney.

No entanto, é importante ter cautela ao abordar esse tema, em vários aspectos. Primeiro, Lennon e McCartney não eram, em 1961 ou mesmo em 1963, a dupla que conhecemos hoje. Seu sucesso inicial foi quase certamente uma condição necessária para o florescimento do que hoje reconhecemos como sua genialidade. Com muito dinheiro e tempo, além de um tremendo impulso na confiança, Lennon e McCartney não precisaram batalhar. Eles puderam inovar, experimentar, tornar-se algo muito diferente do que eram antes. Em segundo lugar, não sabemos o que Davies, Nash ou muitos outros poderiam ter feito ou sido, caso vivenciassem o extraordinário sucesso dos Beatles no início dos anos 1960.

Voltemos a Connie Converse: se ela não tivesse parado de compor em 1961, que tipo de música produziria nas décadas seguintes? Sua originalidade extraordinária, naquele curto período em que tocava quase exclusivamente para amigos e familiares, levanta uma série de questões intrigantes sobre o que teria feito se estivesse na vanguarda do renascimento da música *folk* durante aqueles anos imensamente férteis. Quem e o que ela poderia ter se tornado?

Epílogo

"Postos em situações favoráveis"

Lembremos as palavras comoventes de Jane Franklin ao seu irmão Benjamin, lamentando os "milhares de Boyles, Clarks e Newtons" que "provavelmente se perderam para o mundo e viveram e morreram na ignorância e na mediocridade, apenas por não terem sido postos em situações favoráveis e não terem desfrutado as vantagens adequadas".[1] Quem é posto em situações desfavoráveis? Quem enfrenta desvantagens?

Podemos falar da ausência de educação. A própria Franklin não teve acesso à escolarização apropriada. Podemos mencionar a pobreza ou a ausência de oportunidades econômicas. Ou a falta de apoio dos pais. Temos, ainda, a discriminação. Ou podemos falar de forma mais específica e menos sistemática sobre a ausência de um mentor, uma mão amiga, um aceno em aprovação, um vislumbre de algo incrível, um aporte financeiro, um ano sabático, ou de um amigo ou familiar que se recusa a desistir.

No domínio da inovação em geral, cientistas sociais, em sintonia com Jane Franklin, falam dos "Einsteins Perdidos", aqueles "que poderiam ter criado invenções de grande impacto se tivessem sido expostos à inovação na infância".[2] A ênfase aqui está em características demográficas, como raça, gênero e condição socioeconômica, e no papel crucial dos modelos de referência e dos efeitos de rede para o sucesso. Incontáveis inovadores em potencial, na ciência, nos negócios e em outras áreas, nasceram em famílias que não podiam apoiá-los, não encontraram os modelos certos, foram subjugados de alguma forma ou não se beneficiaram de redes. Como resultado, nunca inovaram. Perderam na loteria da vida ou em uma série de pequenas loterias.[3]

Se a bicicleta do jovem Cassius Clay não tivesse sido roubada, ele teria se tornado a pessoa mais famosa do mundo? Será que existiram outros atletas, ainda maiores do que Muhammad Ali, que nunca chegaram ao estrelato? Ali é o meu favorito e, por isso, me custa dizer isso, mas claro que a resposta é sim.

Há da Vincis perdidos, Shakespeares perdidos, Miltons perdidos, Austens perdidas, Blakes perdidos, Stan Lees perdidos e Bob Dylans perdidos. Há Edisons perdidos e Teslas perdidos (Nikola, não o carro). Há muitos deles. Eles se perderam por 1.001 motivos diferentes.

Um objetivo central do liberalismo e da tradição política liberal é desfazer formas prejudiciais de subjugação, razão pela qual *A sujeição das mulheres,* de John Stuart Mill, é um texto liberal canônico (e leitura essencial, principalmente para os antiliberais). Com sua ênfase na importância do arbítrio individual, Mill lamenta que "a desigualdade de direitos entre homens e mulheres não tenha outra fonte senão a lei do mais forte". Em um trecho crucial, Mill escreve:

> Qual é o caráter peculiar do mundo moderno, a principal diferença que distingue as instituições modernas, as ideias sociais modernas, a vida moderna propriamente dita, das antigas? É que os seres humanos não nascem mais com o seu lugar na vida, acorrentados por uma inexorável obrigação moral ao lugar que nasceram, mas são livres para empregar suas faculdades (conhecimentos) em quantas chances favoráveis lhes forem oferecidas para alcançar o que mais desejam.[4]

O argumento de Mill aqui é mais sutil do que o contexto pode sugerir. Ele está falando, sem dúvida, de carreiras abertas a talentos, de um direito de buscar oportunidades e tentar encontrar o tipo de vida que se considera mais desejável. Essa é a insistência liberal na dissolução de correntes e vínculos indesejados. Mas Mill também tem o cuidado de chamar a atenção para a importância de "qualquer boa sorte que surja em seu caminho". Em suas melhores formas, a tradição liberal enfatiza que as loterias estão em toda parte. Ela aponta para o lugar da "boa sorte" e as múltiplas formas que ela assume. *A teoria da justiça,* de John Rawls, é o desenvolvimento mais detalhado desse ponto.

Um dos meus temas centrais aqui é que, se inovadores foram perdidos, isso não se deveu apenas a características demográficas, mas a uma série de outros fatores que não trabalharam a seu favor. Talvez o Zeitgeist não estivesse do lado deles. Talvez não houvesse uma onda para eles surfarem. Talvez não tenham encontrado os inimigos, as inspirações ou os apoiadores certos. Talvez não tenham conseguido se beneficiar de uma rede. Alguém pode não ter apontado um caminho, dado um sorriso no momento certo, uma palavra de incentivo, uma ideia, um influxo de energia ou um contrato. Como diz Jackson, talvez pudéssemos dar "outra chance aos Hunts e aos Southeys, pois foi principalmente por causa de circunstâncias acidentais que caíram no esquecimento".[5] Talvez pudéssemos dar outra chance a muitas pessoas, e exatamente pelo mesmo motivo.

Essas afirmações podem parecer apontar para uma tragédia, até mesmo para várias; não apenas para aqueles que foram perdidos, mas para nós, que os perdemos, talvez porque nunca tiveram uma oportunidade, talvez porque nunca receberam atenção. Em muitos aspectos, isso é de fato trágico.

Mas também aponta para uma possibilidade ou uma inspiração. Einsteins, Shakespeares e Miltons perdidos podem ser reencontrados. Na verdade, são redescobertos todos os dias, encontrados da mesma forma que a *Mona Lisa*, Jane Austen, William Blake, John Keats, Robert Johnson e Connie Converse. E, se pudermos permanecer atentos ao fato de que existem entre nós, neste exato momento, perderemos menos deles.

Agradecimentos

A história deste livro é, de certo modo, uma versão em miniatura do próprio tema de que trata. Em 2021, eu trabalhava como Conselheiro Sênior no Departamento de Segurança Interna dos Estados Unidos. Ao assumir um papel mais flexível em 2022, fiquei livre para escrever novamente e comecei a buscar novos projetos. Foi então que me deparei com um anúncio: a editora da Universidade de Liverpool estava lançando um novo periódico chamado *The Journal of Beatles Studies*. Sou apaixonado pelos Beatles (deu para perceber?) e, com certa apreensão e empolgação, achei que poderia tentar contribuir para essa publicação. Escrevi para Holly Tessler, a editora do periódico, com uma ideia: comparar a obra-prima dos Beatles, "Norwegian Wood", com a muito mais ousada "Fourth Time Around", de Bob Dylan, que é, de certa forma, uma cópia, uma paródia e um deslumbrante ato de superação em relação à canção dos Beatles. Talvez isso fosse interessante? Generosamente, Holly me encorajou a tentar.

O que escrevi ficou horrível. Tão amador! Então tentei algo completamente diferente, sobre as origens da Beatlemania. Holly não pareceu odiar e enviou o texto para revisão de pares, que ofereceram comentários excelentes e, aparentemente, também não odiaram o trabalho. Publiquei uma versão inicial desse pequeno artigo na plataforma acadêmica Social Science Research Network (SSRN) – que adoro, mas não é exatamente o lugar para se postar algo se você busca um grande público. Para minha completa surpresa, e certamente por meio de uma série de coincidências, o artigo chamou atenção. Não ficou famoso, vale destacar, mas foi discutido no *New York Times*, na *Scientific American* e no *Guardian*. Pouco tempo depois, alguns editores perguntaram se eu gostaria de transformar o artigo em um livro. Minha resposta não foi negativa. E aqui estamos nós.

Sou grato a muitas pessoas por sua ajuda, e mencionarei apenas algumas. Meus agradecimentos vão, primeiro e principalmente, a Jeff Kehoe, por comentários excelentes e pela ajuda valiosa em várias etapas. Jill Lepore ofereceu sugestões excepcionalmente úteis, que reorientaram o livro de forma significativa. Quatro revisores apresentaram diversas ideias importantes para melhorias. Duncan Watts, amigo e um dos meus heróis, também foi revisor. Ele escreveu brilhantemente sobre este tema, e devo muito a ele – inclusive, por uma conversa divertida e esclarecedora em um momento em que eu estava um pouco travado. Tyler Cowen, que sabe tudo, foi um excelente interlocutor (e revisor). Robert Frank, também amigo e herói, produziu trabalhos magníficos que ajudaram a orientar minha discussão.

Lise Clavel, Howard Fishman, Daniel Kahneman, Géraldine Schwarz, Geoffrey Stone e Richard Thaler foram generosos ao discutir algumas das questões fundamentais comigo. Agradecimentos especiais a Fishman por seu livro incrível sobre Connie Converse, que foi de grande ajuda aqui, e também a Schwarz, por discussões e referências sobre memória. Nick Caputo, Ethan Judd, Sarah Toth e Victoria Yu ofereceram uma assistência de pesquisa excepcional. Agradecimentos especiais a Yu pelo trabalho incrível na conclusão deste livro.

Holly Tessler, mencionada anteriormente, foi determinante e muito gentil ao me receber para uma visita maravilhosa na Universidade de Liverpool; a discussão por lá foi extremamente valiosa. Sarah Chalfant, minha agente, foi uma conselheira sábia durante todo o processo. Samantha Power, minha esposa, apoiou o projeto, divertiu-se e talvez até tenha ficado entusiasmada com ele, ou pelo menos com a minha empolgação. Ela teve muitas ideias, que acabaram nestas páginas (e permitiu que eu falasse um pouco sobre ela no capítulo 1). Agradeço também à Faculdade de Direito de Harvard, ao seu Programa de Economia Comportamental e ao incrível reitor, John Manning, pelo apoio em múltiplas formas.

Também sou grato pela permissão de recorrer (enquanto revisava substancialmente, e às vezes fazia mudanças fundamentais) ao seguinte material:

- Para os capítulos 1 e 11 (e ocasionalmente em outros):
– "Beatlemania: On Informational Cascades and Spectacular Success", *Journal of Beatles Studies*, 97 (2022).

- Para o capítulo 6:
– *The World According to Star Wars*, 2ª edição. Nova York: Dey Street Books, 2018 [Edição brasileira: SUNSTEIN, Cass R. *O mundo segundo Star Wars*. São Paulo: Editora Planeta, 2016]. Meus agradecimentos à Dey Street Books e à Simon & Schuster pela permissão de utilizar material desse livro aqui.

- Para o capítulo 8:
– "Marvelous Belief", *Los Angeles Review of Books* (21 de setembro de 2020).

- Para o capítulo 9:
– "She Was Houdini's Greatest Challenge", *New York Review of Books* (17 de dezembro de 2015).

- Para o capítulo 10:
– "The Siren of Selfishness", *New York Review of Books* (9 de abril de 2020).

Sobre o autor

CASS R. SUNSTEIN ocupa atualmente a cátedra Robert Walmsley de Professor Universitário, o mais alto título honorífico concedido por Harvard. Fundador e diretor do Programa de Economia Comportamental e Políticas Públicas da Faculdade de Direito de Harvard, Sunstein é o autor jurídico mais citado do mundo. Em 2018, recebeu o Prêmio Holberg do governo da Noruega, frequentemente descrito como o equivalente ao Prêmio Nobel para as áreas de Direito e Humanidades. Em 2020, a Organização Mundial da Saúde o nomeou presidente de seu grupo técnico consultivo sobre Compreensão Comportamental e Ciências para a Saúde. De 2009 a 2012, foi Administrador do Escritório de Informações e Assuntos Regulatórios da Casa Branca e posteriormente atuou no Conselho de Revisão Presidencial sobre Tecnologias de Inteligência e Comunicação, bem como no Conselho de Inovação em Defesa do Pentágono. Sunstein já testemunhou em comissões do Congresso dos Estados Unidos sobre diversos assuntos e assessorou autoridades das Nações Unidas, da Comissão Europeia, do Banco Mundial e de várias nações em questões de Direito e Políticas Públicas. Ele também atuou como conselheiro da Behavioural Insights Team no Reino Unido. É autor de centenas de artigos e dezenas de livros.

Notas

Prólogo

[1] James Barron, “Historic Hysterics: Witnesses to a Really Big Show”, *New York Times*, 7 fev. 2014. Disponível em: <https://www.nytimes.com/2014/02/08/nyregion/the-beatles-debut-on-ed-sullivan.html>.

[2] Ed Sullivan Show. Disponível em: <https://www.edsullivan.com/artists/the-beatles>.

[3] Poor Richard (Benjamin Franklin), *An Almanack for the Year of Christ*. Filadélfia: B. Franklin, 1734.

[4] Samuel Johnson, “No. 118”, *The Rambler*, v. 4. Londres: J. Payne and J. Bouquet, 1752.

[5] Samuel Johnson, “No. 21”, *The Rambler*, v. 1. Londres: J. Payne and J. Bouquet, 1752.

[6] Samuel Johnson, “No. 106”, *The Rambler*, v. 4. Londres: J. Payne and J. Bouquet, 1752.

[7] Johnson, “No. 106”.

[8] Samuel Johnson, “Preface”, *The Plays of William Shakespeare*. Londres: J. and R. Tonson, C. Corbet, H. Woodfall, J. Rivington, R. Baldwin, L. Hawes, Clark and Collins, W. Johnston, T. Caslon, T. Lownds, and the Executors of B. Dodd, 1765.

[9] Johnson, “Preface”.

[10] “The 14th Academy Awards”, Academy of Motion Picture Arts and Sciences. Disponível em: <https://www.oscars.org/oscars/ceremonies/1942>.

[11] “Biography”, Robert Johnson Blues Foundation. Disponível em: <https://robertjohnsonbluesfoundation.org/biography>.

[12] “Biography”.

[13] “Biography”.

[14] Ver Reggie Ugwu, “Overlooked No More: Robert Johnson, Bluesman Whose Life Was a Riddle”, *New York Times*, 25 set. 2019. Disponível em: <https://www.nytimes.com/2019/09/25/obituaries/robert-johnson-overlooked.html>.

[15] Ver Jon Wilde, "Robert Johnson Revelation Tells Us to Put the Brakes on the Blues", *Guardian*, 27 maio 2010. Disponível em: <https://www.theguardian.com/music/musicblog/2010/may/27/robert-johnson-blues>.

[16] Bob Dylan, *Chronicles*, v. 1. Nova York: Simon & Schuster, 2004, p. 284. [Ed. bras. *Crônicas: volume um*. Trad. Lúcia Brito. São Paulo: Planeta, 2005.]

[17] Dylan, p. 282.

[18] Dylan, p. 287.

[19] Bruce Conforth e Gayle Dean Wardlow, *Up Jumped the Devil: The Real Life of Robert Johnson*. Chicago: Chicago Review Press, 2019 [Ed. bras. *A música do diabo: a verdadeira história da lenda do blues Robert Johnson*. Trad. Paulo Alves. Caxias do Sul, RS: Belas Letras, 2022]; Tom Graves, *Crossroads*. Memphis: Devault-Graves Agency, 2017; Matt Frederick, *A Meeting at the Crossroads: Robert Johnson and the Devil*. Chickenfeet Press, 2022.

[20] "Testimonials", Robert Johnson Blues Foundation. Disponível em: <https://robertjohnsonbluesfoundation.org/testimonials>.

[21] Por vários motivos, ver Harold Bloom, *The Western Canon: The Books and Schools of the Ages*. Nova York: Houghton Mifflin Harcourt, 1994 [Ed. bras. *O cânone ocidental: os livros e a escola do tempo*. Trad. Marcos Santarrita. Rio de Janeiro: Objetiva, 1995.]; Dean Keith Simonton, *Greatness: Who Makes History and Why*. Nova York: Guilford Press, 1994.

Capítulo 1

[1] Maureen Cleave, "How Does a Beatle Live? John Lennon Lives Like This", *London Evening Standard*, 4 mar. 1966.

[2] Há uma diferença, é claro, entre fama e sucesso, até mesmo um sucesso espetacular. Não faz muito tempo, conheci um filantropo que é espetacularmente rico; não é famoso (e não quer ser), e não vou dizer o nome dele, mas obteve um sucesso fenomenal nos negócios. Se medirmos o sucesso pela eminência e pela influência, Frank Michelman é um dos professores de Direito mais bem-sucedidos que conheço. Matthew Rabin, um dos economistas mais bem-sucedidos que conheço. Jon Elster, um dos cientistas políticos mais bem-sucedidos que conheço. Nenhum deles é um nome célebre entre público em geral, ou mesmo amplamente reconhecido fora de suas respectivas áreas acadêmicas. Por outro lado, algumas pessoas famosas não alcançaram muita coisa, nem se tornaram eminentes em qualquer campo, como as estrelas de reality shows. Meu foco principal aqui é na fama, mas ocasionalmente abordarei o sucesso espetacular também, seja ele acompanhado ou não da fama.

[3] Na verdade, existem duas falácias aqui, não apenas uma. A primeira falácia é a seleção com base na variável dependente. Uma característica comum entre os sucessos também pode ser comum entre os fracassos, o que significa que identificar essa característica nos casos de sucesso não prova sua contribuição. A segunda, mais sutil, é a seleção com base na variável *independente*. Considere a seguinte

frase: "A dislexia causa o sucesso". Essa afirmação pode focar exclusivamente em pessoas bem-sucedidas e, assim, destacar um atributo específico (neste caso, a dislexia), que é raro mesmo entre pessoas de sucesso. Qualquer pessoa ou empresa pode ser caracterizada por muitas características (variáveis independentes), mas explicações narrativas emocionalmente satisfatórias tendem a enfatizar apenas uma ou poucas delas. Dado um pequeno conjunto de sucessos, é possível encontrar uma característica comum entre eles; e, dada uma característica, é possível encontrar um pequeno conjunto de sucessos que a apresente. No entanto, o fato de um traço específico ser comum a um pequeno grupo selecionado de sucessos não implica necessariamente que seja comum mesmo entre os sucessos em geral. George Lifchits et al., "Success Stories Cause False Beliefs about Success", *Judgment and Decision Making* 16, n. 6 (nov. 2021), p. 1439–1440.

[4] Jim Collins, *Good to Great: Why Some Companies Make the Leap... and Others Don't.* Nova York: HarperBusiness, 2001. [Ed. bras. *Empresas feitas para vencer: por que algumas empresas alcançam a excelência – e outras não.* Barueri, SP: HSM, 2013.]

[5] Thomas J. Peters e Robert H. Waterman Jr., *In Search of Excellence.* Nova York: Collins Business Essentials, 2012. [Ed. bras. *Vencendo a crise: como o bom senso empresarial pode superá-la.* Trad. Baltazar Barbosa Filho. São Paulo: Harper & Rom do Brasil, c1983.]

[6] Ver Dean Keith Simonton, *Greatness: Who Makes History and Why.* Nova York: Guilford Press, 1994.

[7] Ver Lifchits, "Success Stories".

[8] Donald Sassoon, *Mona Lisa: The History of the World's Most Famous Painting.* Londres: HarperCollins Publishers, 2001. [Ed. bras. Mona Lisa: a história da pintura mais famosa do mundo. Rio de Janeiro: Record, 2004.]

[9] Ver "The Theft That Made the 'Mona Lisa' a Masterpiece", *All Things Considered*, NPR, 30 jul. 2011. Disponível em: <https://www.npr.org/2011/07/30/138800110/the-theft-that-made-the-mona-lisa-a-masterpiece>.

[10] Duncan Watts, *Everything Is Obvious.* Nova York: Crown Business, 2011, p. 60. [Ed. bras. *Tudo é obvio: desde que você saiba a resposta.* Trad. Letícia Della Giacoma de França. São Paulo: Paz e Terra, 2011.] Fui muito influenciado pelo brilhante livro de Watts e me baseio em seu relato aqui.

[11] H. J. Jackson, *Those Who Write for Immortality.* New Haven: Yale University Press, 2015, p. xii–xiii.

[12] Ver, p. ex., Simonton, *Greatness*; Dean Keith Simonton, *Creativity in Science: Change, Logic, Genius, and Zeitgeist* (Cambridge: Cambridge University Press, 2004).

[13] Para o website, ver *Journal of Genius and Eminence*, ICSC Press. Disponível em: <https://icscpress.com/journals/jge>.

[14] Ver Simonton, *Greatness*, p. 227.

[15] Dean Keith Simonton, "Philosophical Eminence, Beliefs, and Zeitgeist: An Individual- Generational Analysis", *Journal of Personality and Social Psychology* 34, n. 4 (1976), p. 630–640.

[16] Ver Dean Keith Simonton, "Cinematic Success Criteria and Their Predictors", *Psychology and Marketing* 26, n. 5 (maio 2009), p. 400–420.

[17] Ver Dean Keith Simonton, "Popularity, Content, and Context in 37 Shakespeare Plays", *Poetics* 15, n. 4 (1986), p. 493–510.

[18] Simonton, *Greatness*, p. 138.

[19] Para uma discussão envolvente sobre os *one-hit wonders* e o papel do acaso em seus sucessos únicos, ver Aaron Kozbelt, "One Hit Wonders in Classical Music: Evidence and (Partial) Explanations for an Early Career Peak", *Creativity Research Journal* 20, n. 2 (2008), p. 179-195.

[20] Robert Shelton, "Bob Dylan: A Distinctive Folk- Song Stylist", *New York Times*, 29 set. 1961.

[21] John Maynard Keynes, *The General Theory of Employment, Interest and Money*. Londres: Macmillan, 1936, p. 113–114. [Ed. bras. *A teoria geral do emprego, do juro e da moeda*. Trad. Mario R. da Cruz. São Paulo: Nova Cultural, 1988.]

[22] John Maynard Keynes, "The General Theory of Employment", *Quarterly Journal of Economics* 51, n. 2 (fev. 1937), p. 212, 213.

[23] Keynes, p. 212, 213.

[24] Keynes, p. 212, 213.

[25] Matthew J. Salganik et al., "Measuring the Predictability of Life Outcomes with a Scientific Mass Collaboration", *Proceedings of the National Academy of Sciences* (PNAS) 117, n. 15 (abr. 2020), p. 8398–8403.

[26] Salganik, "Predictability of Life Outcomes."

[27] Salganik, "Predictability of Life Outcomes."

[28] Salganik, "Predictability of Life Outcomes."

Capítulo 2

[1] Ver Howard Fishman, *To Anyone Who Ever Asks: The Life, Music, and Mystery of Connie Converse*. Nova York: Dutton, 2023.

[2] Fishman, p. 329.

[3] Fishman, p. 329.

[4] Fishman, p. 328.

[5] Fishman, p. 26.

[6] Fishman, p. 485.

[7] Fishman, p. 445.

[8] Matthew J. Salganik, Peter Sheridan Dodds e Duncan J. Watts, "Experimental Study of Inequality and Unpredictability in an Artificial Cultural Market", *Science* 311, n. 5762 (fev. 2006), p. 854-856.

[9] O experimento do Music Lab inspirou uma vasta literatura. Um estudo que mostra como o sucesso inicial produz grandes ganhos que diminuem com o

tempo pode ser encontrado em Arnout van de Rijt et al., "Field Experiments of Success-Breeds-Success Dynamics", *Proceedings of the National Academy of Sciences* (PNAS), 111, n. 19 (abr. 2014): p. 6934-6939. Para uma reanálise instrutiva do Music Lab, que mostra que opções superiores ganharam em popularidade e que houve dinâmicas de correção no decorrer de um novo experimento, ver Arnout van de Rijt, "Self-Correcting Dynamics in Social Influence Processes", *American Journal of Sociology*, 124, n. 5 (mar. 2019): p. 1468-1495. Para um esforço valioso de separação dos diversos efeitos, incluindo os efeitos dos sinais sociais, ver Tad Hogg e Kristina Lerman, "Disentangling the Effects of Social Signals", *Human Computation*, 2, n. 2 (2015): p. 189-208. Um achado relevante e intrigante mostra que modelos preditivos funcionam bem quando "espiam" os primeiros adeptos e as propriedades das redes sociais às quais eles pertencem, abarcando música, livros, imagens e URLs. Ver Benjamin Shulman, Amit Sharma e Dan Cosley, "Predictions of Popularity: Gaps between Prediction and Understanding", *Proceedings of the International AAAI Conference on Web and Social Media*, 10, n. 1 (2016): p. 348-357. Os achados de van de Rijt, em especial, oferecem alertas importantes contra as interpretações mais amplas do experimento do Music Lab, mas não creio que entrem em conflito com o uso que faço desse experimento neste livro. (Para minha defesa, convoco como primeiras testemunhas Herman Melville, Vincent van Gogh, Jane Austen, William Blake, John Keats e Robert Johnson.)

[10] Michael Macy, Sebastian Deri, Alexander Ruch e Natalie Tong, "Opinion Cascades and the Unpredictability of Partisan Polarization", *Science Advances* 5, n. 8 (ago. 2019), p. 1-7.

[11] Ziv Epstein et al., "Social Influence Leads to the Formation of Diverse Local Trends", *Proceedings of the ACM on Human-Computer Interaction* 5, n. CSCW2 (out. 2021), p. 1-18.

[12] Ver Jason Cohen, "iOS More Popular in Japan and US, Android Dominates in China and India", *PC Mag*, 4 set. 2020. Disponível em: <https://www.pcmag.com/news/ios-more-popular-in-japan-and-us-android-dominates-in-china-and-india>.

[13] Ver Katie McLaughlin, "Fleetwood Mac's '*Rumours*' at 35: Still the 'Perfect Album'", CNN, 27 jun. 2012. Disponível em: <http://edition.cnn.com/2012/06/26/showbiz/fleetwood-mac-*Rumours*/index.html>.

[14] Ver Lindsey Buckingham, Stevie Nicks e Christine McVie, entrevista, 1977. Disponível em: <https://www.youtube.com/watch?v=lLaWDjNLC_4>.

[15] Buckingham, Nicks e McVie, entrevista.

[16] Buckingham, Nicks e McVie, entrevista.

[17] Buckingham, Nicks e McVie, entrevista.

[18] Mark Olsen, "Oscars 2013: 'Searching for Sugar Man' Wins Best Documentary", *Los Angeles Times*, 24 fev. 2013. Disponível em: <https://www.latimes.com/entertainment/envelope/la-xpm-2013-feb-24-la-et-mn-oscars-2013-best-documentary-20130220-story.html>.

19 "JK Rowling's Crime Novel Becomes Bestseller", *Guardian*, 15 jul. 2013. Disponível em: <https://www.theguardian.com/books/2013/jul/15/jk-rowling-cuckoos-calling-bestseller>.

Capítulo 3

1 Ver Colin Martindale, "Fame More Fickle Than Fortune: On the Distribution of Literary Eminence", *Poetics* 23, n. 3 (1995), p. 219-234.

2 Martindale, "Fame More Fickle".

3 Martindale, "Fame More Fickle".

4 Martindale, "Fame More Fickle".

5 Robert K. Merton, "The Matthew Effect in Science", *Science* 159, n. 3810 (jan. 1968), p. 56-63.

6 David Easley e Jon Kleinberg, *Networks, Crowds, and Markets: Reasoning about a Highly Connected World*. Nova York: Cambridge University Press, 2010, p. 483.

7 Merton, "The Matthew Effect in Science".

8 Merton, p. 58.

9 Merton, p. 59.

10 Merton, p. 62.

11 Easley e Kleinberg, *Networks, Crowds, and Markets*, p. 549-550.

12 Ver Anna Collar, *Religious Networks in the Roman Empire: The Spread of New Ideas*. Cambridge: Cambridge University Press, 2014.

13 Easley e Kleinberg, *Networks, Crowds, and Markets*, p. 426.

14 Matthew J. Salganik e Duncan J. Watts, "Leading the Herd Astray: An Experimental Study of Self-Fulfilling Prophecies in an Artificial Cultural Market", *Social Psychology Quarterly* 71, n. 4 (2008), p. 338-355.

15 Ver Salganik e Watts, "Leading the Herd Astray".

16 Ver Hans Luijten, *Jo van Gogh-Bonger: The Woman Who Made Vincent Famous*. Londres: Bloomsbury, 2022.

17 Cass R. Sunstein, Reid Hastie e David Schkade, "What Happened on Deliberation Day", *California Law Review* 95, n. 3 (jun. 2007), p. 915-940.

18 Sunstein, Hastie e Schkade, p. 930.

19 Ver Roger Brown, *Social Psychology*, 2.ed. Nova York: Free Press, 1986, 224.

20 David G. Myers, "Discussion-Induced Attitude Polarization", *Human Relations* 28, n. 8 (1975), p. 699-714.

21 David G. Myers e George D. Bishop, "Discussion Effects on Racial Attitudes", *Science* 169, n. 3947 (1970), p. 779.

22 Myers e Bishop, p. 779.

[23] Richard J. Butler, Benjamin W. Cowan e Sebastian Nilsson, “From Obscurity to Bestseller: Examining the Impact of Oprah’s Book Club Selections”, *Publishing Research Quarterly* 20, n. 4 (inverno de 2005)p. 23-34.

[24] Ver Howard Markel, “Truman Capote’s Unhappy Ending”, *NewsHour*, PBS, 1º de outubro de 2022. Disponível em: <https://www.pbs.org/newshour/health/truman-capotes-unhappy-ending>.

[25] Michela Ponzo e Vincenzo Scoppa, “Famous after Death: The Effect of a Writer’s Death on Book Sales”, *Journal of Economic Behavior and Organization* 210 (junho de 2023), p. 210-225.

[26] Ver David Maddison e Anders Jul Pedersen, “The Death Effect in Art Prices: Evidence from Denmark”, *Applied Economics* 40, n. 14 (2008), p. 1789-1793; ver também R. B. Ekelund Jr. et al., “The ‘Death-Effect’ in Art Prices: A Demand-Side Exploration”, *Journal of Cultural Economics* 24, n. 4 (2000), p. 283-300.

[27] Dean Talbot, “Number of Books Published Per Year”, WordsRated, 2 fev. 2022. Disponível em: <https://wordsrated.com/number-of-books-published-per-year-2021>. Isso pode ser uma superestimativa, por motivos que são muito enfadonhos para discutir aqui.

[28] 28. Ver “Death Rate, Crude (per 1,000 People)”, The World Bank. Disponível em: <https://data.worldbank.org/indicator/SP.DYN.CDRT.IN>.

Capítulo 4

[1] Ver Jill Lepore, *Book of Ages: The Life and Opinions of Jane Franklin*. Nova York: Vintage Books, 2014, p. 218.

[2] Lepore, p. 218.

[3] Ver Lepore, xi.

[4] Virginia Woolf, *A Room of One’s Own*. Londres: Hogarth Press, 1929, p. 46-47. [Ed. bras. *Um teto todo seu*. Trad. Bia Nunes de Sousa. São Paulo: Tordesilhas, 2014, p. 71.]

[5] Jeanne Peijnenburg e Sander Verhaegh, “Analytic Women”, *Aeon*, 1º ago. 2023. Disponível em: <https://aeon.co/essays/the-lost-women-of-early-analytic-philosophy>.

[6] Ver Jeanne Peijnenburg e Sander Verhaegh, *Women in the History of Analytic Philosophy*. Cham: Springer, 2022.

[7] George Orwell, *1984*. Nova York: Harcourt, Brace, 1949, 195. [Ed. bras. *1984*. Trad. Antônio Xerxenesky. Ilustrações por Rafael Coutinho. Rio de Janeiro: Antofágica, 2021.]

[8] Ver Maurice Halbwachs, *On Collective Memory*, trad. e ed. Lewis A. Coser. Chicago: Harbour, Brace, 1949, p. 195. Lewis A. Coser. Chicago: University

of Chicago Press, 1992. [Ed. bras. *A memória coletiva*. Trad. Laurent Leon Schaffter. São Paulo: Vértice, 1990.]

[9] Halbwachs, p. 21-22.

[10] Uma discussão brilhante está em Géraldine Schwarz, *Those Who Forget*, trad. Laura Marris. Nova York: Scribner, 2020. [Ed. bras. *Os amnésicos*. Trad. Ana Martini. Belo Horizonte, Veneza: Âyiné, 2021.] Não deixe de ler esse livro.

[11] Halbwachs, *On Collective Memory*, p. 234.

[12] Halbwachs, p. 234.

[13] Halbwachs, p. 92.

[14] Halbwachs, p. 94.

[15] Halbwachs, p. 94.

[16] Halbwachs, p. 95.

[17] Halbwachs, p. 101.

[18] Halbwachs, p. 102.

[19] Aleida Assmann, "Canon and Archive", em *Cultural Memory Studies*, ed. Astrid Erll e Ansgar Nünning. Berlim: Walter Gruyter, 2008, p. 97.

[20] Halbwachs, *On Collective Memory*, p. 107.

[21] Halbwachs, p. 115.

[22] Ver Elaine Pagels, *The Gnostic Gospels*. Nova York: Vintage Books, 1989. [Ed. bras. *Os evangelhos gnósticos*. Trad. Marisa Motta. Rio de Janeiro: Objetiva, 2006.]

[23] Halbwachs, *On Collective Memory*, p. 203. Para uma coleção valiosa, ver Astrid Erll e Ansgar Nünning, orgs., *Cultural Memory Studies*. Berlim: Walter de Gruyter, 2008.

[24] Para um dos meus favoritos, ver Robert Charles Wilson, *Mysterium*. Nova York: Orb, 2010.

[25] Ver John K. Papadopoulos, "Canon Creation/Destruction and Cultural Formation: Authority, Reception, Canonicity, Marginality", em *Canonisation as Innovation*, eds. Damien Agut-Labordère e Miguel John Versluys. Leiden: Brill, 2022, p. 3. Uma visão geral valiosa é Lee Martin McDonald, *The Formation of the Biblical Canon*, v. 2, *The New Testament: Its Authority and Canonicity*. Londres: Bloomsbury T&T Clark, 2021.

[26] McDonald, p. 350.

[27] McDonald, p. 7.

[28] McDonald, p. 351.

[29] McDonald, p. 4.

[30] Pagels, *The Gnostic Gospels*, p. 142.

[31] McDonald, *The Formation of the Biblical Canon*, v. 2, p. 219.

[32] Ver Herbert Grabes, "Cultural Memory and the Literary Canon", em *Cultural Memory Studies*, eds. Astrid Erll e Ansgar Nünning. Berlim: Walter de Gruyter,

2008, p. 311; Robert von Hallberg, ed., *Canons*. Chicago: University of Chicago Press, 1984.

[33] Ver Sandra Lapoint e Erich Reck, orgs., *Historiography and the Formation of Philosophical Canons*. Nova York: Routledge, 2023.

[34] Para discussão, ver Ralf von Appen e Andre Doehring, "Nevermind the Beatles, Here's Exile 61 and Nico: 'The Top 100 Records of All Time' – A Canon of Pop and Rock Albums from a Sociological and an Aesthetic Perspective", *Popular Music* 25, n. 1 (jan. 2006), p. 21-39. Este ensaio encontra uma grande estabilidade, que pode ser interpretada como um tributo à persistência dos efeitos de cascata, um tributo ao poder da qualidade indiscutível ou um tributo aos Beatles.

[35] Harold Bloom, *The Western Canon*, p. 27.

[36] Bloom, p. 27.

[37] Ver Hugh Kenner, "The Making of the Modernist Canon", em *Canons*, ed. Robert von Hallberg. Chicago: University of Chicago Press, 1984, p. 363.

[38] Prefácio do *First Folio*. Disponível em: <http://www.shakespeare-on-line.com/biography/firstfolio.html>.

[39] Gerard Manley Hopkins, "Spring and Fall". *Gerard Manley Hopkins: Poems and Prose*, Londres: Penguin Classics, 1985.

[40] Bloom, *The Western Canon*, p. 27-28.

[41] Para uma discussão relevante, ver Gillian Gualtiari, "Canonized Women and Women Canonizers: Gender Dynamics in *The Norton Anthology of English Literature*'s Eight Editions", *Gender Issues* 28 (2011), p. 94-109; Sean Shesgreen, "Canonizing the Canonizer: A Short History of The Norton Anthology of English Literature", Critical Inquiry 35, n. 2 (inverno de 2009), p. 293-318. Sobre a questão geral, ver John Guillary, *Cultural Capital: The Problem of Literary Canon Formation*. Chicago: University of Chicago Press, 1993; Bloom, *The Western Canon*.

[42] Michelle Levy e Mark Perry, "Distantly Reading the Romantic Canon: Quantifying Gender in Current Anthologies", Women's Writing 22, n. 2 (2015), p. 136.

[43] Gualtiari, "Canonized Women and Women Canonizers", p. 95.

[44] Shesgreen, "Canonizing the Canonizer", p. 315-316.

[45] Ken Gewertz, "Greenblatt Edits 'Norton Anthology'", *Harvard Gazette*, 2 fev. 2006. Disponível em: <https://news.harvard.edu/gazette/story/2006/02/greenblatt-edits-norton-anthology>.

[46] Estou exagerando. Assim espero. Ver Bloom, *The Western Canon*.

[47] Ver Bloom, 3.

Capítulo 5

[1] Leigh Hunt, "Jenny Kiss'd Me". *Poetry Foundation*, nov. 1938. Disponível em: <https://www.poetryfoundation.org/poems/50495/jenny-kissd-me>.

[2] Leigh Hunt, "Jenny Kiss'd Me".

[3] Ver Jackson, *Those Who Write for Immortality.*

[4] Jackson, p. 114.

[5] Jackson, p. 115.

[6] Jackson, p. 161.

[7] Jackson, p. 117.

[8] Jackson, p. 116.

[9] Jackson, p. 115.

[10] Jackson, p. 117.

[11] Jackson, p. 118.

[12] Jackson, p. 120.

[13] Jackson, p. 122.

[14] Jackson, p. 125.

[15] Jackson, p. 125.

[16] Jackson, p. 127.

[17] Jackson, p. 156.

[18] Jackson, p. 155.

[19] Jackson, p. 161.

[20] Jackson, p. 163.

[21] Jackson, p. 163.

[22] Jackson, p. 163.

[23] Jackson, p. 40-41.

[24] Jackson, p. 112.

[25] Steve Jones e Joli Jensen, orgs., *Afterlife as Afterimage: Understanding Posthumous Fame*. Nova York: P. Lang, 2005, p. xix.

[26] Jackson, *Those Who Write for Immortality*, p. 113.

[27] Jackson, p. 113.

[28] Jackson, p. 113.

[29] Jackson, p. 114.

[30] Jackson, p. 131.

[31] Jackson, p. 85.

[32] Jackson, p. 85.

[33] Citado em Jackson, p. 86.

[34] Jackson, p. 87.

[35] Jackson, p. 88.

[36] Jackson, p. 88.

[37] Jackson, p. 91-92.

[38] Jackson, p. 95.

[39] Jackson, p. 95.

[40] Ver Devoney Looser, *The Making of Jane Austen*. Baltimore: Johns Hopkins University Press, 2017, p. 2.

[41] Looser, p. 4.

[42] Looser, p. 6.

[43] Looser, p. 4.

[44] Jackson, *Those Who Write for Immortality*, p. 96.

[45] Jackson, p. 98.

[46] Looser, *The Making of Jane Austen*, p. 19.

[47] Looser, p. 20.

[48] Jackson, *Those Who Write for Immortality*, p. 101.

[49] Ver Looser, *The Making of Jane Austen*, p. 75.

[50] Jackson, *Those Who Write for Immortality*, p. 104.

[51] Jackson, p. 104.

[52] Jackson, p. 105.

[53] William Blake, "Jerusalem", *Preface to Milton: A Poem in Two Books*, 1810.

[54] William Blake, "Jerusalem".

[55] Jackson, *Those Who Write for Immortality*, p. 168.

[56] Jackson, p. 168.

[57] Jackson, p. 172.

[58] Jackson, p. 168.

[59] Jackson, p. 177.

[60] Jackson, p. 183.

[61] Jackson, p. 183.

[62] Jackson, p. 162.

[63] Jackson, p. 218.

[64] Jackson, p. 166.

[65] Gladys Engel Lang e Kurt Lang estudaram a durabilidade póstuma da arte, com referência especial à gravura. Ver Gladys Engel Lang e Kurt Lang, "Recognition and Renown: The Survival of Artistic Reputation", *American Journal of Sociology* 94, n. 1 (jul. 1988), p. 79-109. O ponto de partida deles é a ideia de "memória coletiva", estudada na sociologia. Eles perguntam: "Por que o nome de algumas pessoas, e as realizações em que suas reputações se baseiam, é mais amplamente lembrado do que o de outras, que foram igualmente aclamadas no passado?". A conexão com o trabalho de Jackson não poderia ser mais clara. Lang e Lang "não contestam a influência do feito em si sobre o que as pessoas vão lembrar de quem o realizou". Mas, em sua visão, as diferenças entre os melhores desempenhos são pequenas, e ainda assim observamos grandes disparidades nos níveis de aclamação. Isso é, evidentemente,

o Efeito Mateus. Lang e Lang destacam o papel dos fatores sociológicos, incluindo "influências supostamente extrínsecas", na produção de disparidades na sobrevivência na memória coletiva. Estudando um grande conjunto de dados, eles concluem que é importante para os artistas terem "sobreviventes com um interesse emocional ou financeiro na perpetuação de suas reputações". A família próxima é extremamente relevante e, na ausência de uma, amigos e admiradores podem fazer toda a diferença. Lang e Lang também enfatizam a importância de "redes e círculos".

[66] Leigh Hunt, "Song of Fairies Robbing an Orchard". *Poetry Foundation*, 1938. Disponível em: <https://www.poetryfoundation.org/poems/44436/song-of-fairies-robbing-an-orchard>.

Capítulo 6

[1] J. W. Rinzler, *The Making of Star Wars*. Nova York: Ballantine Books, 2007, p. 294.

[2] Rinzler, p. 295.

[3] Chris Taylor, *How Star Wars Conquered the Universe*. Nova York: Basic Books, 2014, p. 182 [Ed. bras. *Como Star Wars conquistou o universo*. Trad. André Gordirro. São Paulo: Aleph, 2015.]; Rinzler, p. 294.

[4] Ver Michael Coate, "The Original First-Week Engagements of 'Star Wars'", *in70mm*, 25 maio 2003. Disponível em: <https://www.in70mm.com/presents/1963_blow_up/titel/s/star_wars/index.htm>.

[5] Taylor, *How Star Wars Conquered the Universe*, p. 187.

[6] Rinzler, *The Making of Star Wars*, p. 304.

[7] Michael Zoldessy, "Celebrating the Original Star Wars on Its 35th Anniversary", *Cinema Treasures*, 25 maio 2012. Disponível em: <http://cinematreasures.org/blog/2012/5/25/celebrating-the-original-star-wars-on-its-35th-anniversary>.

[8] Zoldessy, "Celebrating the Original Star Wars."

[9] Rinzler, *The Making of Star Wars*, p. 304.

[10] Rinzler, p. 304.

[11] Rinzler, p. 302.

[12] Rinzler, p. 300.

[13] Ver "Star Wars: Episode IV – A New Hope", Box Office Mojo. Disponível em: <https://www.boxofficemojo.com/title/tt0076759/?ref_=bo_se_r_1>.

[14] Ver "Feature Film, Released between 1977-01-01 and 1977-12-31 (Sorted by US Box Office Descending)", IMDb. Disponível em: <https://www.imdb.com/search/title/?title_type=feature&year=1977-01-01,1977-12-31&sort=boxoffice_gross_us,desc>.

[15] Ver "Feature Film, Released between 1977-01-01 and 1977-12-31".

[16] "Top Lifetime Adjusted Grosses", Box Office Mojo. Disponível em: <https://www.boxofficemojo.com/chart/top_lifetime_gross_adjusted/?adjust_gross_to=2019>.

[17] Ver “Top Lifetime Adjusted Grosses”.

[18] Ver “GDP (current US$)-Samoa”, Banco Mundial. Disponível em: <https://data.worldbank.org/indicator/NY.GDP.MKTP.CD?locations=WS>.

[19] Ver “Franchise: Star Wars”, Box Office Mojo. Disponível em: <https://www.boxofficemojo.com/franchise/fr3125251845>.

[20] Ver “Top Lifetime Adjusted Grosses”.

[21] Paul Scanlon, “George Lucas: The Wizard of ‘Star Wars’”, *Rolling Stone*, 25 ago. 1977. Disponível em: <https://www.rollingstone.com/feature/george-lucas-the-wizard-of-star-wars-2-232011>.

[22] Rinzler, *The Making of Star Wars*, 36.

[23] Rinzler, p. 36.

[24] Scanlon, “George Lucas: The Wizard of ‘Star Wars’”.

[25] Taylor, *How Star Wars Conquered the Universe*, p. 156.

[26] Kirsten Acuna, “George Lucas Was Convinced ‘Star Wars’ Would Be a Disaster until This Phone Call in 1977”, *Business Insider*, 18 abr. 2015. Disponível em: <https://www.yahoo.com/entertainment/news/first-time-george-lucas-understood-140554197.html>.

[27] Acuna.

[28] Taylor, *How Star Wars Conquered the Universe*, p. 184.

[29] Taylor, p. 156-157.

[30] Sally Kline, ed., *George Lucas: Interviews*. Jackson, MS: University Press of Mississippi, 1999, p. 81.

[31] Scanlon, “George Lucas: The Wizard of “Star Wars’”.

[32] Taylor, *How Star Wars Conquered the Universe*, p. 157. Em vários pontos aqui, baseio-me no excelente trabalho de Taylor.

[33] Mike Musgrove, “Review: ‘How Star Wars Conquered the Universe’, by Chris Taylor”, *Washington Post*, 10 out. 2014. Disponível em: <https://www.washingtonpost.com/entertainment/books/review-how-star-wars-conquered-the-universe-by-chris-taylor/2014/10/09/6cd5afa2-32bc-11e4-8f02-03c644b2d7d0_story.html>.

[34] Taylor, *How Star Wars Conquered the Universe*, p. 187.

[35] Susana Polo, “Stephen Colbert and George Lucas Talk Star Wars, Wooden Dialogue and Howard the Duck”, *Polygon*, 18 abr. 2015. Disponível em: <https://www.polygon.com/2015/4/18/8448685/stephen-colbert-george-lucas-tribeca-talk>.

[36] *When Star Wars Ruled the World*, exibido em 18 set. 2004, na VH1.

[37] *When Star Wars Ruled the World.*

[38] Gavin Edwards, “The Many Faces of Vader”, *Rolling Stone*, 2 jun. 2005. Disponível em: <https://www.rollingstone.com/tv-movies/tv-movie-news/the-many-faces-of-vader-67888>.

[39] *When Star Wars Ruled the World.*

[40] Carrie Fisher, "The Arrival of the Jedi", *Time*, 31 mar. 2003. Disponível em: <https://content.time.com/time/specials/packages/article/0,28804,1977881_1977891_1978545,00.html>.

[41] Taylor, *How Star Wars Conquered the Universe*, p. 145.

[42] Polo, "Stephen Colbert and George Lucas Talk Star Wars".

[43] Paul Young, "Star Wars (1977)", em *Fifty Key American Films*, eds. John White e Sabine Haenni. Nova York: Routledge, 2009, p. 180.

[44] Rinzler, *The Making of Star Wars*, p. 247.

[45] Rinzler, p. 256.

[46] Rinzler, p. 288.

[47] Taylor, *How Star Wars Conquered the Universe*, p. 184.

[48] Rinzler, *The Making of Star Wars*, p. 297.

[49] Vincent Canby, "'Star Wars' – A Trip to a Far Galaxy That's Fun and Funny", *New York Times*, 26 maio 1977. Disponível em: <https://www.nytimes.com/1977/05/26/archives/star-wars-a-trip-to-a-far-galaxy-thats-fun-and-funny.html>.

[50] Ver Taylor, *How Star Wars Conquered the Universe*, p. 164.

[51] Joseph Gelmis, "Superb Sci-Fi", *Newsday*, 27 maio 1977. Disponível em: <https://www.newsday.com/entertainment/movies/star-wars-newsday-s-original-1977-movie-review-f53771>.

[52] Taylor, *How Star Wars Conquered the Universe*, p. 187.

[53] "The 50th Academy Awards", Academy of Motion Picture Arts and Sciences. Disponível em: <https://www.oscars.org/oscars/ceremonies/1978/S?qt-honorees=1#block-quicktabs-honorees>.

[54] "'Star Wars': Their First Time", *New York Times*, 28 out. 2015. Disponível em: <https://www.nytimes.com/interactive/2015/10/28/movies/star-wars-memories.html>.

[55] Rinzler, *The Making of Star Wars*, p. 298.

[56] Rinzler, p. 298.

[57] Jonathan Lethem, "13, 1977, 21", em *A Galaxy Not So Far Away*, ed. Glenn Kenny. Nova York: Holt, 2015, p.1.

[58] Todd Hansen, "A Big Dumb Movie about Space Wizards: Struggling to Cope with *The Phantom Menace*", em *A Galaxy Not So Far Away*, ed. Glenn Kenny. Nova York: Holt, 2015, p. 181.

[59] Gary Arnold, "'Star Wars': A Spectacular Intergalactic Joyride", *Washington Post*, 25 maio 1977. Disponível em: <https://www.washingtonpost.com/news/arts-and-entertainment/wp/2015/12/20/how-does-the-original-1977-star-wars-review-from-the-washington-post-hold-up>.

[60] Ver *Time*, 30 maio 1977. Disponível em: <https://content.time.com/time/magazine/0,9263,7601770530,00.html>.

[61] Rinzler, *The Making of Star Wars*, p. 195-196.

[62] Rinzler, p. 297.

[63] Rinzler, p. 297.

[64] Arion Berger, “A Night Out at the Memeplex”, em *A Galaxy Not So Far Away*, ed. Glenn Kenny. Nova York: Holt, 2015, 64.

[65] Ann Friedman, “You Can’t Miss a Universal Event”, *Akron Beacon Journal*, 29 dez. 2015. Disponível em: <https://www.beaconjournal.com/story/opinion/columns/2015/12/29/ann-friedman-you-can-t/10718665007>.

[66] Berger, “A Night Out at the Memeplex”, p. 66.

[67] Taylor, *How Star Wars Conquered the Universe*, p. 187 n.4.

[68] Rinzler, *The Making of Star Wars*, p. 297.

[69] Taylor, *How Star Wars Conquered the Universe*, p. 189.

[70] Taylor, p. 189.

[71] Taylor, p. 189.

[72] *Star Wars: The Legacy Revealed*, exibido em 28 maio 2007, no History Channel.

[73] Friedman, “You Can’t Miss a Universal Event”.

[74] A. O. Scott, “How ‘Star Wars’ Defined My Generation”, *New York Times*, 28 out. 2015. Disponível em: <https://www.nytimes.com/2015/11/01/movies/star-wars-elvis-and-me.html>.

[75] Taylor, *How Star Wars Conquered the Universe*, p. 163.

[76] David Wilkinson, *The Power of the Force*. Oxford: Lion, 2000, p. 67-69.

[77] *Star Wars: The Legacy Revealed*.

[78] *Star Wars: The Legacy Revealed*.

[79] Presidente Jimmy Carter, Report to the American People on Energy, 2 fev. 1977. Disponível em: <https://www.nytimes.com/1977/02/03/archives/the-text-of-jimmy-carters-first-presidential-report-to-the-american.html>.

Capítulo 7

[1] Ver “Brand: Marvel Comics”, Box Office Mojo. Disponível em: <https://www.boxofficemojo.com/brand/bn3732077058>.

[2] “Brand: Marvel Comics”.

[3] “Brand: Marvel Comics”.

[4] Ver “Stan Lee”, Encyclopedia Britannica. Disponível em: <https://www.britannica.com/biography/Stan-Lee>.

[5] Megan McCluskey, “These Are Some of the Most Beloved Heroes and Villains You’d Never Know without Stan Lee”, *Time*, 12 nov. 2018. Disponível em: <https://time.com/5452364/stan-lee-marvel-characters>.

[6] Bryce Morris, "Stan Lee's First Marvel Fan Club Paved the Way for Modern Fandom", *Screen Rant*, 28 ago. 2021. Disponível em: <https://screenrant.com/stan-lee-merry-marvel-marching-society-fan-club>.

[7] Michael Cavna, "'The Avengers' to 'Spider-Man': Nearing 90, Marvel Mastermind Stan Lee Shoots from the Still-Hip (About Whedon, Kirby, and RDJ)", *Washington Post*, 3 maio 2012. Disponível em: <https://www.washingtonpost.com/blogs/comic-riffs/post/the-avengers-to-spider-man-nearing-90-marvel-mastermind-stan-lee-shoots-from-the-still-hip-about-whedon-kirbyand-rdj/2018/11/12/9011abfe-94d2-11e1-ac40-12b3c15489c0_blog.html>.

[8] Cavna.

[9] Percy Bysshe Shelley, "A Defence of Poetry", *Essays, Letters from Abroad, Translations and Fragments, by Percy Bysshe Shelley*, ed. Mary Wollstonecraft Shelley. Londres: Edward Moxon, 1840, p. 86.

[10] A história que conto aqui foi narrada por muitas pessoas, inclusive o próprio Lee, e em muitos lugares. Às vezes, ela é transmitida de forma um pouco diferente; ofereço o que me parece ser o relato mais plausível ou não menos plausível do que as alternativas. Duas discussões excelentes, com as quais aprendi muito, são Liel Leibovitz, *Stan Lee: A Life in Comics*. New Haven: Yale University Press, 2020; e Reed Tucker, *Slugfest: Inside the Epic, 50-Year Battle between Marvel and DC*. Nova York: Da Capo Press, 2017 [Ed. bras. Pancadaria: por dentro do épico conflito Marvel vs. DC. Trad. Guilherme Kroll. Rio de Janeiro: Fábrica 231, 2018]. Para alguns dos eventos e citações deste capítulo, baseei-me no excelente livro de Leibovitz; economizo nas notas de rodapé e ofereço esta nota como um reconhecimento geral.

[11] Tucker, *Slugfest*, p. xii.

[12] Tucker, p. 16.

[13] Leibovitz, *Stan Lee*, p. 1-2.

[14] Tucker, *Slugfest*, p. 17.

[15] Leibovitz, Stan *Lee*, p. 3

[16] Leibovitz, p. 34.

[17] Richard Lea e Sian Cain, "Stan Lee: Spider-Man, X-Men and Avengers Creator Dies Aged 95", *Guardian*, 12 nov. 2018. Disponível em: <https://www.theguardian.com/books/2018/nov/12/stan-lee-spider-man-x-men-avengers-marvel-universe-dies>.

[18] Lea e Cain.

[19] Bruce Munro, "A True Marvel: How Stan Lee Led the 1960s Superhero Revolution", *BBC*, 12 nov. 2018. Disponível em: <https://www.bbc.co.uk/programmes/articles/YdCRCCdSc6ZdBf0Hl6mS5G/a-true-marvel-how-stan-lee-led-the-1960s-superhero-revolution>.

[20] Tucker, *Slugfest*, p. 19.

[21] Leibovitz, *Stan Lee*, p. 93.

[22] Leibovitz, p. 102.

[23] Veja Matt Miller, “Stan Lee’s Powerful 1968 Essay about the Evils of Racism Is Still Necessary Today”, *Esquire*, 12 nov. 2018. Disponível em: <https://www.esquire.com/entertainment/movies/a25022397/stan-lee-marvel-racism-1968-essay>.

[24] Veja Jef Rouner, “Stan Lee’s Immortal Message about Politics in Pop Art”, *Houston Press*, 13 nov. 2018. Disponível em: <https://www.houstonpress.com/houston/Print?oid=11035025>.

[25] Tucker, *Slugfest*, p. 21.

[26] Leibovitz, *Stan Lee*, p. 12.

[27] Ver Joseph Campbell, *The Hero with a Thousand Faces*. Nova York: Meridian Books, 1949. [Ed. bras. *O herói de mil faces*. Trad. Adail Ubirajara Sobral. São Paulo: Cultrix Pensamento, 1999.

[28] Campbell, p. 30.

[29] Stan Lee (@TheRealStanLee), Twitter, 9 nov. 2010, 17h54. Disponível em: <https://twitter.com/TheRealStanLee/status/2131837090529280?lang=en>.

[30] Jim Beard, “Stan’s Soapbox: Elevating Excelsior”, *Marvel*, 29 ago. 2019. Disponível em: <https://www.marvel.com/articles/culture-lifestyle/stan-s-soapbox-elevating-excelsior.

[31] Tucker, *Slugfest*, p. 41.

[32] Tucker, p. 23.

Capítulo 8

[1] Uma discussão detalhada pode ser encontrada em Tali Sharot e Cass R. Sunstein, *Look Again*. Nova York: Atria/One Signal Publishers, 2024. [Ed. bras. *Olhe de novo: O poder de perceber o que sempre esteve ao seu redor*. Trad. Cláudia Mello Belhassof. Rio de Janeiro: Intrínseca, 2025.]

[2] Ver Daniel Simons et al., “Induced Visual Fading of Complex Images”, *Journal of Vision* 6, n. 10 (2006), p. 1093-1101.

[3] Ver, por exemplo, Paul Dolan, *Happiness by Design*. Nova York: Hudson Street Press, 2014. [Ed. bras. *Felicidade construída: como encontrar prazer e propósito no dia a dia*. Trad. Rafael Mantovani. Rio de Janeiro: Objetiva, 2016.]

[4] Shigehiro Oishi e Erin C. Westgate, “A Psychologically Rich Life: Beyond Happiness and Meaning”, *Psychological Review* 129, n. 4 (2022), p. 790-811.

[5] Ver Oishi e Westgate, “A Psychologically Rich Life”.

[6] Jack Kerouac, *On the Road*. Nova York: Viking Press, 1957, p. 5. [Ed. bras. *On the road: Pé na estrada*. Trad. Eduardo Bueno. Porto Alegre: L&PM, 2004.]

[7] Ver *No Direction Home*, dirigido por Martin Scorsese, exibido em 27 set. 2005, na PBS.

[8] Em geral, ver Bob Dylan, *The Philosophy of Modern Song*. Nova York: Simon & Schuster, 2022. [Ed. bras. *A filosofia da música moderna*. Trad. Bruna Beber, Julia Debasse. São Paulo: Companhia das Letras, 2003.]

[9] Jonathan Cott, ed., *Bob Dylan: The Essential Interviews*. Nova York: Wenner Books, 2006, p. 104.

[10] Cott, p. 104.

[11] Veja Joe Garza, "Bob Dylan's High School Yearbook Showed His Dreams of Musical Stardom Started Early", MSN, 4 nov. 2022. Disponível em: <https://www.msn.com/en-us/music/news/bob-dylan-s-high-school-yearbook-showed-his-dreams-of-musical-stardom-started-early/ar-AA13KaBk?ocid=a2hs>.

[12] Curt Eriksmoen, "After a Summer in Fargo, Bob Dylan Went from Rock 'n' Roll Aspirant to Folk Music Legend", *Inforum*, 20 mar. 2021. Disponível em: <https://www.inforum.com/lifestyle/arts-and-entertainment/after-a-summer-in-fargo-bob- dylan-went-from-rock-n-roll-aspirant-to-folk-music-legend>.

[13] Eriksmoen.

[14] Eriksmoen.

[15] Eriksmoen.

[16] Ed Bradley, "Bob Dylan Gives Rare Interview", *60 Minutes*, CBS News, 5 dez. 2004. Disponível em: <https://www.cbsnews.com/news/60-minutes-bob-dylan-rare-interview-2004>.

[17] Bob Dylan, *Chronicles*, p. 288.

[18] Ver Sam Kemp, "Why Did Bob Dylan Change His Name? Exploring Anti-Semitism and Acceptance in 1960s Showbusiness", *Far Out Magazine*, 28 jan. 2022. Disponível em: <https://faroutmagazine.co.uk/why-did-bob-dylan-change-his-name-anti-semitism>.

[19] Ver Eriksmoen, "After a Summer in Fargo".

[20] Anthony Scaduto, "Bob Dylan: An Intimate Biography, Part One", *Rolling Stone*, 2 mar. 1972. Disponível em: <https://www.rollingstone.com/music/music-news/bob-dylan-an-intimate-biography-part-one-244147>.

[21] Scaduto.

[22] Patrick Filbin, "Read Bob Dylan's Full MusiCares Person of the Year Speech", American Songwriter. Disponível em: <https://americansongwriter.com/read-bob-dylans-full-musicares-person-year-speech>.

[23] Billy Heller, "How Bob Dylan Talked His Way into His First Recording Session 60 Years Ago", *New York Post*, 17 nov. 2021. Disponível em: <https://nypost.com/2021/11/17/how-bob-dylan-landed-his-first-recording-session-60-years-ago>.

[24] Heller.

[25] Heller.

[26] Clinton Heylin, *Bob Dylan: The Recording Sessions, 1960-1994*. Nova York: St. Martin's Press, 1995, p. 8.

[27] Scaduto, "Bob Dylan: An Intimate Biography, Part One".

[28] Scaduto.

[29] Scaduto.

[30] *No Direction Home.*

[31] Pearce Marchbank, ed., *Bob Dylan in His Own Words*. Nova York: Quick Fox, 1978, p. 53.

[32] Ver Evan Andrews, "The Day Dylan Went Electric", History Channel, 26 ago. 2018. Disponível em: <https://www.history.com/news/the-day-dylan-went-electric>.

[33] Andrews.

[34] Andrews.

[35] Ver Anthony Scaduto, "Bob Dylan: An Intimate Biography, Part Two", *Rolling Stone*, 16 mar. 1972. Disponível em: <https://www.rollingstone.com/music/music-news/bob-dylan-an-intimate-biography-part-two-237760>.

[36] Kevin Rutherford, "Bob Dylan Scores First-Ever n. 1 Song on a Billboard Chart with 'Murder Most Foul'", *Billboard*, 8 abr. 2020. Disponível em: <https://www.billboard.com/pro/bob-dylan-murder-most-foul-first-number-one-song-chart>.

[37] Cott, ed. *Bob Dylan: The Essential Interviews*, p. 153.

[38] Cott, p. 338.

[39] Cott, p. 41.

[40] Cott, p. 107.

[41] Ver "Bob Dylan Records 'Blowin' in the Wind'", History Channel, 7 jul. 2020. Disponível em: <https://www.history.com/this-day-in-history/bob-dylan-records-blowin-in-the-wind>.

[42] Cott, ed. *Bob Dylan: The Essential Interviews*, p. 62.

[43] Cott, p. 54.

[44] Cott, p. 184.

[45] Cott, p. 340.

[46] Ver Bob Spitz, *Dylan: A Biography*. Nova York: W. W. Norton, 1991, p. 241.

[47] Cott, ed. *Bob Dylan: The Essential Interviews*, p. 55.

[48] Cott, p. 329.

[49] Dylan, *Chronicles*, v. 1, p. 238-239. A música "It Ain't Me Babe" de Dylan foi muito influenciada por Niles.

[50] Bob Dylan, entrevista por Martin Bronstein, 20 fev. 1966, Montreal. Disponível em: <https://alldylan.com/feb-20-1966-bob-dylan-martin-bronstein-interview-montreal-audio>.

[51] Cott, ed. *Bob Dylan: The Essential Interviews*, p. 338.

[52] Cott, p. 339.

[53] Bloom, *The Western Canon*. p. 11.

Capítulo 9

[1] Mark Brown, “The Letters, Cards and Poems of People Facing the Enormity of War”, *Guardian*, 18 de junho de 2014. Disponível em: <https://www.theguardian.com/world/2014/jun/18/first-world-war-exhibition-british-library-letters-poetry>.

[2] Arthur Conan Doyle, *The New Revelation*. Nova York: George H. Doran Co., 1918, p. vi. [Ed. bras. *A nova revelação*. Trad. Guillon Ribeiro. Rio de Janeiro: Federação Espírita Brasileira, 1996.]

[3] “Arthur Conan Doyle’s Interest in Spiritualism”, *The Victorian Web*, 14 nov. 2013. Disponível em: <https://victorianweb.org/authors/doyle/spiritualism.html>.

[4] “Oliver Joseph Lodge”, *New World Encyclopedia*. Disponível em: <https://www.newworldencyclopedia.org/entry/Oliver_Joseph_Lodge>.

[5] Oliver Lodge, *Raymond, or, Life and Death*. Nova York: George H. Doran Co., 1916. [Ed. bras. *Raymond: uma prova da existência da alma*. Trad. Monteiro Lobato. São Paulo, Lake, 2012.]

[6] “Oliver Joseph Lodge”.

[7] Ver Robert Michael Brain, “Materialising the Medium: Ectoplasm and the Quest for Supra-Normal Biology in Fin-de-Siècle Science and Art”, em *Vibratory Modernism*, eds. Anthony Enns e Shelley Trower. Londres: Palgrave Macmillan, 2013, p. 115.

[8] Ver Kristin Tablang, “Thomas Edison, B. C. Forbes and the Mystery of the Spirit Phone”, *Forbes*, 25 out. 2019. Disponível em: <https://www.forbes.com/sites/kristintablang/2019/10/25/thomas-edison-bc-forbes-mystery-spirit-phone/?sh=7629cf9529ad>.

[9] David Jaher, *The Witch of Lime Street*. Nova York: Broadway Books, 2016, p. 23.

[10] Jaher, p. 31.

[11] Jaher, p. 33.

[12] Jaher, p. 27.

[13] Jaher, p. 65.

[14] Jaher, p. 42.

[15] Jaher, p. 70-71.

[16] Jaher, p. 70-71.

[17] Jaher, p. 82.

[18] Jaher, p. 76.

[19] Jaher, p. 77.

[20] Jaher, p. 75.

[21] Jaher, p. 78.

[22] Jaher, p. 87.

[23] Jaher, p. 103.

[24] Jaher, p. 122.

[25] Jaher, p. 84.

[26] Jaher, p. 15.

[27] Jaher, p. 54.

[28] Jaher, p. 404.

[29] Jaher, p. 84.

[30] Jaher, p. 84.

[31] Jaher, p. 84-85.

[32] Jaher, p. 85.

[33] Jaher, p. 102.

[34] Jaher, p. 100.

[35] Jaher, p. 102.

[36] Jaher, p. 102.

[37] Jaher, p. 124.

[38] Jaher, p. 126.

[39] Jaher, p. 127.

[40] Jaher, p. 171.

[41] Jaher, p. 171.

[42] Jaher, p. 161.

[43] Jaher, p. 196.

[44] Jaher, p. 166.

[45] Jaher, p. 199.

[46] Jaher, p. 208.

[47] Jaher, p. 207.

[48] Jaher, p. 203.

[49] Jaher, p. 213.

[50] Massimo Polidoro, *Final Séance*. Amherst, NY: Prometheus Books, 2001, p. 137.

[51] Jaher, *The Witch of Lime Street*, p. 224.

[52] Jaher, p. 221.

[53] Jaher, p. 225.

[54] Crandon para Conan Doyle, 6 jun. 1924, em arquivo no Harry Ransom Center, Universidade do Texas, Austin.

[55] Jaher, *The Witch of Lime Street*, p. 231.

[56] Jaher, p. 232.

[57] Jaher, p. 234.

[58] Jaher, p. 241.

[59] "Margery Pamphlet", *American Experience*, PBS. Disponível em: <https://www.pbs.org/wgbh/americanexperience/features/houdini-margery-pamphlet>.

[60] Jaher, *The Witch of Lime Street*, p. 268.

[61] "Margery Pamphlet".

[62] Jaher, *The Witch of Lime Street*, p. 268.

[63] "Timeline of Houdini's Life", *American Experience*, PBS. Disponível em: <https://www.pbs.org/wgbh/americanexperience/features/houdini-timeline>.

[64] Mark Wyman Richardson e Charles Stanton Hill, *Margery, Harvard, Veritas: A Study in Psychics.* Boston: Blanchard Printing Co., 1925, p. 10.

[65] Jaher, *The Witch of Lime Street*, p. 368.

[66] Jaher, p. 330.

[67] Jaher, p. 378.

[68] Jaher, p. 393.

[69] Jaher, p. 357.

[70] Polidoro, *Final Séance*, p. 234.

[71] Jaher, *The Witch of Lime Street*, p. 404.

[72] Jaher, p. 246.

[73] Jaher, p. 402.

[74] Jaher, p. 341.

[75] William Kalush e Larry Sloman, *The Secret Life of Houdini*. Nova York: Atria, 2007, p. 491.

[76] Kalush e Sloman, p. 495.

[77] Jaher, *The Witch of Lime Street*, p. 377.

[78] Jaher, p. 410.

Capítulo 10

[1] Ayn Rand, *The Fountainhead*. Nova York: Bobbs-Merrill Co., 1943, p. 9. [Ed. bras. *A nascente*. Trad. Márcio Stockler. Campinas, SP: Vide, 2019.]

[2] Rand, p. 743.

[3] Rand, p. 113.

[4] Ayn Rand, *For the New Intellectual*. Nova York: Random House, 1961, p. 77.

[5] Rand, *The Fountainhead*, p. 738.

[6] Rand, p. 738.

[7] Ed Kilgore, "Donald Trump's Role Model Is an Ayn Rand Character", *New York Magazine*, 12 abr. 2016. Disponível em: <https://nymag.com/intelligencer/2016/04/trumps-role-model-is-an-ayn-rand-character.html>.

[8] Lisa Duggan, "How Ayn Rand Became the Spirit of Our Time", *Literary Hub*, 31 maio 2019. Disponível em: <https://lithub.com/how-ayn-rand-became-the-spirit-of-our-time>.

[9] Duggan.

[10] *The Fountainhead*, Ayn Rand Institute. Disponível em: <https://aynrand.org/novels/the-fountainhead>.

[11] *Atlas Shrugged*, Ayn Rand Institute. Disponível em: <https://aynrand.org/novels/atlas-shrugged>.

[12] Shana Lebowitz, Allana Akhtar e May Teng, "16 Books Steve Jobs Always Turned to for Inspiration", *Business Insider*, 24 fev. 2021. Disponível em: <https://www.businessinsider.com/steve-jobs-reading-list-favorite-books-2015-10>; Anna Wiener, "What Is It about Peter Thiel?", *New Yorker*, 27 out. 2021. Disponível em: <https://www.newyorker.com/news/letter-from-silicon-valley/what-is-it-about-peter-thiel>; Andreas Kluth, "Elon Musk and the Confessions of an Ayn Rand Reader", *Washington Post*, 27 nov. 2022. Disponível em: <https://www.washingtonpost.com/business/elon-musk-and-the-confessions-of-an-ayn-rand-reader/2022/11/27/0587ba4c-6e32-11ed-8619-0b92f0565592_story.html> ("Jeff Bezos e alguns outros [...] magnatas da tecnologia adulam Ayn Rand").

[13] Jonathan Freedland, "The New Age of Ayn Rand: How She Won Over Trump and Silicon Valley", *Guardian*, 10 abr. 2017. Disponível em: <https://www.theguardian.com/books/2017/apr/10/new-age-ayn-rand-conquered-trump-white-house-silicon-valley>.

[14] Jan Frel, "Ryan's Ayn Rand Obsession", *Salon*, 13 ago. 2012. Disponível em: <https://www.salon.com/2012/08/13/ryans_ayn_rand_obsession_salpart>.

[15] Jennifer Burns, *Goddess of the Market*. Oxford: Oxford University Press, 2009, p. 4.

[16] Michael Shermer, "The Real Rogue Warrior: Ayn Rand, Not Sarah Palin", *Huffpost*, 25 maio 2011. Disponível em: <https://www.huffpost.com/entry/the-real-rogue-warrior-ay_b_367954>.

[17] Lisa Duggan, *Mean Girl: Ayn Rand and the Culture of Greed*. Oakland: University of California Press, 2019, p. 13.

[18] Duggan, *Mean Girl*, p. 15.

[19] Nathaniel Branden, *Judgment Day: My Years with Ayn Rand*. Boston: Houghton Mifflin, 1989, p. 46.

[20] Duggan, *Mean Girl*, p. 18.

[21] Branden, *Judgment Day*, p. 62.

[22] Duggan, p. 21-22.

[23] Duggan, p. 20.

[24] Duggan, p. 22.

[25] Duggan, p. 33.

[26] Duggan, p. 34.

[27] Jennifer A. Grossman, "5 Things to Know about Frank O'Connor, Ayn Rand's Husband", *The Atlas Society*, 9 nov. 2016. Disponível em: <https://archive.atlassociety.org/index.php/commentary/commentary-blog/6101-5-things-to-know-about-frank-o-connor-ayn-rand-s-husband>.

[28] Duggan, *Mean Girl*, p. 110.

[29] Duggan, *Mean* Girl, p. 30-43

[30] Ver, em geral, Jennifer Burns, "The Three 'Furies' of Libertarianism: Rose Wilder Lane, Isabel Paterson, and Ayn Rand", *Journal of American History* 102, n. 3 (dez. 2015), p. 746-774.

[31] Duggan, *Mean Girl*, p. 44.

[32] Ayn Rand, "The Individualist Manifesto", manuscrito não publicado, 1941.

[33] Duggan, *Mean Girl*, p. 39.

[34] Duggan, p. 51.

[35] Duggan, p. 39.

[36] Duggan, p. 41.

[37] Duggan, p. 54.

[38] Duggan, p. 56.

[39] Duggan, p. 56.

[40] Duggan, p. 56.

[41] Duggan, p. 56.

[42] Duggan, p. 56.

[43] Steve Chawkins, "Nathaniel Branden Dies at 84; Acolyte and Lover of Ayn Rand", *Los Angeles Times*, 9 dez. 2014. Disponível em: <https://www.baltimoresun.com/la-me-nathaniel-branden-20141209-story.html>.

[44] Branden, *Judgment Day*, p. 36-37.

[45] Anne C. Heller, *Ayn Rand and the World She Made*. Nova York: Anchor Books, 2010, p. 222.

[46] Barbara Branden, *The Passion of Ayn Rand*. Nova York: Doubleday, 1986, p. 234.

[47] Duggan, *Mean Girl*, p. 56.

[48] Duggan, p. 56.

[49] Duggan, p. 56.

[50] Branden, *Judgment Day*, p. 118.

[51] Heller, *Ayn Rand and the World She Made*, p. 243.

[52] Branden, *Judgment Day*, p. 133.

[53] Branden, p. 134.

[54] O livro de Nathaniel Branden, *Judgment Day: My Years with Ayn Rand,* é um relato fascinante, lúgubre e cheio de percepções sobre esse relacionamento. Biografias excelentes são Heller, *Ayn Rand and the World She Made*, e Burns, *Goddess of the Market*.

[55] Ayn Rand, *Atlas Shrugged*. Nova York: Random House, 1957. [Ed. bras. *A revolta de Atlas*. Trad. Paulo Henriques Britto. Rio de Janeiro: Arqueiro, 2017.]

[56] Branden, *Judgment Day*, p. 176.

[57] Whittaker Chambers, "Big Sister Is Watching You", *National Review*, 28 dez. 1957. Disponível em: <https://www.nationalreview.com/2005/01/big-sister-watching-you-whittaker-chambers>.

[58] Duggan, *Mean Girl*, p. 66.

[59] Branden, *Judgment Day*, p. 206.

[60] Branden, p. 81.

[61] Duggan, *Mean Girl*, p. 67.

[62] Duggan, p. 86.

[63] Branden, *Judgment Day*, p. 226.

[64] Branden, p. 359.

[65] Branden, p. 360.

[66] Branden, p. 326.

[67] Branden, p. 341.

[68] Branden, p. 336.

[69] Branden, p. 355.

[70] Duggan, *Mean Girl*, p. 73.

[71] Duggan, p. 79.

[72] Duggan, p. 80.

[73] Duggan, p. 80.

[74] Rand, *The Fountainhead*, p. 149.

[75] Ver Robert Nozick, "On the Randian Argument", *Pacific Philosophical Quarterly* 52, n. 2 (1971), p. 282-304.

[76] Rand, *The Fountainhead*, p. 17.

[77] Rand, p. 9.

[78] Duggan, *Mean Girl*, p. 5.

[79] Branden, *Judgment Day*, p. 403.

Capítulo 11

[1] Philip Norman, *Paul McCartney: The Life*. Nova York: Little, Brown, 2016, p. 156. [Ed. bras. *Paul McCartney: a biografia*. Trad. Claudio Carina e Rogério W. Galindo. São Paulo: Companhia das Letras, 2017.]

[2] Mark Lewisohn, *Tune In: The Beatles, All These Years*. Nova York: Crown Archetype, 2013. [Ed. bras. *The Beatles Tune In – Todos esses anos*. Trad. Henrique Guerra e Fernando Scoczynski Filho. Porto Alegre: Belas Letras, 2022.]

[3] Os relatos dos dias iniciais dos Beatles diferem em alguns detalhes, mas faço o possível aqui para capturar o que parece ser o relato mais plausível dos momentos críticos.

[4] Lewisohn, *Tune In*, p. 397-489.

[5] Lewisohn, p. 514.

[6] Lewisohn, p. 505.

[7] O desempenho deles no teste da Decca é controverso; ver Norman, *Paul McCartney: The Life*, p. 147.

[8] Lewisohn, *Tune In*, p. 558.

[9] Lewisohn, p. 558.

[10] Lewisohn, p. 562.

[11] Lewisohn, p. 591.

[12] Norman, *Paul McCartney: The Life*, p. 152.

[13] Lewisohn, *Tune In*, p. 571.

[14] Lewisohn, p. 766.

[15] Norman, *Paul McCartney: The Life*, p. 157.

[16] Ver Philip Norman, *John Lennon: The Life*. Nova York: Ecco, 2008, p. 281.

[17] Lewisohn, *Tune In*, p. 717.

[18] Norman, *Paul McCartney: The Life*, p. 283.

[19] Norman, p. 287.

[20] Norman, p. 287.

[21] "The Beatles", Official Charts. Disponível em: <https://www.officialcharts.com/artist/10363/beatles>.

[22] Lewisohn, *Tune In*, p. 717.

[23] Norman, *Paul McCartney: The Life*, p. 289.

[24] Norman, p. 290.

[25] Norman, p. 292.

[26] Lewisohn, *Tune In*, p. 803.

Epílogo

[1] Lepore, *Book of Ages*, p. 218.

[2] Alex Bell et al., "Who Becomes an Inventor in America? The Importance of Exposure to Innovation", *Quarterly Journal of Economics* 134, n. 2 (2019), p. 647-713.

[3] Uma análise excelente e comovente de Robert H. Frank, *Success and Luck: Good Fortune and the Myth of Meritocracy*. Princeton: Princeton University Press, 2016. [Ed. bras. *Sucesso e Sorte: O mito da meritocracia*. Trad. Camila Araújo. s/l: Alpha, 2017.]

[4] John Stuart Mill, *The Subjection of Women*. Filadélfia: J. B. Lippincott & Co., 1869, p. 13, 30-31. [Ed. bras. *A sujeição das mulheres*, p. 28. Editora Lafonte. Edição do Kindle.]

[5] Jackson, *Those Who Write for Immortality*, p. xxii.

Este livro foi composto com tipografia Adobe Garamond Pro
e impresso em papel Off-White 70g/m² na Formato Artes Gráficas.